HOMOSEXUELLE IN KONZENTRATIONSLAGERN

Wissenschaftliche Tagung

12./13. September 1997
KZ-Gedenkstätte Mittelbau-Dora
Nordhausen

HOMOSEXUELLE IN KONZENTRATIONSLAGERN

Vorträge

Bearbeitung: Dr. Olaf Mußmann

Titelbild: Gedankt sei der Staatlichen Gedenkstätte
des Konzentrationslagers Auschwitz für die Genehmigung
zur Veröffentlichung der Fotos.

Die Deutsche Bibliothek – CIP-Einheitsaufnahme

Homosexuelle in Konzentrationslagern : Vorträge ; wissenschaftliche Tagung,
12./13. September 1997, KZ-Gedenkstätte Mittelbau-Dora, Nordhausen /
Bearb.: Olaf Mußmann. - Bad Münstereifel : Westkreuz-Verl., 2000
ISBN 3-929 592-51-7

© 2000 Westkreuz-Verlag GmbH Berlin/Bonn
53902 Bad Münstereifel

Herstellung: Westkreuz-Druckerei Ahrens KG Berlin/Bonn
12309 Berlin

Inhalt

Ulrike Puvogel
Prolog — 7

Joachim Müller
Betrifft: Haftgruppen „Homosexuelle" – Rehabilitierung (k)ein Problem? – Schlaglichter zu einigen markanten Stationen in offiziellen und öffentlichen Bereichen — 10

Rüdiger Lautmann
Homosexuelle in den Konzentrationslagern: Zum Stand der Forschung — 31

Jürgen Müller
Praxis polizeilicher Vorbeugungshaft — 39

Carola v. Bülow
Der soziale Status der als homosexuell verfolgten Inhaftierten in den Emslandlagern — 44

Albert Knoll
Homosexuelle Häftlinge im KZ Dachau — 59

Joachim Müller
Homosexuelle in den Konzentrationslagern Lichtenburg und Sachsenhausen – Werkstattberichte — 72

Wolfgang Röll
Homosexuelle Häftlinge im Konzentrationslager Buchenwald 1937 bis 1945 — 94

Bernhard Strebel
Die „Rosa-Winkel-Häftlinge" im Männerlager des KZ Ravensbrück — 105

Jörg Hutter
Konzentrationslager Auschwitz: Die Häftlinge mit dem rosa Winkel — 115

Jens Michelsen
Homosexuelle im Konzentrationslager Neuengamme — 126

Olaf Mußmann
Häftlinge mit rosa Winkel im KZ Mittelbau-Dora — 133

Claudia Schoppmann
Zur Situation lesbischer Frauen in den Konzentrationslagern — 139

Rainer Hoffschildt
Projekt: Namentliche Erfassung der Rosa-Winkel-Häftlinge — 145

Thomas Rahe
Formen des Gedenkens an die Verfolgung Homosexueller in den deutschen KZ-Gedenkstätten — 147

Ulrike Puvogel,
  M.A., Studium der Geschichte und Anglistik, wiss. Mitarbeiterin (Referatsleiterin) in der Bundeszentrale für politische Bildung, Bonn.

Prolog

Die Bundeszentrale ist dem Wunsch der KZ-Gedenkstätte Mittelbau-Dora, sich an der Durchführung dieser Tagung zu beteiligen, gerne nachgekommen. Sie hat sich in dem weitgefächerten Themenkanon ihrer Arbeitsfelder immer in besonderer Weise der Vermittlung zeitgeschichtlicher Themen angenommen und war und ist bemüht, die Verbreitung der Ergebnisse zeitgeschichtlicher Forschung für die historisch-politische Bewußtseinsbildung der Öffentlichkeit zu unterstützen, sowohl durch eigene Projekte als auch durch Förderung entsprechender Aktivitäten im Bereich der politischen Bildung. Einen Schwerpunkt bildete dabei immer die Auseinandersetzung mit dem Nationalsozialismus.

Die Tagung befaßt sich mit einem bei den Bemühungen um Aufarbeitung des Nationalsozialismus, seinen Ursachen und seinen Folgen, noch bis in die jüngste Zeit vernachlässigten Thema. Homosexuelle Opfer des Nationalsozialismus sind jahrzehntelang von der Öffentlichkeit tabuisiert und vergessen, deutlicher ausgedrückt, unterschlagen worden. Die wenigen Überlebenden sind – bis auf ein paar Einzelfälle – für die erlittene Haft und Mißhandlung bis heute nicht entschädigt worden. Der von den Nationalsozialisten 1935 entscheidend verschärfte Paragraph 175 blieb in der alten Bundesrepublik bis 1969 in Kraft. Deshalb konnten Betroffene keinen Antrag auf „Entschädigung" oder „Wiedergutmachung" stellen, hätten sie damit doch dem Staat ihre weiter kriminalisierte Identität angezeigt. Nur einige wenige wagten dies. Der Bundesgerichtshof urteilte 1951, daß der Paragraph 175 in seiner 1935 in das Strafgesetzbuch aufgenommenen Fassung als „nicht typisches NS-Unrecht" anzusehen sei. Homosexuelle Justizopfer wurden deshalb nicht entschädigt. Das im Oktober 1957 in Kraft getretene „Bundesentschädigungsgesetz" (BEG) sah für Homosexuelle keinerlei Ansprüche vor.

Nach der Entkriminalisierung der Homosexualität im Jahre 1969 erfuhren Homosexuelle in Deutschland erst weitere 25 Jahre später eine völlige strafrechtliche Gleichstellung, als 1994 der Paragraph 175 des deutschen Strafgesetzbuches aufgehoben wurde.

Erst 1985 erinnerte in Westdeutschland mit dem damaligen Bundespräsidenten Richard von Weizsäcker in dessen Ansprache zum 40. Jahrestag der Beendigung des Krieges in Europa und der nationalsozialistischen Gewaltherrschaft vor dem Deutschen Bundestag ein prominenter Politiker an die Verfolgung der Homosexuellen.

Die Aufarbeitung der Geschichte der homosexuellen Justiz- und KZ-Opfer setzte in den achtziger Jahren mit der schwulen Bürgerrechtsbewegung ein. Der Historiker und Antisemitismusforscher Wolfgang Benz stellte fest: „Die Schwulen mußten sich das ertrotzen, indem sie jedes Jahr bei den Gedenkfeiern in den Konzentrationslagern an ihr Schicksal erinnert haben" (dpa-Gespräch vom 28. 09. 1996).

Parallel gab es Bemühungen, die Erinnerung an die Opfergruppe der Homosexuellen öffentlich zu gestalten durch Gedenksteine und -tafeln. So sind die in jüngster Zeit, d. h. in den letzten etwa zehn Jahren, verschiedentlich aufgestellten oder erst geplanten, teils auch noch umstrittenen Mahnmale und -tafeln für bisher ausgegrenzte Opfer der NS-

Gewaltherrschaft wie die Homosexuellen oder die Deserteure der Wehrmacht auch Ausdruck gesellschaftspolitischer Forderungen nach Anerkennung und materieller Entschädigung:

Im Mai 1985 wurde auf dem Gelände der KZ-Gedenkstätte Neuengamme in der Mitte der privaten Gedenktafeln eine rosafarbene Steinplatte zur Erinnerung an die homosexuellen Opfer des Nationalsozialismus niedergelegt. Dies war das erste Mal in der alten Bundesrepublik, daß in dieser Form öffentlich an die Verfolgung der Homosexuellen erinnert wurde und an die Tausenden von KZ-Häftlingen mit dem „rosa Winkel", die zum Teil noch im Lager und von ihren Mithäftlingen die Diskriminierung als „Abartige" erfahren mußten.

Vertreter des „Schwullesbischen Archivs" in Hannover bemühten sich seit den achtziger Jahren darum, daß auch in Bergen-Belsen der homosexuellen Opfer gedacht werde. Die geforderte Ergänzung auf der Inschriftenmauer wurde damals mit dem Hinweis abgelehnt, daß dort nur ethnische Gruppen aufgeführt werden sollen.

Verschiedene Gruppen von Homosexuellen aus München wandten sich 1985 an das „Comité International de Dachau" (CID), die Vereinigung der ehemaligen politischen Häftlinge, die über Fragen der Ausgestaltung der Gedenkstätte Dachau entscheidet, mit dem Wunsch, eine Tafel zum Gedächtnis der homosexuellen NS-Opfer anbringen zu dürfen. Im Mai 1988 stellten die Münchner Initiatoren ihre bereits angefertigte Tafel – eine rötliche Marmortafel in Form eines auf der Spitze stehenden Dreiecks mit der Aufschrift „Totgeschlagen – totgeschwiegen / den homosexuellen Opfern / des Nationalsozialismus" – vorübergehend im Bereich der Evangelischen Versöhnungskirche auf. Erst 1995 stimmte das CID schließlich der Anbringung der Tafel im Gedenkraum des Museums der Gedenkstätte zu.

Ich möchte noch drei weitere beachtenswerte Beispiele für Mahnmal-Initiativen für die verfolgten und ermordeten Homosexuellen erwähnen: Auf Initiative eines Arbeitskreises „Mahnmal Gerichtsgefängnis" wurde am 8. Mai 1989 am ehemaligen Gerichtsgefängnis in Hannover ein Mahnmal eingeweiht, dessen Inschrift die hier gefangengehaltenen Gruppen der Verfolgten und des Widerstands, darunter die Homosexuellen, detailliert auflistet.

In Frankfurt a. M. gab der Magistrat im Juni 1992 seine Zustimmung zu einem öffentlichen Mahnmal in der Innenstadt; die Statue wurde im Dezember 1994 der Öffentlichkeit übergeben.

In Köln wurde auf Initiative des Schwulen-Arbeitskreises in der ÖTV und einiger anderer Gruppen von der Stadt 1993 ein Künstlerwettbewerb für ein Denkmal am Rheinufer (Rheingarten) ausgeschrieben; als Inschriftentext wurde festgelegt: „Totgeschlagen – totgeschwiegen / Den Schwulen und lesbischen / Opfern des Nationalsozialismus".

Einen deutlichen Anstoß zur Aufarbeitung des Themas gab ein erster großer geschichtspolitischer Kongreß in Deutschland mit in- und ausländischen Wissenschaftlern zum Thema „Wider das Vergessen – Die Verfolgung von Homosexuellen im Dritten Reich – Die unterbliebene Wiedergutmachung für homosexuelle Opfer in der Bundesrepublik Deutschland", der vom 30. September bis 2. Oktober 1996 von der Saarländischen Landeszentrale und der Bundeszentrale für politische Bildung in Saarbrücken veranstaltet wurde mit Unterstützung der Landeszentralen für politische Bildung Niedersachsen und Rheinland-Pfalz, dem Ministerium für Frauen, Arbeit, Gesundheit und Soziales des Saarlandes, dem Verein „Gegen Vergessen – Für Demokratie e.V.", dem Schwulenverband Deutschland e.V., dem Verein „Homosexuelle und Kirche e.V." und den „Schwullesbischen Studien der Universität Bremen" sowie der Saarland Sporttoto GmbH.

Zu den Bemühungen um das Öffentlichmachen der Verfolgung der Homosexuellen gehört auch eine (Wander-)Ausstellung mit dem Thema: „ ,... wegen Vergehen nach § 175...' – Zur Verfolgung von Homosexuellen während der NS-Zeit in Düsseldorf", die die Mahn- und Gedenkstätte Düsseldorf vom Oktober 1996 bis Mitte Januar 1997 zeigte. Wir hatten überlegt, diese Ausstellung hier während der Tagung als exemplarisches regionales Beispiel zu zeigen. Aus technischen und organisatorischen Gründen mußten wir aber darauf verzichten. Ich erwähne diese Ausstellung trotzdem hier als einen Hinweis für eventuelle Interessenten; sie kann bei der Mahn- und Gedenkstätte Düsseldorf ausgeliehen werden.

Schließlich möchte ich noch hinweisen auf eine Ausstellung der Akademie der Künste und des Schwulenmuseums, Berlin, über die 100jährige Geschichte der Schwulenbewegung, die Mitte Mai bis Mitte August 1997 in der Berliner Akademie der Künste gezeigt wurde: Auch diese Ausstellung behandelte ausführlich das Thema der Verfolgung der Homosexuellen durch das NS-Regime.

Wie die genannten Beispiele für das Erinnern und Gedenken und die Aufarbeitung des Themas zeigen und wie es auch im Einladungstext zu dieser Tagung heißt, sind die als homosexuell verfolgten Menschen neben anderen vernachlässigten Opfergruppen nationalsozialistischer Verfolgung in den letzten Jahren „entdeckt" worden, ihre Verfolgungsgeschichte wurde in der Öffentlichkeit aufgegriffen. Und doch ist das Thema auch heute noch weit davon entfernt, völlig enttabuisiert zu sein. Ich möchte hier die saarländische Sozialministerin Barbara Wackernagel-Jacobs zitieren, die auf dem zuvor erwähnten Kongreß 1996 in Saarbrücken sagte: „Heute muß sich zwar niemand aufgrund seiner sexuellen Orientierung aus Angst vor Strafverfolgung oder drastischer sozialer Sanktion verstecken. Bedrückend ist aber, daß massive Vorurteile die Lebenswirklichkeit, die Beziehungen und die psychische Situation von Menschen mit gleichgeschlechtlicher Orientierung nach wie vor belasten."

Unsere Tagung, die sich speziell die Situation von homosexuellen Menschen nach ihrer Verhaftung und nach Einlieferung in die Konzentrationslager zum Thema gesetzt hat, soll nicht zuletzt ein Beitrag sein im Bemühen um eine breite öffentliche Diskussion, die wichtig ist für Sensibilisierung und Antidiskriminierung, zur Bekämpfung von Vorurteilen und Intoleranz mit Mitteln der Aufklärung und Bildungsarbeit. Der Blick in die Vergangenheit, das Gedenken und das Aufarbeiten der Geschichte soll und muß gleichzeitig Handlungsanweisung für heute sein.

Ich danke Frau Dr. Klose und Herrn Dr. Mußmann für die Initiative der Gedenkstätte zu dieser Tagung. Mein herzlicher Dank gilt allen an den Vorbereitungen und der Durchführung beteiligten Mitarbeiterinnen und Mitarbeitern sowie den Referentinnen und Referenten für ihre Beiträge und Mitwirkung.

Joachim Müller,
geb. 1938, Beiratsmitglied der Stiftung Brandenburgische Gedenkstätten; Mitarbeiter des Schwulen Museums Berlin; Projekte zu diversen Themen für die Gedenkstätte Sachsenhausen; derzeit: Ausstellungsvorbereitung „Verfolgung der Homosexuellen Berlins ..."

Betrifft: Haftgruppen „Homosexuelle" – Rehabilitierung (k)ein Problem? – Schlaglichter zu einigen markanten Stationen in offiziellen und öffentlichen Bereichen

Vorangestellt

Vertraut sind Fragen und Feststellungen wie: Paragraph 175? Den kennt doch jeder. Was ist denn „spezifisch nationalsozialistisch" an diesem Schwulenparagraphen? War dieser Paragraph nicht völlig o. k.? Schließlich haben den doch nicht die Nazis erst erfunden. Und: Wer sich nicht an die bestehenden Gesetze hält, der muß eben die Folgen tragen. Die kamen auch ins KZ? Alle? Und warum?

Die homosexuellen Männer, die in den Konzentrationslagern der Nazis einen rosa Winkel tragen mußten, blieben fast 50 Jahre von der „offiziellen" Forschung weitgehend unbeachtet. Auch in fast allen Gedenkstätten. Akten, soweit sie überhaupt vor der Vernichtung durch Krieg- und Selbstschutzbestreben der SS in der Schlußphase der Naziherrschaft bewahrt blieben, sind heute oft nicht leicht zu finden und nicht überall zugänglich. Das hat (Hinter-)Gründe. Da Homosexuelle als rechtmäßig nach § 175 Strafgesetzbuch (StGB) Verurteilte galten und gelten, war ein Allgemeininteresse an diesen Schicksalen nicht vorhanden, wurde ihnen die Anerkennung als Opfer der Nazi-Herrschaft verweigert. „Entschädigungsleistungen" für die KZ-Haft, wie sie Überlebenden anderer Opfergruppen zugebilligt wurden, erhielten sie deshalb grundsätzlich bis heute nicht. So ist es eigentlich kaum verwunderlich, daß über diese Menschen – und anderes auch über andere vergleichsweise kleine Haftgruppen – nur wenigen in der Öffentlichkeit hinreichend bekannt ist:

- daß von der Homosexuellenverfolgung durch die Nazis, allein im damaligen Deutschen Reich, grundsätzlich etwa 1 Million erwachsener Männer betroffen waren. Auch, wenn die Anwendung der Bestimmungen des § 175 tatsächlich nur einen Teil von ihnen erreichte, die Haftbedrohung galt allen. Nach Strafverbüßung in Gefängnis oder Zuchthaus konnte die Einweisung in ein Konzentrationslager stehen. „Geregelt" von Verfügungen, Anweisungen, Erlassen der Himmler-Behörden. KZ-Einweisungen waren u. U. auch Willkürmaßnahmen von Kripo, Gestapo, Gefängnis- und Zuchthausdirektoren. Die Justiz stellte sich gelegentlich auf beiden Augen blind und bestätigte „staatsanwaltlich" deren „Vorschläge" und subjektive bzw. ihre eigenen Grundhaltungen zur Homosexualität. Inhaftierungen von vor 1933 wurden zusätzlich von Kripo und Gestapo gern als „Erkenntnisquelle" genutzt, um auch ohne „aktuelle Tat" vorzuladen.
- daß für „Homosexuelle", auch für lesbische Frauen, die Naziherrschaft zur Zeit verstärkter Maskierung wurde.

- daß für Verfolgung der Homosexuellen weitgehend politische und rassistische Motive ausschlaggebend waren; in den seit 1938 okkupierten Gebieten wurde dies bezeichnend unterschiedlich gehandhabt.
- welche Spezifika gegen Homosexuelle in den Konzentrationslagern praktiziert wurden.
- wie weit Razzien, Denunziationen, Strafverfolgung, Existenzangst, -bedrohung und -verlust für die meisten homosexuellen Männer seit Jahrhunderten zum Lebensalltag gehörten. Welche Auswirkungen Strafgesetz und Strafverfolgung auch für die „Unentdeckten", die Familien der „Entdeckten" und die Grundeinstellung der Gesellschaft gehabt haben; deren Reaktionen zwischen Furcht und Abscheu.
- daß trotz allem „homosexuelles Leben" existierte. Auch in der Nazizeit. Nicht nur in den Großstädten. – Die Lust lebte weiter, die Angst kam später.
- daß bis heute mehrere NS-Opfergruppen noch um ihre „Gleichberechtigung" kämpfen müssen. Die Homosexuellen gehören dazu.

Heutige Besucher von Gedenkstätten, Jugendliche und Erwachsene, sind zunehmend daran interessiert, auch über die Opfergruppe „Homosexuelle" etwas zu erfahren. Über die Jahrhunderte währende, weltweite Tradition der Homosexuellenverfolgung zu berichten, von der Männer und Frauen betroffen waren, ist hier nicht Raum. Ein Überblick über ca. 130 Jahre der Neuzeit wird genügen, um vielfach Unbekanntes nachvollziehbar werden zu lassen.

§ 175 RStGB – Einige Stationen und Entwicklungstendenzen im Sexualstrafrecht (1870/71 bis 1930)

Der § 175 StGB (Strafgesetzbuch), vielen seit Kindertagen, ähnlich dem § 51, vornehmlich als Spottpotential geläufig, existierte als gesetzliche Vorschrift unter dieser Ziffernfolge seit 1870/71. Zunächst im Norddeutschen Bund, dann seit 1871 im Reichsstrafgesetzbuch (RStGB) des erneuerten Kaiserreiches.[1] Dieser Paragraph artikulierte die Strafbarkeit einer „widernatürlichen Unzucht" zwischen erwachsenen Männern, soweit ein dem „Beischlaf ähnliches Verhalten" nachgewiesen werden konnte. Der Verstoß gegen dieses Gesetz sollte mit Gefängnis bestraft, die bürgerlichen Ehrenrechte konnten aberkannt werden.[2] – Homosexuelle Männer fühlten sich, fortan mit dieser gesetzlich reichsweit neuen und grundsätzlich juristisch aber tradierten Regelung, weiterhin Erpressern ausgeliefert. Dazu konnte sexuelle Denunziation zunehmend als politisch handhabbares Instrument genutzt werden (siehe: die Prozesse gegen den Fürsten Eulenburg u. a.). Aber auch auf der privaten Ebene bedeutete eine Verurteilung bzw. auch bereits der öffentlich gewordene Verdacht in der Regel den beruflichen, finanziellen, gesellschaftlichen und privaten Ruin des dergestalt Bloßgestellten.

Die eindeutige Definition, welches konkrete Verhalten homosexueller Männer denn strafwürdig sein sollte, blieb jahrzehntelang in juristischem Streit. Onanie zwischen Männern blieb straffrei, Anal- und Oralverkehr waren unzweifelhaft zu bestrafen.

In Preußen war die Strafbarkeit der „widernatürlichen Unzucht" 1851 ausdrücklich auf „Personen männlichen Geschlechts oder von Tieren mit Menschen" bezogen worden.[3] So wurden denn auch im § 175 des RStGB 1871 Frauen nicht genannt. Die zeitweilige Forderung, auch die des BDF (Bund Deutscher Frauenvereine) im Jahre 1909, diesen § 175 auf Frauen auszudehnen, wurde 1911 durch das Reichsjustizamt verworfen.[4] In späteren Erläuterungen des StGB-Paragraphen hieß es: „Die widernatürliche Unzucht zwischen Frauenspersonen fällt nicht unter die vorliegende Stelle."[5]

Die an Reichstag, Reichsregierung oder auch Justizminister gegen die Strafgesetzgebung zur Erwachsenen-Homosexualität gerichteten Petitionen, Denkschriften, Appelle des Wissenschaftlich-humanitären Komitees (Whk) von 1897 (weiter u. a. 1900, 1904, 1907,[6] ebenso 1919, 1925, 1929[7]), aber auch öffentliche Kritik durch Juristen, Ärzte oder den Bund für Menschenrechte (BfM) am Beharren auf Strafverfolgung für Sexualkontakte zwischen erwachsenen Männern hatten nahezu keine Wirkung im angestrebten Sinne.

1928 war, mit den Wahlen zum Deutschen Reichstag, berechtigte Hoffnung für homosexuelle Männer entstanden. „Alle Parteien, die sich für die Abschaffung des § 175 einsetzten, erreichten beachtliche Stimmengewinne [. . .]." 1929 empfahl der Strafrechtsausschuß, die einfache Homosexualität zwischen erwachsenen Männern nicht mehr ins künftige Sexualstrafrecht aufzunehmen. – Die nachfolgende politische Entwicklung verhinderte aber die zweite Abstimmung im Ausschuß und die Beratung im Parlament. Allerdings hatte der Ausschuß auch Beschlüsse gefaßt, die einer Gleichstellung mit heterosexuellen Männern widersprachen[8] und „eine deutliche Ausweitung des Tatbestandes" bedeuteten. 1935 sollten diese Beschlüsse „als § 175 a in das StGB nationalsozialistischer Prägung aufgenommen werden".[9]

Am 2. August 1930 kennzeichnete das NSDAP-Parteiorgan „Völkischer Beobachter" die „körperlichen Beziehungen zu Tieren, Geschwistern und Gleichgeschlechtlichen" als „alle boshaften Triebe der Judenseele". Sie wolle man „als das gesetzlich kennzeichnen, was sie sind, [. . .] als allerschwerste, mit Strang oder Ausweisung zu ahndende Verbrechen".[10]

Nicht das Strafrecht ist gefährlich, sondern der Homosexuelle, wie er lebt – Staatliche Maßnahmen gegen eine „Seuche" (1933 bis 1945)

Männliche Homosexualität stand, ebenso wie die Abtreibung, im Widerspruch auch zur nationalsozialistischen Bevölkerungspolitik. Homosexuelle Männer galten als „bevölkerungspolitische Blindgänger". Zur Rechtfertigung der allmählich anwachsenden Strafverfolgung war die antihomosexuelle Grundhaltung in der Bevölkerung verfügbar. Diese Grundeinstellung war längst durch Aussagen von Kirchen und Wissenschaften geprägt: Sinn jeglicher Sexualität sei die Zeugung, Homosexualität sei wider den Schöpfungswillen und wider die Natur, vor allem Folge sittlicher Verwahrlosung – zumindest bedrohliche Krankheit. Insbesondere die männliche Homosexualität wurde, so begründet, nun als Gefährdung der NS-Machtstrukturen und des „gesunden Volkskörpers" gewertet.

Die Verfolgung männlicher Homosexualität wurde zunehmend auch als Instrument privater Machtsicherung politisch nutzbar. – Die Homosexualität erhielt den Stellenwert eines indirekt politischen Verbrechens: Im Oktober 1934 ließ Himmler deshalb im Amt II 1 des Geheimen Staatspolizeiamtes Berlin, also bei der „Politischen Polizei", ein „Sonderdezernat" zur Erfassung homosexueller Männer einrichten. Von besonderem Interesse war dabei deren Mitgliedschaft in NS-Organisationen.[11]

Es galt aber auch, den „alltäglichen" Homosexuellen aufzuspüren. Zu dessen strafrechtlicher Verurteilung war aber der § 175 RStGB, in der bestehenden Fassung und Auslegung, nicht hinreichend. Die bei Razzien gewonnenen Erkenntnisse bzw. die nach einer Anzeige, oder per Denunziation durch Kollegen oder Nachbarn, durch das Auffinden von Briefen, Fotos, Adressen bei bereits verhafteten Freunden taugten in der Regel nicht, den laut Gesetz und Interpretation notwendigen Nachweis für „beischlafähnliche Handlungen" zu erbringen. Deshalb wurde 1935 eine Strafrechtsnovelle zum § 175 RStGB „zwingend notwendig" und zum 1. September dieses Jahres rechtsgültig.[12]

Diese Neufassung des § 175 RStGB erweiterte die Strafbarkeit männlichen homosexuellen Tuns erheblich. Damit konnte jeglicher sexuell interpretierbare Kontakt zwischen erwachsenen Männern unter Strafe gestellt werden. Der für die Gerichte hilfreiche und notwendige Strafrechtskommentar, der jeglichen Gesetzestext für den Richter erst konkretisiert und somit handhabbar macht, begründete, schrittweise durch Entscheidungen des Reichsgerichts „vervollkommnet", eine Strafbarkeit bzw. straffördernde gerichtliche Bewertung: nun z. B. auch für alle Varianten gemeinsamer Onanie, für den Austausch von Zungenküssen zwischen Männern, für als „sexuellmotiviert" gedeutete Berührungen (sogar entsprechend gedeutete Blicke; Berührungen mußten nicht stattgefunden haben).[13] Und: „Versuchte Annäherung" wurde als sexuelle Beleidigung geahndet (§ 185 RStGB). Der neu gefaßte § 2 RStG forderte zudem die Justiz zur erweiternden „Rechtsschöpfung nach gesundem Volksempfunden" auf. Daß in den §§ 175, 175 a einige „Überlegungen" aufgegriffen wurden, die z. T. schon 1929/30 angestellt worden waren, ändert nichts an der Tatsache, daß es die Nazis waren, die einige, auch schon vor der „Machtübernahme" existierende, Forderungen verwandter Wertemuster übernahmen und nun geltendes Recht werden ließen.

Alle Versuche von NS-Juristen, auch die weibliche Homosexualität mit diesem Paragraphen zu erfassen, wurden durch die Akademie für Deutsches Recht und das Reichsjustizministerium erfolgreich abgewehrt. Zur Begründung wurde u. a. behauptet, daß die „durch Umstände veranlaßten Tribadie [...], die, zum mindesten bei ledigen und verwitweten Frauen, bevölkerungspolitisch kaum schädlich" sei, weil sie nicht prägend wirke. „Die Gefahr der Verführung sei selbst bei angeborener Tribadie nicht annähernd so groß wie bei der männlichen Homosexualität. [...] Eine verführte Frau (werde) dadurch nicht dauernd dem normalen Geschlechtsverkehr entzogen, sondern bevölkerungspolitisch nach wie vor nutzbar bleiben. [...] Die Psyche der Frau (werde) lange nicht so beeinträchtigt wie beim Mann, und die Gefahr sei daher für den Staat lange nicht so groß." – Bei Frauen handele es sich also letztlich eher um eine Pseudo-Homosexualität, in geringer Verbreitung und von sozialer und erbbiologisch-bevölkerungspolitischer Ungefährlichkeit, die als Tatbestand und in ihrer Auswirkung nur schwer bzw. kaum nachweisbar sei.[14]

Lesbische Frauen wurden also, auch nach 1935, nicht gezielt mit der Strafbarkeitsbegründung „lesbisch/homosexuell" juristisch verfolgt oder gar mit dieser Haftgrundnennung in Konzentrationslager eingewiesen. „Selbstverständlich" gab es in den Frauen-KZ, in mehreren Haftgruppen, auch lesbische Frauen. Dies war aber nicht Ergebnis einer eindeutig belegbaren systematischen Lesbenverfolgung. Für das KZ Ravensbrück ist für zwei Jüdinnen und eine „Politische" der Zusatzvermerk „lesbisch" zu finden.[15] Vermutungen, diese drei Frauen bzw. „die Lesben generell" seien unter Vorwänden „verdeckt" in die KZ-Haftgruppe „Asoziale" eingewiesen worden, konnten nicht eindeutig verifiziert werden. Auch für diese drei „Ravensbrückerinnen" nicht.[16]

Über spezifische Lebensbedingungen lesbischer Frauen in den KZ gibt es nur wenige Zeitzeugnisse. Meist die ehemaliger, nichtlesbischer, Mithäftlings-Frauen. Diese Berichte sind häufig durch grundsätzliche Ablehnung lesbischer Verhaltensweisen, aber auch durch Erinnerungslücken und Erinnerungsfehler gekennzeichnet. Sicher ist, daß es einen rosa Winkel mit der Zusatz-Kennzeichnung „LL" („Lesbische Liebe") in der KZ-Nomenklatur nicht gegeben hat. Sicher ist aber auch, daß lesbische Frauen im KZ unter den gleichen Vorurteilen zu leiden hatten, die ihnen von „draußen" schmerzhaft vertraut waren. Diskriminierung hier wie dort. Selbstzeugnisse lesbischer Frauen aus dem KZ gibt es bisher kaum. Regional ist belegbar, daß Polizei- und Justizbeamte versucht haben, die gesetzliche Regelung des Verbots der Strafverfolgung lesbischen Verhaltens zu unterlaufen. Durch diese Maßnahmen (Vorladung nach Denunziation, Verhöre) veranlaßte KZ-Einweisungen sind jedoch nicht belegbar. Zweifelsfrei auch nicht als „verdeckt in die KZ-Haftgruppe Aso". Es wurden aber die Gaststätten „dieses Gästekreises" geschlossen, die entsprechenden Vereinigungen verboten, alle bürgerlichen Frauenverbände zwangsweise der NS-Frauenschaft zugewiesen – oder aufgelöst.[17]

Geschlossen, aufgelöst und verboten, wie alle Einrichtungen, Institutionen, Verbände und Parteien, die den Nazis „nicht paßten". Deren ehemaligen Mitglieder wurden ggf. beobachtet, kontrolliert, „überwacht". Die totalitäre Diktatur „vergaß", unter Mithilfe braver Bürger, niemanden. Nach der Annexion Österreichs galt es, ein neues, „gemeinsames" Strafrecht zu gestalten. Ein neues, nationalsozialistisches Strafgesetzbuch war schon seit Oktober 1933 in Arbeit. Auch „für das kommende Recht" war – bis 1944 – für die „Unzucht zwischen Frauen [...] eine Bestrafung nicht in Aussicht genommen".[18] Das wurde aber nicht öffentlich diskutiert, stand nicht in den Tageszeitungen. So gibt es Berichte lesbischer Frauen, die befürchteten, der 1935 neu gefaßte § 175 RStGB könne doch noch auf Frauen ausgeweitet werden.[19]

Nachfolgend notwendige Forschungsarbeiten werden weitere Belege für Lesben und lesbisches, für Schwule und schwules Verhalten, für „Homosexuelles" in Gefängnissen und Lagern erbringen. Bei der Lebenssituation lesbischer Frauen, wie auch zur Verfolgung schwuler Männer, steht die Forschung ja noch nahe dem Anfang. Zu bedenken bleibt, daß „Homosexuelle", Frauen wie Männer, oft unerkannt in allen Haftgruppen „zu erwarten" sind. Gewissermaßen, wenn auch in dieser und jener Haftgruppe verschieden, als Spiegelbild der „Außengesellschaft". – Kriminalisiert oder/und diskriminiert (?, !): Noch viele Antworten fehlen.

Dem Rechtsanspruch nationalsozialistischer Bevölkerungspolitik (auch zur Strafbarkeit jeglicher Äußerungsform männlicher Homosexualität) wurde 1936 mit der Schaffung der „Reichszentrale zur Bekämpfung der Homosexualität und (der) Abtreibung" Nachdruck verliehen. Deren Aufgabe lag in der Erfassung spezieller Gruppen homosexueller Männer: Angehörige von NS-Organisationen, der Wehrmacht, von Ordensgemeinschaften; außerdem: Beamte, Juden; Männer – „die vor der Machtergreifung eine führende Stellung innehatten" – und Strichjungen.[20] Der reale Wirkungsgrad (aller Reichszentralen) wird unterschiedlich bewertet. Weitere Homosexuellenkarteien wurden bei der Kriminalpolizei und bei der Gestapo geführt. Mit allen diesen Maßnahmen wollte man für die NS-Macht- und Bevölkerungspolitik optimale Bedingungen schaffen.

Der § 175 RStGB totalisierte nicht nur die Strafbarkeit homosexueller Handlungen und damit auch weitestgehend die Strafwürdigkeit männlicher homosexueller Identität. Als Strafinstrument galt nun nicht allein die Gefängnisstrafe, sondern, in qualifizierten Fällen, auch eine Zuchthausstrafe bis zu 10 Jahren. Auch wurde nun auch der bestraft, der ohne Gegenwehr an ihm verübte „Unzucht" geschehen ließ. Als Kriterium für Einweisungen in ein KZ galt ab 1940, es seien „alle Homosexuellen, die mehr als einen Partner verführt haben, nach ihrer Entlassung aus dem Gefängnis in polizeiliche Vorbeugehaft zu nehmen".[21] Der Begriff der „Verführung" galt u. U. auch für einvernehmliche sexuelle Handlungen zwischen Erwachsenen.

Ein „Führer"-Erlaß bestimmte 1941: „Ein Angehöriger der SS und Polizei, der mit einem anderen Mann Unzucht treibt oder sich von ihm zur Unzucht mißbrauchen läßt, wird mit dem Tode bestraft." Dieser Straf-Erlaß war „in minder schweren Fällen [...] unabhängig vom Alter des Täters" anzuwenden.[22] 1942 erging ein als „Vertraulich" gekennzeichneter Befehl Himmlers: „darauf hinzuweisen, daß alle Angehörigen der SS und Polizei Vorkämpfer im Kampfe um die Ausrottung der Homosexualität im deutschen Volke sein müssen." 1943 wurde der „Führer"-Erlaß von 1941 durch OKW-Chef Keitel auf die Wehrmacht ausgedehnt.[23]

Der für den „Durchschnitts-Homosexuellen" geschaffene neue § 175 (175, 175 a,175 b) RStGB, der im Wortlaut bis 1969 im Strafgesetzbuch der BR Deutschland verblieb, zeigte sofort Wirkung. Gab es im Jahre 1934 ermittelte 948 Verurteilungen, so schwoll diese Zahl von 1935 bis 1939 auf über 6300/Jahr (insgesamt auf 31 873) an.[24] – Die Gesamtzahl der Verurteilungen für die Zeit von 1933 bis 1944 wurde mit rund 50 000 ermittelt. In der erwähnten „Reichszentrale zur Bekämpfung der Homosexualität und Abtreibung" hatte die Gestapo in der Zeit von 1937 bis 1939 ca. 95 000 homosexuelle Männer erfaßt. Im gleichen Zeitraum wurden bei der Kripo die polizeilichen Erkenntnisse von 33 854 der Homosexualität verdächtiger Männer bearbeitet. Die Zahl der Verurteilungen (nach §§ 175, 175 a und b), allein für diesen Zeitraum, wird mit 24 447 angegeben.[25]

Zur Größenordnung der per „Schutzhaft" durch die Gestapo bzw. per „Vorbeugehaft" durch die Polizeien in Konzentrationslager eingewiesenen homosexuellen Männer gibt es keine genauen Angaben. Nennungen, wie „Hunderttausende", die auch heute gelegentlich noch zu lesen sind, treffen nicht zu. Anmerkend noch der Hinweis: „Sowohl Schutz- als auch Vorbeugehaft hatten keinerlei rechtliche Grundlage, wurden ohne ausdrückliche Gesetzesänderung lediglich durch Erlasse des Reichsministers eingeführt und stetig verfeinert. [...] Daß Gestapo und Polizei [...] etwa auch Homosexuelle oder Bibelforscher ohne Vorliegen einer konkreten Straftat der Freiheit beraubten, erregte nicht den Widerstand der Juristen."[26]

Eine Auswertung mit Hochrechnung beim Internationalen Suchdienst (ITS) 1976 in Arolsen/Hessen, in dessen Archiv nahezu alle erhaltenen Dokumente zu den Verfolgten des Nazi-Reiches zu finden sind, ergab: „Die Gesamtzahl derer, die wegen Homosexualität im KZL inhaftiert gewesen sind, bewegt sich in der Größenordnung von 10 000 (es können 5000, aber auch an die 15 000 gewesen sein)." Für drei Vergleichsgruppen waren, aus dem Dokumentmaterial von 7 Lagern, einige weitere Angaben möglich. So zur Todesrate: Homosexuelle: 60 %, Politische: 41 %, Zeugen Jehovas/Bibelforscher: 35 %; Entlassungen aus dem KZL: Homosexuelle: 13 %, Politische: 18 %, Zeugen Jehovas/Bibelforscher: 8 %; Noch lebend bei der Befreiung der Lager: Homosexuelle: 26 %, Politische: 41 %, Bibelforscher: 57 %. Der Anteil homosexueller Männer an der Gesamtstärke der Lager war gering. Er lag zwischen 1933 und 1939 bei bis 1 %. „In der Anfangszeit, in kleineren Lagern und in Außenlagern allerdings kamen vereinzelt höhere Sätze vor, durchaus in der Größenordnung zwischen 5 und 10 % (von daher werden gelegentliche Überfolgerungen mit sehr hohen Quantitäten verständlich)." – Nach Kriegsbeginn wurden auch aus den okkupierten Staaten und Gebieten viele Menschen in die KZL verschleppt. Der Anteil der deutschen Häftlinge in allen Haftgruppen wurde entsprechend sehr viel geringer. So „findet man jetzt nur noch einen oder einige rosa Winkel je tausend übriger Häftlinge".[27] Für Sachsenhausen (1936 bis 1945) ergibt sich z. B. bisher ein Anteil, verschieden in jeweiligem Jahr, von 0,7 bis 0,4 %.[28] Derzeit wird daran gearbeitet, die bisher ermittelten und veröffentlichten Angaben zu: reichsweite Erfassung, Aburteilung, Verurteilung und Inhaftierung, ggf. auch Freispruch homosexueller Männer weiter zu präzisieren.[29]

In den Konzentrationslagern durchlitten und durchlebten die Homosexuellen alle Terrormaßnahmen, wie die Häftlinge der anderen, von den Nazis erfundenen, Haftgrundgruppierungen auch. Und es gab, selbst im KZ, Tage und Stunden der Hoffnung, des Streits, der Mißgunst, sogar Momente der Freude. Es gab gelegentlich Solidarität wie Gleichgültigkeit, Zuneigung und Haß. Mal einen Witz oder auch Schadenfreude. Ohne diese Aspekte des normalen Lebens hätten noch weniger dieser Männer überlebt. Der Alltag bewegte sich zwischen „Vernichtung durch Arbeit" und Entlassung – mit Schweigegebot und ängstlichem Verstecken nach 1945. Verstecken, nicht selten bis heute. In den Lagern gab es aber für Homosexuelle auch einige Spezifika, wenn auch nicht überall und jederzeit oder für alle. So: die Stellung in der Lagergesellschaft und die zuvor schon vertraute Diskriminierung homosexueller Identität. Dazu: Maßnahmen zur sexuellen Umerziehung, Hormondrüsen-Operationen, Sterilisationen und Kastrationen. Erst in jüngster Zeit haben die Gedenkstätten damit begonnen, auch diesen Hinweisen nachzugehen. Für die, durchaus nicht uninteressierte, Öffentlichkeit, aber auch für die Forschung gilt: noch vieles erfahren zu wollen.

Anzahl und Anteil der Homosexuellen in den KZ waren zwar vergleichsweise sehr gering. Der Anteil der „statistisch ermittelbaren" Homosexuellen in den KZ, im Vergleich zur Gesamtzahl homosexueller Männer im damaligen „Deutschen Reich" – etwa 1 Million –, ist nicht groß. Aber alle homosexuellen Männer waren grundsätzlich per Gesetz, Erlasse, Anordnungen oder Befehle durchaus konkret bedroht. Die in Gefängnissen, Zuchthäusern und sogenannten Heil- und Pflegeanstalten, auch die „Davongekommenen" sind „Betroffene". Gegenwärtig wird aber in der Tat auch darüber diskutiert, wer von diesen denn NS-Opfer gewesen sei. Das notwendige Bemühen, sich vor übertreibenden Verzerrungen hüten zu wollen, könnte allerdings auch zur marginalisierenden Ungerechtigkeit werden.

Zwar war für „die Schwulen", als soziale Gruppe unerwünschter sexueller Identität und verabscheuter Verhaltensmuster, noch keine „Endlösung", keine „generelle Ermordung" vorgesehen oder bereits konkret geplant. Deshalb sind die in der US-Schwulenbewegung weit verbreiteten Begriffe „Gay-Holocaust" und „Homocaust", einst wohl auch provozierend eingesetzt, um eine öffentliche Debatte zu initiieren, längst zu Fehlinterpretationen geworden. – Wohl aber wollten die Nazis die „Seuche, die Pestbeule Homosexualität ausrotten".[30] Die Veranlagung galt als rassegefährdend. Bestraft wurde vorläufig meist das sexuelle Tun. Nicht die Körper, sondern „das Schwule darin" galt es zu vernichten; die Arbeitskraft galt es zu nutzen. Das Verbot, Sexualität zu leben, die Strafandrohungen und Haftregularien – ein „Totschlag zweiter Klasse". Daß z. B. im besetzten Polen homosexuelle Kontakte zwischen polnischen Männern nicht verfolgt, gleiche Kontakte eines Polen zu einem Deutschen aber sehr wohl geahndet wurden, ist nicht „differenzierender", sondern vielmehr rassistischer Ansatz zu nennen.

Die NS-Außen- und -Expansionspolitik kann verstanden werden als Maßnahmenfolge, die sich seit 1919 als Grundmotivation für das NS-Machtstreben manifestiert hatte: Die arische Rasse, die NSDAP als deren Führungskraft, sei gewissermaßen in der Pflicht, die Welt vor der Zerstörung durch sogenannte Minderwertige zu retten, deren Grundcharakter eben in diesem Zerstörenwollen liege. Deutschland sei Kern-Nation der arischen/ nordischen Rasse und somit Elite-Nation. Auch „verstanden die Nationalsozialisten

[...] Geschichte als einen fortwährenden Kampf zwischen Rassen." (Seite 446) Das „Weltjudentum (arbeite) Tag und Nacht [...] am Untergang der deutschen Nation, [...] was wiederum [...] zu unerbittlicher Abwehr zwinge."(Seite 447) Als wirksamste Abwehr galt schließlich dessen Vernichtung; als „Endlösung" beschrieben. Um diese Abwehr zuverlässig leisten zu können, müsse die arische Rasse von jeglicher Gefährdung befreit und freigehalten werden. (Eheverbot und Verbot sexueller Kontakte der „Nürnberger Gesetze"). Um darüber hinaus auch eine „große Konzeption zur Neuordnung von Wirtschaft und Gesellschaft in Europa zu verwirklichen", ist eine engste „Zusammenarbeit zwischen Politikern und wissenschaftlichen Experten", eine „Expertokratie" bewußt geschaffen worden. (Seite 441) Zweck der Ausweitung der NS-Herrschaft, insbesondere Richtung Osten, „war von Anfang bis zum Ende die biologische Expansion der deutschen Nation". (S. 444) Die „Ausmerze" der Judenheit wurde somit (in der Nazizeit) dargestellt und wahrgenommen als als eine „endgültige Abrechnung mit der Gegenrasse". (S. 449)[31]

So gilt es hier festzustellen: Kann der soeben beschriebenen Argumentlinie gefolgt werden, dann war es, im NS-gesellschaftspolitischen Selbstverständnis, rassepolitisch und staatspolitisch zwingend notwendig, auch die rasseschädigenden Einflüsse kleinerer Gruppen einzudämmen und, schrittweise umfassender, völlig auszuschließen. So kamen Sinti und Roma, und in andereren Zeitabschnitten zunehmend auch alle die in Verfolgung, deren Eigenschaften und Verhaltensweisen als biologisch determiniert beschrieben wurden: geistig Behinderte, Alkoholkranke, psychisch Kranke..., Gewohnheitsverbrecher, Triebverbrecher, Prostituierte. Instrumentarien der Abwehr waren u. a.: Abschreckung durch Strafandrohung und Strafe, Sicherheitsverwahrung, Vorbeugehaft, Sterilisation, Kastration. Eine Vielzahl von Erlassen, Anordnungen usw. können deshalb letztlich als konkrete Schritte zu offen beabsichtigten „Endlösung"(en) auch für solche gesellschaftlichen Minderheiten gelten.

Alle genannten Instrumentarien wurden, wenn auch nicht immer allumfassend, gegen Homosexuelle eingesetzt. Dabei wurde aber den homosexuellen Männern („Tribadie" bei Frauen galt ja als ungleich und ungefährlich) zunächst eine Sonderrolle zugewiesen. Homosexualität galt zwar als unerwünscht, strafwürdig, rassegefährdend oder als gemeinschaftsfremder Störfaktor, nicht aber offiziell per se als hinreichender Straftatbestand.

Dazu bedurfte es (zumindest formal) der „Tat". Ungewiß blieb allerdings, ob auch sexuelles Verhalten vererbbar sei; ob Homosexualität eine angeborene Triebrichtung ist und in welchem Umfange sie, in dieser Erklärungsvariante, für die „arische Rasse" festgestellt werden müsse. Die 1940 angeordnete Vorbeugehaft für „alle Homosexuellen, die mehr als einen Partner verführt haben", kann somit als eine „rasseschützende Vorsichtsmaßnahme" gewertet werden. Der, auch nicht in der NS-Zeit erfundene, Meinungsstreit der Wissenschaften (auch von Laien geführt) über die Ursachen der Homosexualität sollte noch über Jahrzehnte andauern und ist bis heute nicht ganz ohne Interesse geblieben. Heutige Hinweise der Genforschung hätten den NS-Experten vermutlich ausreichende Gewißheit gegeben. In den Konzentrationslagern aber quirlte die Unsicherheit, ob die Homosexualität, soweit nicht angeboren, ausmerzbar sei; wenn nicht durch Abschreckung, dann vielleicht durch Erziehung. Letztes Mittel zur Klärung sollten die Ergebnisprüfungen von Kastrationen und Hormondrüsen-Implantationen sein. Ein Eingeständnis der „Erfolglosigkeit" dieser Abwehrinstrumentarien fiel aus vielerlei Gründen schwer. Homosexualität nicht als Erscheinungsform in sogenannt minderwertiger Rassen, sondern auch in der „nordischen"? Die Ausmerze der Homosexualität galt jedenfalls als rassepolitische und somit staatspolitische Pflicht. Zur organisierten Ausmerzepolitik auch für Homosexuelle, analog zu der für jüdische Menschen, ist es nicht (mehr?) gekommen. Es gab kein „Auschwitz der Homosexuellen". Die Zeit dafür war noch nicht reif. Die „Endlösung der Juden- bzw. Zigeunerfrage" war ja auch nicht schon 1933 beschlossen worden. Aber schon sehr viel früher, mehr oder weniger deutlich, beabsichtigt. In den Haftanstalten und Konzentrationslagern gab es jedenfalls unzweifelhaft Tausende homosexueller Männer, die den Planern der Rassepolitik Klarheit darüber verschaffen sollten, wie und in welchem Ausmaß die Abwehr gegen Homosexualität zu organisieren sei. Dies mit den (noch zu wenigen) bekannten Folgen für diese gesellschaftliche Minderheit. – Die Lager-Todesraten für „175er" sind Zeichen genug.

Die Kennzeichnung der Homosexualität nicht nur als Krankheit bzw. Seuche, sondern als Verbrechen, das „zu einer Gefahr für Volk, Staat und Rasse werden muß, wenn ihr nicht von seiten des Strafgesetzgebers mit rücksichtsloser Energie und Entschiedenheit Einhalt geboten wird"[32], erklärt hinreichend den „differenzierenden Ansatz" in z. B. Polen. Im Gegensatz zur generellen Verfolgung Homosexueller z. B. in den okkupierten Niederlanden, in Österreich und im Elsaß (Frankreich).[33] Die Kennzeichnung „rassegefährdend" war nicht die private, folgenlose Meinungsäußerung eines unbeachteten Neurotikers. Sie erklärt auch, warum der Umgang der Nazis mit dem Thema Homosexualität zu nennen ist: rassistisch bzw. rassepolitisch motiviert.

Verfolgungsgruppe „Homosexuelle" – Aber 1945 war doch alles vorbei (!?) – Zur Strafrechtssituation in den Besatzungszonen Deutschlands

Die Zerschlagung des NS-Machtapparates brachte zwar 1945 in den Besatzungszonen der Nachkriegszeit auch den Homosexuellen die Grundzüge einer Befreiung, die für die Gesamtgesellschaft durch Proklamationen und Gesetze der „Alliierten Kontrollbehörde – Kontrollrat" und der „Militärregierung – Deutschland" angeordnet wurden.[34] Auch entstand in einigen Großstädten zunächst einiges von dem wieder, was heute „schwule Subkultur" genannt wird. Aber die Strafrechtsregelungen der §§ 175, 175 a (und 175 b) blieben im Wortlaut unverändert erhalten. Da hatten die Alliierten allein schon deshalb keinen Handlungsbedarf gesehen, weil auch in deren Heimatländern Homosexualität zwischen erwachsenen Männern nicht straffrei war. Für die messerscharfen Detailunterscheidungen zum NS-Paragraphen von 1935 war wohl weder Zeit noch Interesse vorhanden. Fürs Gröbste mußte die „Allgemeine Anweisung an Richter Nr. 1" genügen. Das hatte seine Auswirkungen auf das Leben Homosexueller in beiden 1949 gegründeten deutschen Staaten: Bundesrepublik Deutschland und Deutsche Demokratische Republik. Wenn auch mit nicht ganz unerheblichen Unterschieden in Strafrechtshandhabung und Strafrechtsänderungsgesetzen. Beide Staaten waren, zunächst und unterschiedlich lange daran festhaltend, darum bemüht, die Rechtseinheit im Nachkriegsdeutschland zu bewahren. Eine fortgeführte Pönalisierung der Homosexualität sollte dazugehören.[35]

Wie fest die grundsätzliche Ablehnung der Homosexualität im Rechtsbewußtsein, insbesondere der politisch verantwortlichen Männer und Frauen in Deutschland, bis heute (1997) geblieben ist, soll nachfolgend skizziert werden. So knapp wie möglich. So ausführlich wie notwendig. Nur so sind die Debatten in Gremien, Fraktionen und im Plenum des Deutschen Bundestages von noch 1997 erklärbar. Betont werden soll, daß dies zwar auch (hie und da unbewußte) Nachwirkungen des Jahres 1935 ff. sein können, daß es sich aber insbesondere um die Auswirkungen einer Jahrhunderte währenden Tradition des Hasses und der Verfolgung handelt, die, wie schon erwähnt, von Religionen, Kirchen und Wissenschaften gestaltet worden sind.

Fortentwicklungen in der Deutschen Demokratischen Republik – Einblicke

In der DDR wurde 1950 der § 175 StGB wieder im Wortlaut von 1871 gültig, der bis zum August 1935 in Deutschland geltendes Recht gewesen war. So auch veröffentlicht in der 1. Auflage des ersten Strafgesetzbuches der DDR. Diese 1. Auflage „wurde [...] vom Ministerium der Justiz auf Grund einer gemeinschaftlichen Arbeit der obersten Justizorgane herausgegeben". Da es sich um „eine Textausgabe" handelte, die „keine gesetzgeberischen Aufgaben lösen" kann, war die Volkskammer (das Parlament der DDR) nicht in diese Arbeit involviert. Auch nicht pro forma. Es wurden lediglich die veränderten politischen Verhältnisse und die Kontrollratsgesetze entsprechend berücksichtigt. „Grundsätzlich ist an dem Wortlaut möglichst wenig geändert worden." Bestimmte Begriffe „sind kursiv gesetzt worden", die „infolge der demokratischen Entwicklung gegenstandslos geworden sind".[36]

Das war eine teilweise, wenn auch nicht unerhebliche, Entschärfung. Aber keine Befreiung von Strafverfolgung für erwachsene „Homosexuelle". Auch keine juristische Gleichstellung mit Heterosexuellen im sogenannten Jugendschutzbereich. Weiterhin blieben die Qualifizierungen des § 175 a von 1935 auch hier bis 1968 wortgleich bestehen. Ob das Strafrechtsergänzungsgesetz (StEG) vom 11. Dezember 1957 bereits eine faktische Aufhebung des § 175 erbracht hatte, bleibt Interpretation. Die Öffentlichkeit in der DDR und andernorts hat jedenfalls in der Tagespresse nichts dazu erfahren. Die Anwendungsmöglichkeiten dieses StEG blieben im Ermessen des Richters. Strafverfolgung und andere Formen der Repression blieben, so oder so, erhalten. Verurteilungszahlen für die Zeit zwischen 1949 und 1989 werden noch gesucht.

Im Jahre 1968 stimmte die Volkskammer der DDR dem Entwurf für ein neues Strafgesetzbuch der DDR zu. Damit war zwar die Rechtseinheit im deutschen Strafrecht aufgehoben, waren aber z. B. auch die „einfache Homosexualität" des § 175, und die Homosexualität betreffende Analogien zur Nazizeit, hier aus dem Strafrecht entfernt. Eine eingeschränkte Pönalisierung mit der Maßgabe eines besonderen Jugendschutzes wurde im neuen § 151 geregelt. Es galt ein Schutzalter von 18 Jahren, in Unterscheidung zum heterosexuellen Offizial-Jugendschutz bei 16 Jahren! Nun allerdings gleichermaßen für Männer und Frauen. Diese Form der „Gleichberechtigung" hatte es seit 1851, im deutschen Strafrecht spätestens seit 1871, nicht mehr gegeben.

Die sittlich-moralische Ablehnung der Homosexualität war mit dieser Neuregelung also nicht überwunden, was, vor allem für Schwule, in Teilbereichen grundsätzlich auch für Lesben (Diskriminierung, Selbstorganisation), weiterhin lebensbestimmende Auswirkungen hatte.

Von seiten des Staates gab es aber fortgeführt repressive Maßnahmen diverser Art (z. B. Verbote von Gruppenbildung, Verweigerung von Räumen, Einschleusung von „Informellen Mitarbeitern" des Ministeriums für Staatssicherheit/MfS). Auch gab es, im Namen des Jugendschutzes, Verurteilungen schwuler Männer, deren Begründung alles über die Stellung der sozialistischen Moral zur Homosexualität erkennen ließen. Die homosexuellen NS-Opfer blieben unbeachtet. Ihre Mitgliedschaft in den Opferverbänden (VVN/OdF) war nicht möglich, wenn der Haftgrund auf den Homosexuellenparagraphen 175 a und 175 beruhte. Die parallelen und kontroversen Entwicklungen in den sexualwissenschaftlichen Bereichen können hier nicht dargestellt werden.[37] Das zum Thema Homosexualität eigenständige politische Engagement homosexueller Männer und Frauen in der DDR kann hier nicht beschrieben oder gewürdigt, soll aber wenigstens erwähnt werden: „Erste emanzipatorische Versuche von DDR-Lesben und -Schwulen zwischen 1973 und 1977 ‚versandeten' teils durch Repressionen, teils durch mangelnde Energie. Erst zu Beginn der 80er Jahre gab es neue Impulse des Aufbegehrens. In Leipzig, dann auch in Berlin, bildeten sich Selbsthilfegruppen unter dem Dach der evangelischen Kirche."[38]

Wesentlich für die Entwicklung des (Sexual-)Strafrechts im seit 1990 vereinten Deutschland war der Beschluß der Volkskammer vom 14. Dezember 1988. An diesem Tage wurde jeglicher Aspekt einer spezifischen Pönalisierung der Homosexualität aus dem Strafgesetzbuch der DDR genommen. Es galt nun ein in § 149 weiterhin geschlechtsneutral formulierter gleichartig gemeinter Jugendschutz für beide Geschlechter. Gleichermaßen geltend für Hetero- und Homosexuelle (Altersgrenze 16 Jahre). Diese Regelung trat „am 1. Juli 1989 in Kraft".[39] In der letzten Arbeitsphase der Volkskammer wird (Richtung „Einigungsvertrag") beschlossen, daß der § 175 nicht in ein gemeinsames deutsches Strafgesetzbuch übernommen werden soll. Ein entsprechender Entschließungsantrag der Fraktion Bündnis 90/Grüne und der Gesetzentwurf der PDS-Fraktion wurden an die Ausschüsse überwiesen mit der Maßgabe, die weitere Behandlung im Deutschen Bundestag sicherzustellen.[40]

Beharrung, Entwicklung und Wandel in der Bundesrepublik Deutschland – Überblicke bis 1990

Die politischen und juristischen Auseinandersetzungen um die §§ 175, 175 a StGB in der Bundesrepublik Deutschland haben, zumindest seit den späten 60er Jahren, zunehmend öffentlich stattgefunden. Mehr oder weniger deutlich berichtet in allen Medien. Sie sind in allen Sparten der damit befaßten Literatur auch umfangreich dokumentiert.[41] Die nachfolgende, notwendig etwas umfangreichere Skizzierung soll mit Zitatauszügen die Hintergründe und Ursachen für die Schwerfälligkeit poltisch-moralischer Wertewandlungen auf der offiziellen Ebene wenigstens annähernd erkennbar werden lassen.

Zunächst hat die Politik die Chance vertan, den Auftrag nicht erkannt oder von sich gewiesen, die unvollkommene Arbeit von Kontrollrat und Militärregierung zu vollenden bzw. zu korrigieren. Die 1949 f. politisch Verantwortlichen der BR Deutschland haben sich dafür entschieden, den Wortlaut der §§ 175, 175 a von 1935 und zunehmend auch deren Interpretation durch die Entscheidungen des Reichsgerichts in Strafsachen (RGSt 1935 bis 44/45) bestehen bzw. wiederaufleben zu lassen. Im hier 1951 erschienenen Kommentar zum Strafgesetzbuch ist unter „§ 175 (Unzucht zwischen Männern)" zu lesen: „Neugefaßt durch Gesetz vom 28. 6. 1935 [...]. Die Bestimmung ist ohne Beschränkungen weiter anwendbar." Gestützt wird diese Feststellung auf die Entscheidungen Oberster Gerichte zwischen 1947 und 1950. Den Richtern der jungen deutschen Demokratie wird einige Literatur anempfohlen, die ihnen eine Urteilsfindung ermöglichen soll. Im Abschnitt „Schrifttum" werden folgende vertraute Autoren (und deren erfolgreiche Veröffentlichungen) genannt: u. a. Wachenfeld (1901 hoch modern), als Feigenblatt der – auch wegen seiner jüdischen Herkunft – noch kurz zuvor begeiferte Magnus Hirschfeld (1914), die mit ihrer Karriere in der Nazizeit bekannt gewordenen Herren Lang/Lemke/Schröder und, bezeichnend oder fahrlässig, genau der Rudolf Klare, der (neben anderen Juristen, wie Frank) seit 1937 die Homosexualität als „Gefahr für Volk, Staat und Rasse" beschrieben hatte. In seiner Dissertation hatte dieser R. Klare für homosexuelle Männer die „Notwendigkeit der Erweiterung und Verschärfung der Strafbestimmungen", die gerade erst 1935 erlassen worden waren, gefordert. Gleichartig begründend hatte er deren Ausdehnung „auch gegen Frauen" verlangt (siehe Anmerkung 32, Seite 120 f.). Auch die Vorstellungen und Forderungen dieses Mannes also sollten weiterhin hilfreich für die Urteilsfindungen sein. Im Vorwort der Ausgabe dieses Strafrechtskommentars von 1951 bekundet der Autor, sein Ziel sei es, den Juristen über die „praktisch wichtigsten Fragen Auskunft" zu geben. Und: „Die Rechtsprechung des Reichsgerichts enthält [...] zu Strafzumessungsfragen [...] mehr als man zunächst vermutet." Festgestellt wird auch, die „Strafzumessungspraxis seit dem Jahr 1945 hat aber wohl deutlich bewiesen, (daß) gegen das gerechte Maß oder die Menschlichkeit (nicht mehr) verstoßen" werde.[42]

Der Bundesgerichtshof stellte 1951/52 in seinen Urteilsbegründungen fest: „Gegen die Fortgeltung des § 175 StGB [...] bestehen keine Bedenken." Das Gesetz zu dieser Neufassung sei „in ordnungsmäßiger Form zustande gekommen", alle Rechtsvorschriften seien mehrfach überprüft worden. Und die notwendige Aussage, die Auftrag an die Politik hätte sein können: „Eine Entscheidung" über Korrektur oder Streichung „kann nur vom Gesetzgeber, nicht aber von der Rechtsprechung getroffen werden". (Urteil vom 13. März 1951)

Das Bundesverfassungsgericht (BVerfG) bestätigte in seinen Urteilsbegründungen von 1957 und 1973: daß der § 175 StGB weder gegen das Grundgesetz noch die Europäische Menschenrechtskonvention verstoße. Die fortgeltende Straffreiheit für weibliche Homosexualität verstoße auch nicht gegen den Gleichheitsgrundsatz aus Artikel 3 des Grundgesetzes (GG); die unterschiedlichen Jugendschutz-Altersgrenzen für heterosexuelle (16 Jahre) und homosexuelle Handlungen (18 Jahre) wurden bestätigt.[43] Die Feststellungen des BVerfG verkürzte die Bundesregierung in ihrem Entschädigungsbericht 1986 und erneut 1994 so: „Die Bestrafung homosexueller Betätigung in einem nach den strafrechtlichen Vorschriften durchgeführten Verfahren ist weder NS-Unrecht noch rechtsstaatwidrig."[44]

Derart gesichert blieb es also in der Bundesrepublik Deutschland beim weiteren Einsatz des § 175 StGB in Wortlaut und Strafmaßen der NS-Fassung. Die Auslegung und Anwendung war immerhin eingeschränkt. Es hat auch hie und da wissende und milde Richter gegeben. Und eine grundsätzlich mögliche Anordnung von Sicherheitsverwahrung gab es selten; nur für „Extremfälle". Die KZ-Schutz-/Vorbeugehaft nach entdeckten männlich-homosexuellen Taten ist sehr schnell zur verdrängten „Geschichte" geworden, die zunehmend gar verleugnet wurde. Deshalb löste der Vorwurf, in den §§ 175 gelte NS-Recht weiter, Nicht-Verstehen und Empörung aus. In durchaus vergleichbarer Form und Anzahl gab es aber weiterhin Gefängnis- und Zuchthausstrafen. Bis 1969. Polizei und Justiz wurden ebenso gegen das Übel „Homosexualität" mobilisiert. Und den bei Behörden denunzierenden Nachbarn soll es auch noch gegeben haben. Zumindest gab es die berechtigte Angst vor ihm.

Neben Rechtsprechung (Jurisdiktion) und Rechtswissenschaft (Jurisprudenz) kümmerten sich auch Medizin (vom Hausarzt der Allgemeinmedizin bis zum Facharzt für Neurologie), wie auch z. B. Psychoanalyse, Psychiatrie, Psychologie und Psychotherapeutik weiterhin um sexuelle Abweichungen (Deviationen), zu denen selbstverständlich auch die Homosexualität gerechnet wurde. In Alltagsdiskussionen wurde sie gern (und nicht wirkungsfrei) als Perversion gekennzeichnet. Die Ursachen-Diagnose nannte die Homosexualität nach wie vor z. B. eine hormonelle, neuroendokrine oder psychosoziale Störung. Immer noch kursierten das Entsetzen über sittliche Verwahrlosung nach heterosexueller Übersättigung und der Aberglaube von der nicht mehr reparablen, zerstörerischen Jugend-Verführung. Mit solchen Vorstellungen wird hie und da auch heute noch gelegentlich argumentiert. Aktuell 1996/97 beschäftigt sich die Gen-Forschung mit der Ursachenforschung! Zu erneuten Überlegungen der Ursachenvermeidung und zu Heilungs- bzw. Vermeidungs- und Verhinderungsstrategien ist es damit u. U. nur ein kleiner Schritt. Diese Aufzählungen sind unvollständig (z. B. fehlt der Vorwurf an die Eltern: Erziehungsfehler; usw.), aber wohl ausreichend.

Im Bereich der Medizin wurde experimentiert, entwickelt und behandelt (fortführend) mit Hormon- und (Elektro-)Schock-Therapien. Denn im freundlichsten Sinne galt Homosexualität (seit ca. 1886) als Krankheit. Neu hinzu kamen, als medizinische Heilanzeige (Indikation) in der Bundesrepublik Deutschland, seit 1950 bzw. 1962, die verschiedenen Techniken des operativen Eingriffs in das menschliche Gehirn (Psychochirurgie). Insbesondere die Sterotaxie-Befürworter in der Ärzteschaft waren da verhängnisvoll aktiv und publizierten stolz ihre „Erfolge"; wenn auch unpräzise in „Fallbeschreibungen" bzw. Anamnesen. Bis 1975 waren ca. 50 solcher stereotaktischen Eingriffe (S. 1) an homosexuellen Männern erkennbar geworden. Diagnostiziert worden waren „krankhafte Homosexualität" in der Variante „Ephebophilie" (das sexuelle Interesse homosexueller Männer an mannbaren Jugendlichen zwischen ca. 16 und 20 Jahren; nicht Kindern) und „homosexuelle Hypersexualität", die sich in der Häufigkeit der privaten Selbstbefriedigung äußere (S. 9). Betont wurde, daß „alle Patienten unter Leidensdruck wegen der sexuellen Störung gestanden hätten und auf ihre eigene Initiative hin operiert worden seien". Die Probanden waren allerdings in nicht geringer Zahl Inhaftierte (S. 10). Nach vergeblichen Warnungen einzelner (z. B. Sigusch) waren die sexualwissenschaftlichen Universitätsabteilungen Hamburg und Frankfurt a. M. und die Deutsche Gesellschaft für Sexualforschung beim Bundesminister der Justiz in Bonn vorstellig geworden.[45]

„Auf einer Tagung der ‚Gesellschaft für vorbeugende Verbrechensbekämpfung' in Kassel [...] vom 27. bis 29. Januar 1977 [...], die unter dem bezeichnenden Rahmenthema ‚Suchten, Transsexualität und Terrorismus' stand", wurden vorgeführt: ein Homosexueller, ein Pädophiler, ein Exhibitionist, ein Transvestit und eine Alkoholikerin. (S. 12) In Göttingen wurde die Frage, ob „durch den Eingriff ‚die Homosexualität sich in eine Heterosexualität gewandelt hat', bejaht. Juristen und Ärzte waren nun untereinander und miteinander im Meinungsstreit. Die Politik war gefordert. Deshalb konstituierte sich am 4. März 1977 beim Bundesgesundheitsamt eine Kommission ‚Stereotaktische Operationen bei abweichendem Sexualverhalten', die der Bundesregierung Empfehlungen geben soll (S. 23)."[46]

Diese Form der „Behandlung" einiger spezieller Varianten sexueller Abweichungen wurde schließlich dann nicht weitergeführt. Zur dergestalten „Indikation der Homosexualität" stand auch nicht wöchentlich Ausführliches in den Tageszeitungen. Es wurden auch keine Heerscharen von homosexuellen Männern derart „therapiert". Aber der sich fortbildende Hausarzt wußte ggf. davon und konnte „Leidende" oder besorgte Eltern eines homosexuellen Sohnes auf diese Möglichkeiten hinweisen. Das ist auch geschehen.

Alle erwähnten Bemühungen zur Regelung der „Homosexuellenfrage" galten ausschließlich der männlichen Homosexualität. Die allgemein vorherrschende Geschlechterrollendefinition hat lesbische Frauen vor solchen Überlegungen und Praktiken somit bewahrt.

Sterotaxie ist keine deutsche „Erfindung". Ihre Anwendung, beispielsweise bei Schizophrenie-Kranken, ist ein international angewendetes Verfahren. In die gegenwärtige Diskussion um die medikamentöse Kastration von pädophilen Straftätern ist sie noch nicht wieder eingebracht worden.

Das Jahr 1969 brachte einen wichtigen Schritt in der (west-)deutschen Rechtsentwicklung. Im Sommer dieses Jahres 1969 haben das 1950 begonnene politische und fachspezifische Engagement von Wissenschaftlern (Neuropsychiater und Sexualwissenschaftler Hans Giese u. a.), deren Ergebnisse empirischer Forschung, Forderungen nebst Gutachten von Juristen (Ernst-Walter Hanack 1968; die Tagungen des Deutschen Juristentages seit 1951), Soziologen, Journalisten und die einsichtige Bereitschaft und das Durchsetzungsvermögen einiger Politiker (Bundesjustizminister Gustav Heinemann u. a.), schließlich ein „Etappenziel" erreicht: die Straffreiheit der sogenannten einfachen Homosexualität zwischen über 21 Jahre alten homosexuellen Männern. Die Pönalisierung der Homosexualität insgesamt aber war damit noch nicht überwunden: Ein am § 175a von 1935 orientierter neuer § 175 sollte, im Namen des Jugendschutzes, alle unter 21 Jahre alten Männer vor Homosexualität bewahren. Der Jugendschutz für heterosexuelle Kontakte blieb bei 14 (Offizialdelikt; Antragspflicht für den Staatsanwalt) bzw. 16 Jahren (Antragsdelikt; nur auf Antrag der Eltern oder des Vormundes). Der Beschluß des Deutschen Bundestages erfolgte am 25. Juni 1969 mit Rechtskrafttermin 1. September. 1973 wurde das Jugendschutzalter gegen homosexuelle Kontakte, durch das Engagement der SPD-regierten Länder im Bundesrat formuliert, auf 18 Jahre gesenkt. Denn das war inzwischen auch die Altergrenze zur Volljährigkeit geworden. Auch wurde die Strafbarkeit der Prostitution beseitigt und der Begriff „Unzucht" in „homosexuelle Handlungen" gewandelt. Die Unterschiede der Altersbegrenzung für juristischen Jugendschutz zwischen Hetero- und Homosexualität wurden aber beibehalten: Vor Homosexualität mußte also immer noch besonders intensiv und lange geschützt werden. Die Grundhaltung zur Homosexualität blieb also letztlich unverändert.

Von Januar 1950 bis zum Dezember 1969 hatte sich die Homosexuellenpolitik der Bundesrepublik Deutschland 50 887 Verurteilungen nach den §§ 175, 175 a geleistet.[47] Die Zahl der Verfahren und die Zahl der eingeleiteten, aber nicht eröffneten Verfahren liegt ungleich höher. Die Zahl von rund 50 000 entspricht der der Aburteilungen in der Nazizeit.

Die Beibehaltung einer grundsätzlichen Pönalisierung der Homosexualität im Sommer/Herbst 1969 war von gesellschaftspolitischer Relevanz und damit, vorwiegend für homosexuelle Männer, von den Alltag bestimmenden Auswirkungen. Ihre Diskriminierung behielt gewissermaßen eine „gesetzliche Grundlage": so z. B. für Razzien in Gaststätten und anderen Treffpunkten, erkennungsdienstliche Maßnahmen der Kripo-Sittendezernate, in mit „Verbrechen-Prophylaxe" begründete Homosexuellenkarteien („rosa Listen"), berufsspezifischen Sondergesetzen für Soldaten und Beamte, für Verbote von Info-Ständen zum Reizthema Homosexualität, offen oder verschleiert ausgesprochenen Kündigungen und „Umsetzungen" wegen „Störung des Betriebsfriedens" bei Bekanntwerden der „tragischen Veranlagung" eines Mitarbeiters und vieles andere mehr.

Die Diskriminierung der Homosexualität konnte, besonders im persönlichen Umfeld, auch für lesbische Frauen, individuell oder kollektiv, schmerzhaft verletzend sein bzw.

wahrgenommen werden. Von der offiziellen Politik, dem Sexualstrafrecht sowie den Überlegungen und Experimenten der Medizin blieben sie freilich völlig unbeachtet. Ähnlich auch von den staatlich geleisteten Restriktionen. Nicht zuletzt, weil sie ihre Maskierung i. d. R. beibehalten haben und vor allem, weil das überkommene Frauenbild sie nach wie vor für „ungefährlich" erklärte. Bestätigt und festgezurrt wurde dies in den Urteilen des Bundesverfassungsgerichts. Ein zwiespältig interpretierbarer Freiraum. Lesbische Frauen sahen sich in dieser Nichtbeachtung persönlich und in ihrer Sexualität nicht ernstgenommen, fühlten sich mißachtet.

Von den Entschädigungsleistungen des Bundesentschädigungsgesetzes (BEG) von 1957 blieben, neben Sinti, Roma und weiteren Opfergruppen, u. a. auch Zwangssterilisierte, je nach persönlicher „Sachlage", mehr oder weniger ausgeschlossen. Die Homosexuellen blieben völlig außen vor, es sei denn, sie konnten die engen und strengen Anforderungen des Allgemeinen Kriegsfolgegesetzes (AKG) des Jahres 1958 bzw. die einer später geschaffenen Härteregelung erfüllen – und dies beweisen! Homosexuelle Männer galten, auch wenn sie KZ-Haft hatten durchstehen müssen, nicht als NS-Opfer, sondern als nach ordnungsgemäß geschaffenen Gesetzen ordnungsgemäß Verurteilte. Wie sollte jemand unter diesen Umständen den Mut finden, sich als homosexuell offenbarend, einen Antrag zu stellen, dazu unter den Bedingungen des im Nazi-Wortlaut bis 1969 geltenden § 175 StGB?! – Immerhin 43 Männer wagten es trotzdem; 21 dieser Anträge wurden abgelehnt.

Die Besonderheiten der KZ-Einweisung nach einem – oder auch ohne – vorangegangenen Strafvollzug galten in einem rechtfertigend gemeinten Kommentar zum BEG von 1960 als: nicht anfechtbare staatliche Maßnahmen aus „Gründen der Ordnung und Sicherheit".[48] Die Fristen zur Antragstellung nach BEG waren zudem kurz nach der gesetzlichen Neuregelung des § 175 StGB ausgelaufen.

Immerhin konnten sich nun, mit der neuen Straffreiheit homosexueller Erwachsen-Homosexualität, spezifisch unabhänige Arbeits- und Selbsthilfegruppen bilden, die sich bald auch zu vernetzen begannen. In der Regel den Berufs-, Partei-, Gewerkschafts-, kirchenpolitischen oder auch freizeitorientierten Interessen ihrer Mitglieder zugeordnet – bis hin zur „Sondereinheit" Bundeswehr.

Trotz zahlreicher und weitreichender Behinderungen: Mit zunehmender, sich verbreitender Mutentwicklung wurde dem Schimpfwort „schwul" seine verletzende Speerspitze genommen. Die von den Nazis zerschlagenen Vorläufer einer verzweigten „schwulen Bürgerrechtsbewegung" konnte als „Schwulenbewegung" schrittweise wiedererstehen. Unterstützung und Hilfestellung entstand durch das Engagement von Fachleuten unterschiedlicher Bereiche.[49] – Den Homosexuellen unter ihnen wurde absichtsvoll die „Argumentation pro domo" unterstellt und vorgeworfen.

Parallel dazu bauten sich Lesben ein eigenes Netzwerk auf, dessen noch unstrukturierte Anfänge in der gegliederten Frauenbewegung die Nazis ebenfalls beseitigt hatten. Anders als in der DDR, wo mit dem § 151 eine gemeinsame juristische Diskriminierungsbasis und somit auch eine gemeinsame Zielsetzung bestand, wo auch ein ganz anderes gesellschaftliches Frauenbild entwickelt und gelebt worden ist, geschah dies unabhängig, interessenverschieden und deshalb separiert von den schwulen Männern. Im Westen Deutschlands gab es gemeinsame Arbeit von Schwulen und Lesben nur in wenigen Gruppen und bei wenigen Anlässen. Mehr oder weniger, mit nicht unerheblichen Schwierigkeiten.

Sehr viel langsamer als die allmählich wachsende gesellschaftliche Akzeptanz, entwickelte sich bei den großen Parteien, bei Bundestag und Bundesregierung und auch bei Landespolitikern ein vorsichtig-zurückhaltendes Verhältnis zur „Homosexuellenfrage".

Signalwirkung hatte die international beachtete Rede des Bundespräsidenten Richard von Weizsäcker anläßlich des 40. Jahrestages der Befreiung 1985 vor den Abgeordneten des Deutschen Bundestages. Erstmals in der Geschichte der Bundesrepublik Deutschland wurde damit die KZ-Haftgruppe „Homosexuelle" weder „vergessen" noch verleugnend unterschlagen.

Ausstehende Rehabilitierung und Entschädigung – Entscheidungs(be)mühen im „neuen Deutschland" (1990 bis 1997)

Als im Januar 1990 deutlich wurde, daß eine Vereinigung der beiden deutschen Staaten denkbar geworden ist, entstand für die „Homosexuellen" in der DDR eindeutig die Situation einer, in der Tat bedrohenden, Übernahme und damit Wiedereinführung des „im Westen" ja immer noch existierenden § 175 StGB. Ich habe deshalb am 15. Februar und, nach den Märzwahlen in der DDR am 3. Mai 1990 bei allen zuständigen Ministerien und beiden Parlamenten in Ost und West schriftlich nachgefragt, wie denn die sehr unterschiedlichen Rechtssituationen für „Homosexuelle" des jeweiligen Sexualstrafrechts in einem künftig gemeinsamen Strafgesetzbuch auf einen Nenner gebracht werden sollen. Den Bundeskanzler der Bundesrepublik Deutschland habe ich darüber hinaus nach seinen persönlichen Überlegungen im Rahmen seiner Richtlinienkompetenz gefragt. Nahezu alle von mir Angeschriebenen haben umgehend geantwortet.[50]

Die SPD-Fraktion verwies auf ihren Entschließungsantrag an die Bundesregierung, einen Gesetzentwurf vorzulegen, „der strafrechtliche Diskriminierungen von Homosexuellen vermeidet und insgesamt den Schutz von Jugendlichen im Sexualstrafrecht verbessert. [...] Im übrigen hat sich die SPD-Bundestagsfraktion über Einzelheiten [...] im Zusammenhang mit der notwendigen Vereinheitlichung noch nicht befaßt." – Die Grünen im Bundestag plädierten für Konföderation statt Anschluß. Daher „macht es für uns auch gegenwärtig keinen Sinn, an einem gesamtdeutschen Strafrecht zu basteln". Man wolle aber verhindern, daß „Errungenschaften der DDR-Gesellschaft, wie z.B. die strafrechtliche Gleichstellung von Homo- und Heterosexualtät, einfach unter die Räder kommt". Der Bundesminister der Justiz ließ mitteilen, „daß sich zur Zeit noch nicht absehen läßt, welche Folgerungen für das Sexualstrafrecht sich aus einer möglichen Angleichung des Rechts der beiden deutschen Staaten ergeben". Das werde „noch viel Arbeit erfordern". Vom Chef des Bundeskanzleramtes kam die Nachricht, es werde „auch die Frage der Strafwürdigkeit homosexueller Handlungen sorgfältig ausgelotet werden müssen, bevor etwaige gesetzliche Änderungen ins Auge gefaßt werden". Weiter verwies er mich auf die Antwort des Bundesministers der Justiz, der dafür zuständig sei und der mir ja schon geantwortet habe. Präzise war die Antwort der CDU/CSU-Fraktion des Deutschen Bundestages: „Zu den von Ihnen aufgeworfenen Fragen lassen sich derzeit noch keine Antworten geben. Aus unserer Sicht spricht vieles dafür, das geltende Strafgesetzbuch der Bundesrepublik Deutschland auf den Geltungsbereich des Gebietes der heutigen DDR auszudehnen. Ob sich das indes in Gänze oder in Teilen verwirklichen läßt, läßt sich derzeit noch nicht absehen."

Schon sehr viel schneller, als alle gedacht hatten, wurde es immer dringlicher, daß „die Frage der Strafwürdigkeit homosexueller Handlungen sorgfältig ausgelotet werden" mußte (Bundeskanzleramt) und Folgerungen (Justizminister) zu ziehen. Denn seit dem

3. Oktober 1990, dem Tag der Vereinigung beider deutscher Staaten, galten nun in den alten und in den sogenannt neuen Bundesländern wesentlich unterschiedliche Strafbestimmungen für Homosexuelle. Mühsam mußte jetzt zwischen „Tatort und Wohnort des Täters" unterschieden werden. In Berlin besonders deutlich: Hier war u. U. die Hausnummer in einer Straße, deren Häuser z. B. teils im Stadtbezirk Mitte, teils im Bezirk Wedding lagen, entscheidend, ob Polizei- und Justizaktivitäten einzuleiten waren oder nicht. In den „Verträgen zur Einheit Deutschlands" war eine Entscheidung offengehalten, eine Fristsetzung vermieden worden. Das Ausloten der Strafwürdigkeit muß sehr, sehr schwierig gewesen sein. Denn erst am 10. März 1994 hatte es die Politik geschafft, auf den Fortbestand des § 175 StGB und auf jegliche spezifische Pönalisierung der Homosexualität in Deutschland zu verzichten.

1995 wurde, erstmals in der deutschen Nachkriegsgeschichte, die Haftgruppe „Homosexuelle" eindeutig und gleichberechtigt in eine staatlich-offizielle Gedenkveranstaltung einbezogen. Auf Beschluß des Beirates der Stiftung Brandenburgische Gedenkstätten und mit Zustimmung seitens der Gedenkstätte Sachsenhausen und der Landesregierung Brandenburg wurde einem gemeinsamen „Gesandten" der Organisationen Bundesverband Homosexualität (BVH) und des Schwulenverbandes in Deutschland (SVD) Gelegenheit gegeben, deutliche Worte zu sprechen und politische Forderungen zu stellen.

In einigen Gedenkstätten, und auch andernorts, gibt es inzwischen Gedenksteine für die „Rosa-Winkel-Häftlinge". In Mauthausen war den Homosexuelleninitiativen Österreichs (HOSI) 1984 ein Anfang damit gelungen. 1985 belegte die Hamburger Schwulengruppe UHA damit die Gedenkstätte Neuengamme. Seit 1992 erinnert in Sachsenhausen eine Tafel im Hof des Zellenbaus. Das „Internationale Dachaukomitee" benötigte zehn Jahre, um sich die Genehmigung zur Niederlegung eines Gedenksteins abringen zu lassen. Dieser Stein von 1985 hatte 1987 „Asyl" in der evangelischen Versöhnungskirche auf dem Gedenkstättengelände gefunden. Ein Kommentator stellte dazu 1995 fest: „Es gibt Menschen, die sind einfach ‚so', sie können nichts dafür und sind deshalb zu bedauern. Viele aber sind da hineingekommen durch moralische Haltlosigkeit, durch die Gier nach immer neuer Perversion – AIDS läßt grüßen." Jedes unschuldige NS-Terror-Opfer aber habe einen Gedenkstein verdient. „Man kann (und darf in diesem Fall) die einen und die anderen außerdem nicht auseinanderdividieren." Im übrigen sei dieses KZ „schließlich nicht ein Dachauer, sondern das Münchner KZ" gewesen. Die Zeitung selbst hatte sachlich berichtet.[51] Gedenkorte gibt es auch in Amsterdam (1987), Berlin (1989), Bologna (1990), Den Haag (1993), Frankfurt am Main (1994), Köln (1995). 1995 hat die Gedenkstätte Buchenwald Informationen zur Haftgruppe „Homosexuelle" in ihre Dauerausstellung einbezogen, 1996 widmete die Mahn- und Gedenkstätte Düsseldorf dieser ehemaligen Haftgruppe eine eigene Ausstellung. Die KZ-Gedenkstätte Mittelbau-Dora in Nordhausen hat einen Gedenkstein, der dieser Verfolgtengruppe gewidmet ist, für die Neugestaltung des allen Gruppen zugedachten Gedenkplatzes im Konzept. Zum September 1997 initiierte die Gedenkstätte Mittelbau-Dora (Nordhausen) eine Fachtagung „Homosexuelle in Konzentrationslagern", die inzwischen stattgefunden hat. Hier wurde erstmals in Werkstattberichten und Referaten der aktuelle Forschungsstand laufender Projekte in den Gedenkstätten ehemaliger Konzentrationslager in Deutschland zusammengeführt und dokumentiert, aber auch neue Projekte und Forschungsanregungen vorgestellt. Ohne finanzielle Hilfe durch die Bundeszentrale für politische Bildung wäre dieses Symposium nicht möglich gewesen.

Bundestag und Bundesregierung sind nun also schon sehr spät dran. Für die Homosexuellen, die die „Gnade der späten Geburt" oder des Nicht-Entdecktwerdens hatten, war die juristische Situation der NS-Zeit erst 1969 zu Ende gegangen; mit der Aufhebung der Strafwürdigkeit „homosexueller Handlungen" zwischen erwachsenen Männern. Die grundsätzliche Pönalisierung ist erst 1994, zu später Stunde unauffällig, aus dem Strafgesetzbuch entfernt worden. Aber grundlegend Wichtiges bleibt immer noch zu tun:

Die homosexuellen Opfer der NS-Ideologie sind bisher weder rehabilitiert, noch wurden sie bei den staatlichen Entschädigungsleistungen den bisher bedachten Gruppen gleichgestellt. Eine positive Korrektur dieser Situation hätte allerdings vorwiegend symbolischen Charakter. Von denen, die, bei einer Todesrate von 60 %, den Naziterror überlebt haben, sind heute noch Lebende nur vereinzelt zu finden. Eine Rehabilitierung post mortem also. Aber nicht weniger wichtig. Nicht nur für die Opfer.

Der Anregung des Bundespräsidenten Roman Herzog, den Redeauszug seines Amtsvorgängers von 1985 (s. o.) auf Bronzetafeln in die Gestaltung des offiziellen regierungsamtlichen Gedenkortes in der ehemaligen „Neuen Wache" in Berlin einzubeziehen, wurde 1995 entsprochen. Bundesregierung und Deutscher Bundestag sind nun schon lange in der Pflicht, überkommene Positionen neu zu bewerten.

Die Bundestagsfraktion BÜNDNIS 90/DIE GRÜNEN hat dieses Anliegen schon mehrmals öffentlich zur Sprache gebracht. Zuletzt über eine Kleine Anfrage im Mai 1995.[52] Am 1. Oktober 1997 wurde dieser Antrag 13/1496 endlich im Plenum des Deutschen Bundestages beraten:

„Für die Aussprache wurde eine halbe Stunde vorgesehen." [...] „Mit der heutigen Debatte beschäftigt sich der Deutsche Bundestag zum erstenmal in seiner Geschichte speziell mit dem Schicksal der homosexuellen Opfer des Nationalsozialismus." Es äußerten sich Sprecher aller Fraktionen und die Gruppe der PDS. Je nach Kenntnisstand und ggf. Fraktionsgrundhaltung: differenzierend, einschränkend, das Thema abschweifend-ausweitend. Oder auch abwägend bis grundsätzlich zustimmend.

Der Vertreter der CDU/CSU kennzeichnete diverse Ausführungen des BVerfG als eindeutig heute nicht mehr erträglich und führte aus, daß die Pönalisierung der Homosexualität nun als „mit unserem Grundgesetz und unserem Verständnis von Menschenrechten nicht vereinbar ist". Von der Feststellung des BVerfG 1957, daß die §§ 175 kein typisches NS-Unrecht seien, distanzierte er sich zwar noch nicht, stellte aber immerhin fest: „Aber ich glaube, daß dieses Parlament den verfolgten Homosexuellen etwas schuldig ist. Vielen Dank. (Beifall im ganzen Haus)" Der Bundesminister der Justiz bemerkte eingangs seiner Rede: „Wenn die Bundesregierung dem Antrag der Grünen zunächst reserviert gegenübersteht, dann deshalb, weil eine doch sehr viel differenziertere Betrachtungsweise nötig ist [...]." Das bezog er auf Antragsformulierungen und Teile der Antragsbegründung. Zur Rehabilitierung der nach 1945 bzw. 1949 Verurteilten machte er keine eindeutige Aussage. Er schloß: Die Verschärfung von 1935 und deren folgende Anwendung „müssen wir mit allen Konsequenzen aufheben und die davon Betroffenen müssen wir rehabilitieren". Anschließend wurde der Antrag an die Ausschüsse (Recht, Innen u. a.) überwiesen.[53] Die Übernahme der „Frage § 175 RStGB" in das längst vorbereitete „NS-Schlußgesetz" durch das Bundesministerium für Justiz steht bisher noch aus.

Der Bundesminister der Finanzen muß sich vor einer positiven Entscheidung zu „Rehabilitierung und Entschädigung" nicht fürchten. Die biologisch-natürliche Situation weniger Überlebender ist gegeben. Die Frage einer Rückgabe durch die Nazis eingezogener

Vermögenswerte dürfte kaum von Belang sein und ist auch noch nie in die Diskussion eingebracht worden.

Seit dieser Plenardebatte im Deutschen Bundestag vom 1. Oktober 1997 besteht erstmals eine Chance, wenigstens formal eine Anerkennung Homosexueller als NS-Opfer zu erzielen und damit auch eine Rehabilitierung vom Verbrecherstatus – „nach Einzelfallprüfung" auch für die bis 1969 Verurteilten – zu erreichen.

Anmerkungen

1. Herzer, Manfred: Deutsches Schwulenstrafrecht vor der Gründung des zweiten Kaiserreichs (1795–1870). In: Freunde eines Schwulen-Museums in Berlin e.V. in Zusammenarbeit mit Emanzipation e.V Frankfurt am Main (Hrsg.): Die Geschichte des § 175. Strafrecht gegen Homosexuelle. Katalog zur Ausstellung. Berlin, 1990, S. 40.
2. Daude, P. (Hrsg.): Strafgesetzbuch für das Deutsche Reich vom 15. Mai 1871. Mit den Entscheidungen des Reichsgerichts. Berlin 1896, S.162.
3. Herzer, a. a. O (siehe Anmerkung 1), S. 32: Wortlaut des § 143 des preußischen Strafgesetzbuches.
4. Schoppmann, Claudia: Nationalsozialistische Sexualpolitik und weibliche Homosexualität. Pfaffenweiler 1991, S. 37, 81.
5. Frank, Reinhard (Hrsg.): Das Strafgesetzbuch für das Deutsche Reich. Erläutert von Dr. Reinhard Frank. Tübingen 1925, S. 368.
6. Hutter, Jörg: § 175 im Zweiten Deutschen Reich von 1890–1919. In: Freunde eines Schwulen Museums . . . (s. Anmerkung 1), S. 62–80.
7. Mende, Bodo: Die antihomosexuelle Gesetzgebung in der Weimarer Republik. In: Freunde eines Schwulen Museums . . . (s. Anm. 1), S. 82–104.
8. Jellonek, Burkhard: Homosexuelle unter dem Hakenkreuz. Paderborn 1990, S. 45–48.
9. Stümke, Hans-Georg: Homosexuelle in Deutschland. Eine politische Geschichte. München 1989, S. 82.
10. Stümke, Hans-Georg / Finkler, Rudi: Rosa Winkel, Rosa Listen. Homosexuelle und „Gesundes Volksempfinden" von Auschwitz bis heute. Reinbek bei Hamburg, 1981, S. 96.
11. Vismar, Erhard: Perversion und Verfolgung unter dem deutschen Faschismus. In: Lautmann, Rüdiger: Seminar: Gesellschaft und Homosexualität. Frankfurt am Main 1977, S. 318.
12. Gesetz zur Änderung des Strafgesetzbuchs. Vom 28. Juni 1935. In: Reichsgesetzblatt Teil I Nr. 70/1935. Ausgegeben zu Berlin, den 5. Juli 1935, Artikel 6 und Artikel 14, S. 841, 843.
13. Schäfer, Leopold: Die Novellen zum Strafrecht und Strafverfahren von 1935. Mit Ausführungsvorschriften. Erläutert von Schäfer, Lehmann, Dörffler. Berlin 1936, S. 31 f. – Kohlrausch, Eduard: Strafgesetzbuch mit Nebengesetzen und Erläuterungen. Erläutert von E. Kohlrausch, Berlin 1940, S. 364 f. – Schönke, Adolf: Strafgesetzbuch für das Deutsche Reich. Kommentar von A. Schönke. München u. Berlin 1942, S. 383 – Baumann, Jürgen: Paragraph 175. Berlin u. Neuwied am Rhein 1968, S. 48: Die „Erfordernis einer körperlichen Berührung wurde [. . .] aber schließlich [. . .] fallengelassen." In Fußnote 121: „im Jahre 1939".
14. Akademie für Deutsches Recht. Unterausschuß zur Vorbereitung der weiteren Arbeiten des Ausschusses für Bevölkerungspolitik. Protokoll vom 2. März 1936. Zitiert nach: Grau, Günter (Hrsg.): Homosexualität in der NS-Zeit. Dokumente einer Diskriminierung und Verfolgung. Frankfurt am Main 1993, S. 102, Und: Zusammenfassung nach: Gürtner, Franz (Hrsg.): Das kommende deutsche Strafrecht. Besonderer Teil. Bericht über die Arbeit der amtlichen Strafrechtskommission. 2. Auflage. Berlin 1936, S. 203 f.
15. Schoppmann: a. a. O. (siehe Anmerkung 4), S. 223–236.
16. Schriftliche Auskünfte von Frau Monika Herzog, wissenschaftliche Mitarbeiterin im Archiv der Gedenkstätte Ravensbrück vom 11. März 1996 und 10. Juli 1997 auf mehrfach schriftliche und persönliche Anfragen seit Dezember 1995. Befragung von Historikerinnen und Historikern der „Aso"-Forschung 1996/97 durch den Autor.
17. Schoppmann: a. a. O. (siehe Anmerkung 4), S. 223–246; u. a.
18. Schönke, Adolf: Strafgesetzbuch für das Deutsche Reich. Kommentar. Zweite, durchgearb. u. ergänzte Aufl.. München u. Berlin 1944, S. 392.
19. Schoppmann, Claudia: Zeit der Maskierung. Lebensgeschichten lesbischer Frauen. Berlin 1993.
20. RfSSuChDtPoliRMdI (Himmler): Geheimerlaß vom 10. Oktober 1936. In: Grau: a. a. O. (s. Anm. 14), S. 122–126. Zit.: S. 124.

21 (Himmler)/RSHA (Heydrich): Runderlaß vom 12. Juli 1940). In: Grau: a. a. O. (siehe Anmerkung 14), S. 311.
22 Erlaß des Führers zur Reinhaltung von SS und Polizei vom 15. November 1941 In: Grau: a. a. O. (siehe Anmerkung 14), S. 244.
23 Befehl Reichsführer SS und Chef der Deutschen Polizei im Reichsministerium des Innern vom 7. März 1942; Der Chef des OKW: Richtlinien für die Wehrmacht vom 19. Mai 1943. In: Grau: a. a. O. (siehe Anmerkung 14), S. 248–251. Zitiert: S. 250 f.; Grau: a. a. O., S. 224.
24 Baumann, Jürgen: Paragraph 175. Berlin und Neuwied am Rhein 1968, S. 61. Die Zahl der Verfahren (Aburteilungen) lag für 1935 bis 1939 um ca. 3000 höher. Zu beachten ist, daß bis 1. September 1935 nach § 175 in der Fassung von 1871 danach, der Neufassung entsprechend, nach § 175, 175 a geurteilt wurde. – Über die Zahl der Verhaftungen ohne Verfahrenseröffnung liegen keine Angaben vor. – Angaben zu den Aburteilungen (Verfahren, die mit Verurteilung oder auch Freispruch enden konnten) und Verurteilungen sind nur für die Jahre 1933–1936 verfügbar. Vorbehaltlich eingeschränkter Vergleichsmöglichkeit wegen der „Umgestaltung der rechtlichen Vorschriften 1935" seien hier die bei Baumann für 1935 und 1936 genannten Zahlen von mir addiert zitiert, um eine Vorstellung zu ermöglichen, vom Bezug der Strafttatbestände nach §§ 175, 175 a, 175 b zu den Gesamt-Zahlenangaben für diese beiden Jahre:
§ 175 (einfache Homosexualität zwischen erwachsenen Männern): Abgeurteilte: 6588; Verurteilte 1935 mit 1936: 5927
§ 175 a (qualifizierte Hs.: Erwachsene mit Männern unter 21 Jahren, Prostitution, Sex mit Abhängigen – volljährig oder nicht –, Sex mit Gewalt oder Gewaltandrohung) – nur Summenangabe: Abgeurteilte: 1089; Verurteilte 1935 mit 1936: 1020
§ 175 b (Sodomie/Sex mit Tieren): Abgeurteilte: 564; Verurteilte 1935 mit 1936: 479
„Sodomie ist insbesondere bei landwirtschaftlichen Arbeitern besonders verbreitet gewesen" (Baumann, S. 61, Fußnote 165).
25 Stümke/Finkler (siehe Anmerkung 10), a. a. O. S. 262–264 – Das ist die Zahl der Verfahren, nicht die Zahl der Verurteilten, da in dieser Gesamtzahl nicht erkennbar ist, wie viele Personen mehr als einmal abgeurteilt worden sind. – Die Zahl 50 000 ist bis heute unverändert in der Literatur zu finden.
26 Jellonek, Burkhard: (siehe Anmerkung 8), S. 121 f.
27 Lautmann, Rüdiger/Grikschat, Winfried/Schmidt, Egbert: Der rosa Winkel in den nationalsozialistischen Konzentrationslagern. In: Lautman, Rüdiger: Seminar: Gesellschaft und Homosexualität. Frankfurt am Main 1977, S. 332 f., S. 350.
28 Müller, Joachim: Die Verfolgung der Homosexuellen und das Konzentrationslager Sachsenhausen. Material zur seit 1993 konzipierten, bisher aber nicht finanzierbaren Ausstellung. Vorbereitete, unveröffentlichte Statistiken.
29 Hoffschildt, Rainer: Statistik der Verfolgung Homosexueller in der NS-Zeit. Unveröffentlicht.
30 Emotionen und das „gesunde Volksempfinden" bedienende Begriffe, wie „Pestbeule" und „Ausrottung" wurden nicht nur von der Parteiprominenz, dem „Völkischen Beobachter", den lokalen Tageszeitungen oder der SS-Zeitung „Das Schwarze Korps" verwendet. Der zur Kennzeichnung der Homosexualität herangezogene Terminus „Seuche" ist auch im amtl. „Bericht über die Arbeit der amtlichen Strafrechtskommission" zu finden: Teil 8 „Angriffe auf die Sittlichkeit. Von Prof. Dr. W. Grafen von Gleispach in Berlin". s. Gürtner (Anm. 14), S. 204.
31 Zitiert und dargestellt nach: – Graml, Hermann: Rassismus und Lebensraum. Völkermord im Zweiten Weltkrieg. S. 440–451; – Ein anderes Modell der machtpolitischen Strukturen des NS-Staates und seiner Verflechtung mit dem ihm innewohnenden Rassismus erläutert: Schmuhl, Hans-Walter: Rassismus unter den Bedingungen charismatischer Herrschaft. Zum Übergang von der Verfolgung zur Vernichtung gesellschaftlicher Minderheiten. S. 182–197. – Graml und Schmuhl in: Bracher/Funke/Jacobsen: Deutschland 1933–1945. Neue Studien zur nationalsozialistischen Herrschaft. Bonn 1993. Schriftenreihe Band 314 der Bundeszentrale für politische Bildung.
32 Klare, Rudolf: Homosexualität und Strafrecht. Hamburg 1937. Zitiert: S. 11 – Die Dissertation enthält die Kapitel-Hauptüberschriften: Volk, Staat und Homosexualität/Rasse und Homosexualität/Die Strafgesetze gegen die Homosexuellen [...] westisch-romanische Völker; nordisch-germanische Völker [...], Lehren/Die Unzulänglichkeit des geltenden Rechts.
33 Grau (siehe Anmerkung 14), a. a. O., S. 252–275
34 Plail, Fritz (Hrsg.): Strafgesetzbuch. Textausgabe mit Hinweisen (unter Berücksichtigung der Vorschriften der Bcsatzungsbehörden). Iserlohn 1948, S. 1–45.

35 Baumann, Jürgen: Paragraph 175. Über die Möglichkeit, die einfache, nichtjugendgefährdende und nichtöffentliche Homosexualität unter Erwachsenen straffrei zu lassen (zugleich ein Beitrag zur Säkularisierung des Strafrechts). Berlin und Neuwied a. Rh. 1968, S. 50–67 f. – Herzer, Manfred: Die Zeit nach der Befreiung. Schwulenstrafrecht 1945–1949; und: Dose, Ralf: Der § 175 in der Bundesrepublik Deutschland (1949 bis heute); und: Thinius, Bert: Verwandlung und Fall des § 175 in der Deutschen Demokratischen Republik. Alle in: Freunde ... (Hrsg.) (s. Anm. 1), S.118–162 – Grau, Günter: Sozialistische Moral und Homosexualität. Die Politik der SED und das Homosexuellenstrafrecht 1945–1989. In: Grumbach, Detlef (Hrsg.): Die Linke und das Laster. Schwule Emanzipation und linke Vorurteile. Hamburg 1995, S. 85–141 – Grau, Günter: Versuch einer Reform des § 175 in der DDR 1952. In: Zeitschrift für Sexualforschung Heft 2/9. Jgg./Juni 1996, S.109–130 – Stümke, Hans-Georg: Homosexuelle in Deutschland. Eine politische Geschichte. München 1989, S. 132–171.

36 Vorbemerkungen zur 2. Auflage in: Ministerium der Justiz der DDR (Hrsg.): Strafgesetzbuch und andere Strafgesetze. Erweiterte Textausgabe mit Anmerkungen und Sachregister. Berlin 1956, S. V f.

37 In alphabetischer Reihenfolge hier nur einige Namen, die für sehr Unterschiedliches stehen: Aresin, Dörner (an dessen Versuchen mit Ratten – und Schlußfolgerungen zur menschlichen Homosexualität – sich die Geister schieden), Klimmer, Schnabl, Starke.

38 Thinius, Bert: Verwandlung und Fall ... In: Schwules Museum: Geschichte ... (siehe Anmerkung 1), S. 154.

39 Gesetz zur Änderung und Ergänzung des Strafgesetzbuches, § 1. In: Gesetzblatt der Deutschen Demokratischen Republik Teil I Nr. 29 vom 28. Dezember 1988, S. 335.

40 Die Fraktion BÜNDNIS 90/DIE GRÜNEN war aus dem Wahlbündnis zu den Volkskammerwahlen im März 1990 gebildet worden. – Gesetzentwurf der PDS „zu Fragen der Rechtstellung gleichgeschlechtlich empfindender Bürger". Beschluß der Volkskammer der DDR vom 24. August 1990. Zustimmung aller Fraktionen, mit Ausnahme der DSU.

41 Auch Stadtbibliotheken geben ggf. unter den Schlagworten „Homosexualität", „Strafrecht" usw. entsprechende Hinweise. Hier verwiesen sei beipielsweise auf die Autoren Bleibtreu-Ehrenberg, G., Dannecker, M./Reiche, R., Lautmann, R., Stümke. Aktuell im Handel u. a. auch das Taschenbuch: Blazek, Helmut: Rosa Zeiten für rosa Liebe. Zur Geschichte der Homosexualität. Frankfurt am Main, 1996, 336 S.

42 Schönke, Adolf: Strafgesetzbuch. Kommentar. Fünfte, neubearbeitete Auflage. München und Berlin, 1951, Vorwort und S. 427 f.

43 Textzusammenfassung gemäß Textdokumentation in: Stümke/Finkler (s. Anm. 10), a. a. O. S. 453 f., 460–479.

44 Zitiert nach: –Antrag des Abgeordneten Volker Beck (Köln) und der Fraktion BÜNDNIS 90/ DIE GRÜNEN: Unrechtserklärung des nationalsozialistischen § 175 StGB, Rehabilitierung, Entschädigung und Versorgung für die schwulen Opfer des NS-Regimes. Deutscher Bundestag. 13. Wahlperiode. Drucksache 13/1496. 22. Mai 1995 Und: –Antwort der Bundesregierung auf die Kleine Anfrage des Abgeordneten Volker Beck. Drucksache 13/1659. 9. Juni 1995.

45 Berichtet und zitiert nach: Rieber/Meyer/Schmidt/Schorsch/Sigusch: Stellungnahme zu stereotaktischen Hirnoperationen an Menschen mit abweichendem Sexualverhalten. – Sonderdruck aus Sexualmedizin 5/1976, S. 442–450. unpaginiert.

46 Sigusch, Volkmar: Medizinische Experimente am Menschen. Das Beispiel Psychochirurgie. In: Jahrbuch für kritische Medizin, Berlin 1977. Zitiert nach: Beilage zu AS 17, 31 Seiten.

47 Addition nach Statistisches Jahrbuch der Bundesrepublik Deutschland. Addition gemäß Statistik in Dose, Ralf (siehe Anmerkung 1), S. 131. Für 1969 wurde die Gesamtzahl addiert, der Termin 1. September nicht berücksichtigt. Bis Dezember 1968 waren es 49 993 Verurteilungen.

48 Berichtet nach: Stümke (siehe Anmerkung 9), a. a. O. S. 148 ff.

49 In alphabetischer Reihenfolge hier nur einige, wenige Namen Prominenter: Amendt, Kentler, Lautmann, Sigusch. – R. v. Praunheim.

50 Die Antwortschreiben wurden Bestandteil d. Ausstellung „Geschichte des § 175" des Schwulen Museums Berlin u. sind in dessen Besitz.

51 Renelt, Ulrich: Konsequent. Kommentar in: Dachauer Nachrichten Nr. 79 vom 4. April 1995.

52 Anerkennung der strafrechtlichen Verfolgung homosexueller Handlungen als rechtsstaatswidrig und NS-Unrecht. In: Deutscher Bundestag, Drucksache 13/1495 vom 22. Mai 1995. Kleine Anfrage des Abgeordneten Volker Beck (Köln) und der Fraktion BÜNDNIS 90/DIE GRÜNEN: Zur Antwort der Bundesregierung auf die Kleine Anfrage – siehe Anmerkung 44 (2).

53 Plenarprotokoll 13/194 Deutscher Bundestag. Stenographischer Bericht. Bonn, Mittwoch, den 1. Oktober 1997, S. 17551–17557.

Rüdiger Lautmann,
Dr. phil., geb. 1935; o. Professor für Soziologie an der Universität Bremen (Fachbereich 8: Sozialwissenschaften); gegenwärtige Forschungsvorhaben: Die Theatralisierung der gleichgeschlechtlichen Liebe; Soziologie der Sexualität.

Homosexuelle in den Konzentrationslagern: Zum Stand der Forschung

I. Der Blick von heute

Schwule und Lesben am Ende des 20. Jh. – das sieht wie eine Erfolgsgeschichte aus. Wer durch die Ausstellung „Good bye to Berlin?" gegangen ist und die Dokumente aus hundert Jahren Schwulenbewegung besichtigt hat oder wer den CSD-Paraden dieses Sommers beigewohnt hat, der muß geradezu denken: Wie herrlich weit haben wir's doch gebracht!

Warum dann der Blick zurück in finstere Zeiten? Woran erinnert uns der Rosa Winkel in den ns. KZL? Ich antworte mit einem Bild: Der Mond besitzt neben der hellen auch eine dunkle Seite.

Das Glitzern der schönen schwulen Welt hat Werner Hinzpeter perfekt beschrieben. Es stimmt ja durchaus, nehmt alles nur in allem. Als ob Träume sich bewahrheitet hätten, lebt das schwule Volk (sofern jung, gesund, beschäftigt und großstädtisch). Die schwulen Moden setzen Trends für sämtliche andere Männer und Frauen. Die Sexualgeschmäcker verfeinern sich in immer verstiegenere Verästelungen. Die Körper erstrahlen in vollendeter Maskulinität. Die Hochkultur hat überproportional viele Schwule und Lesben zu HohepriesterInnen ernannt. All dies in immer noch zunehmender Rasanz, als bräche sich die Welle nie.

Warum ist das aber nur allenfalls die halbe Wahrheit? Weil es nur die Schauseite eines höchst komplizierten Gebildes beschreibt. Die moderne Homosexualität, die männliche ebenso wie die weibliche, baut sich aus lauter Oppositionen zu dem auf, was universell und immer selbstverständlich gewesen ist: daß im Geschlechtlichen Mann und Frau „von Natur aus" im Austausch stehen, während Mann mit Mann, Frau mit Frau nur in anderen Lebensbereichen zueinander finden können. Daß der homosexuelle Lebensstil, wie wir ihn heute kennen, noch nie existiert hat und nirgends anders existiert als in der westlichen Moderne, das muß uns stutzig machen, bevor wir darangehen, ihn für etabliert zu erklären und sein Gegebensein abzuhaken. In der Entwicklung der menschlichen Kultur ist dieser besondere Lebensstil so unwahrscheinlich wie die Landung des Menschen auf dem Mond oder Mars.

Die heutige Homosexualität ist Verhältnissen abgerungen, die sie eigentlich ausschließen und möglicherweise nur für einen welthistorischen Augenblick zugelassen haben. Es steht sozusagen fast alles gegen diese Art von sexueller Identität. Und wenn der Wille oder die Kraft zur sexuellen Kultivierung der gleichgeschlechtlichen Konstellation nachließe, würde die Naturwüchsigkeit der archaischen Heterosexualität sofort darüberwuchern. Der Urwald kann die Kultivation jederzeit wieder vereinnahmen.

Homophobie als Grundbefindlichkeit

Der „Urwald" – das Bild steht für das tiefsitzende Unwillkommensein der normalwidrigen Sexualitäten. Der psychiatrisch klingende Begriff „Homophobie" verharmlost das. Die Feindseligkeit gegenüber der gleichgeschlechtlichen Paarung bildet keine Geisteskrankheit, sowenig wie etwa der Antisemitismus. Vielmehr haben wir es mit einem gesellschaftlichen Tatbestand zu tun, gegen den keine Individualtherapie verfängt.

Die Homosexuellen provozieren Grundvorstellungen von Geschlechtlichkeit, mit denen jeder Mensch aufwächst, ja selber erst zum kommunikationsfähigen Individuum gedeiht. Die körperliche Intimität zweier Männer stört die im Patriarchat gegebene emotionale und politische Nähe der Männer untereinander. In vielen Hinsichten werden hier Grenzen überschritten: Das schlechthin Andere und unerträglich Fremde bricht in die Lebenswelt ein. Die sicherheitgebende Ordnung scheint sich aufzulösen; unabarbeitbares Chaos sabotiert den rational gefügten Gang der Dinge, wie er zumindest für Wirtschaften und Staatmachen als unverzichtbar erscheint. Die Botschaften der Religion („Schöpfungsordnung") und der Tradition („Das war schon immer so") setzen die Homosexuellenfeindschaft stets erneut ins Recht.

Toleranz, als demokratisches Gebot, lagert sich nur äußerlich darüber. Als Suppressor des gesellschaftlichen Immunsystems bleibt sie immer nur befristet wirksam, d. h. solange wie sie dem politischen Wertekörper eingeimpft wird. Wird die moralische Abgrenzung gefordert, dann droht alles Fremde erneut abgestoßen zu werden. Wir täuschen uns über den langen Atem sozialer Selbstreinigungsmechanismen, wenn wir Schwullesbisches für bereits dauerhaft integriert halten.

Wie tief ist der Eisberg?

In der „schönen schwulen Welt" hat der Eisberg nur seine Spitze abgeschmolzen und ist damit unsichtbar geworden. Unter dem Wasserspiegel wird er jeder Titanic zum Verhängnis, wenn sie blindlings und übereilt die See durchpflügt. Die Unbehaustheit der Homosexuellen mag diese dem Fliegenden Holländer gleich über die Meere treiben. Ewige Verdammnis als Schicksal? Das wissen wir nicht.

Wohl aber können wir wissen, welche Ächtung in den Untergründen der Kollektivseele lauert. Toleranz blockiert das Femeurteil, hebt aber Geringschätzung nicht auf. Die Juden in Deutschland haben es, nach einer dem Anschein nach gelungenen Assimilation, erfahren. Wir Homosexuellen hätten daraus nichts zu lernen? Ein „Homocaust" muß nicht kommen, sowenig wie der Holocaust unvermeidlich über Deutschland gekommen ist. Doch eine Dauerbeobachtung gewagter Formen des sozialen Lebens tut not.

Wir müssen die Oberflächengrammatik von der Tiefengrammatik des gesellschaftlichen Umgangs unterscheiden. Randgruppen werden nicht schlicht integriert, ohne daß die Erinnerung an ihren früheren Ausschluß aufbewahrt würde. Hier bleibt eine Sollbruchstelle zurück, an der das Band, sollte es wieder einmal soweit sein, dann reißt. Das klingt wie eine düstere Prognose, jedenfalls soll es eine Warnung sein. Auch in jeder Gegenwart werden sich die Spuren auffinden lassen, warum eine Menschenkategorie nicht restlos dazugehört. Ob das dann als Residuum vergangener Repression abgetan wird oder zum Vorboten einer erneuten wird, bleibt sich gleich.

II. Rückblick: 1976

Im Sommer 1976 begann ich mit den Recherchen zum Rosa Winkel. Die Lektüre von Wolfgang Harthauser (1967) – erst jetzt – hatte mich auf das Thema hingewiesen, und ich fing ohne große Umstände an. Gespräche mit dem Historiker Dr. Reinhard Bollmus bestätigten, daß es sonst nichts gab. Zwei studentische Hilfskräfte waren zu finanzieren, und so fuhren wir (nach Voranmeldung) nach Arolsen, wo die Akten lagern sollten. Ich wußte nicht, was uns erwartete. Nicht einmal in einem Archiv war ich zuvor gewesen. Ich war an Soziologie, nicht aber an Geschichte interessiert (und lernte die Bezüge zwischen beiden erst später kennen).

Die nüchterne Wirklichkeit des Internationalen Suchdienstes erwies sich als die eine Seite. Das, wovon die Akten sprachen, als die andere Seite. Eine stärkere Erschütterung habe ich in meinem Forscherdasein (mit doch vielen anderen und ausgefallenen Projekten) nicht erlebt. Jeder der hier Anwesenden kann das nachempfinden; es ist Euch bei Euren Arbeiten zur Geschichte der KZ ebenso ergangen. Für mich setzte sich die Erschütterung fort, die 1956 der Film „Nacht und Nebel" bei mir ausgelöst hatte, nur daß das KZ inzwischen noch viel mehr mit mir selber zu tun hatte.

Die Arbeit mit dem geschriebenen Papier aus Akten war mir aus meiner früheren Juristenausbildung sowie zuletzt aus einem einjährigen Forschungsaufenthalt als Richter in der Justiz bekannt. Die Spannung, wie sie zwischen sozialer Wirklichkeit einerseits und im Verfahrensgeschehen andererseits unangenehm entsteht, war Gegenstand der Justizforschung gewesen; „empirische vs. prozessuale Wahrheit" habe ich jene schmerzliche Spannung genannt. Auch jetzt spürte ich wieder die ungeheure Diskrepanz: hier die bürokratische Aktenführung, dort die entsetzlichen Lebensbedingungen der (meisten) Häftlinge. Aber wie gesagt, als geübter Aktenbearbeiter konnte ich mich sogleich in die Arbeit hineinfinden. Die kooperativen Mitarbeiter des ITS (International Tracing Service) führten uns an die Schränke mit den Leitzordnern, aufgestellt nach Lagern. Nach ersten Einblicknahmen entwarf ich ein Zählblatt. Und bald saß jeder von uns dreien still an seinem Tischchen und schaute die endlosen Eingangs-, Verschiebungs- und Sterbelisten durch.

Eines der KZL trug als einziges keinen Ortsnamen; es wurde wechselnd Mittelbau oder Dora genannt (bei Dora dachte ich unwillkürlich an den weiblichen Vornamen). Da wir mit Buchenwald begonnen hatten, stießen wir bald darauf. Es wurde für mich sofort zum Inbegriff des Grauens (vgl. Lautmann u. a. 1977, S. 339).

Die entsprechenden Stellen im Buch von Eugen Kogon (S. 275 zu Dora, S. 263 über Homosexuelle) habe ich erst später gelesen. Kogon hat, als Lagerältester von Buchenwald, die Verhältnisse genau gesehen.

III. Erklärungsansatz: Soziale Kontrolle

Die von unserer Arbeitsgruppe erhobenen Daten wurden dann aufbereitet und ausgezählt – nach den Regeln empirischer Sozialforschung. Wieder spürte ich eine merkwürdige Kluft, diesmal zwischen Methode und Gegenstand, oder auch: zwischen Zahlen und Schicksalen. Da mußte ich durch, wenn ich meinen Beitrag leisten wollte. Nach Lektüre aller erreichbaren Literatur und nach einigen Interviews mit Überlebenden habe ich dann den Artikel geschrieben (den die Mitstreiter nachher absegneten). Mein Deutungsansatz bezog sich auf die Gesichtspunkte soziale Ungleichheit, Kontrolle und Organisation. So wurde mir mit Gedanken und Wörtern faßbar, was ich bei der Begegnung mit den Dokumenten erlebt und erlitten hatte. Klar, daß dies nicht die einzig mögliche Sicht auf das Geschehen ist. Aber ich kann das auch heute, nach zwanzig Jahren, Wort für Wort vertreten.

Homophobie als Herrschaftstechnik bedient sich instrumentell – neben den Medien, der Sozialisation, der Personalselektion usf. – der sozialen Kontrolle, die mit negativen Sanktionen ein unerwünschtes Verhalten abzuwerten und zu unterdrücken sucht. Nahezu sämtliche Instanzen der sozialen Kontrolle sind alsbald nach dem Machtantritt der Nationalsozialisten rapide vergrößert worden, vor allem soweit sie die Anwendung unmittelbar physischen Zwangs und damit drastische, rasch wirkende Machtdemonstration gestatten: Militär, Polizei, kustodialer Vollzug.

Die KZL gehören in jene Reihe der Kontrollinstanzen; sie vollziehen Sanktionsordnungen politisch übergeordneter Stellen: abweichendes Verhalten wird hier zu verändern oder zu unterdrücken versucht, unerwünschte Menschen werden vernichtet.

Austauschbarkeit, Zusammenarbeit und Verzahnung zwischen den KZL und den traditionellen Sanktionsinstitutionen erweisen das KZL als eine Instanz der sozialen Kontrolle, die in analytischer Hinsicht nicht aus dem Rahmen dessen fällt, was sonst gesellschaftlich zur Unterdrückung der Homosexualität unternommen wird. Unter den spezifischen Bedingungen des Dritten Reiches dient das KZL ähnlichen Zwecken und erreicht ähnliche Ziele wie der herkömmliche Strafvollzug.

Als Unterschied von Gewicht bleibt nur, daß unter der im Nationalsozialismus gestiegenen Totalität der Herrschaft auch die soziale Kontrolle eine totalere Form annahm.

IV. Strukturelle statt personenbezogener Erklärungen

Damit wird Abschied von den Versuchen genommen, einzelne Personen als Drahtzieher für die ns. Homosexuellenverfolgung alleinverantwortlich zu machen. Gewiß sind Psychogramme eines Heinrich Himmler und anderer Figuren von Belang. Aber das käme mir eher wie ein Stilmittel vor: an Persönlichkeit und Biographie eines Individuums kann ich die Struktur der Verfolgung vor einem anteilnehmenden Publikum verdeutlichen. Doch die Verfolgung selber ist nicht das Werk einiger Weniger, zumal Beiträge von Hitler, der für einen personenbezogenen Ansatz allenfalls in Frage käme, kaum nachgewiesen sind.

Vielleicht müssen wir noch weiter von Personen weggehen. Die Kategorie „Nazi" läßt eine erhebliche Personalisierung anklingen, jedenfalls in vielen Analysen zur Homosexuellenverfolgung. Gewiß haben nicht alle Deutschen die Maßnahmen des Regimes getragen. Aber hingenommen haben sie sie. Vielleicht fragen wir einmal, in Umkehrung eines berühmten Buchtitels von 1996: Waren die Nazis des deutschen Volkes willfährige Vollstrecker?

Immerhin hat (wie Hans-Georg Stümke bemerkt) das Bundesverfassungsgericht in seiner berühmt-berüchtigten Entscheidung von 1957 eine durchgehende rechtspolitische Linie zunehmender Homosexuellenkriminalisierung von den Entwürfen seit 1909 bis zur Strafschärfung von 1935 gezogen. (Eine Zunahme der Kriminalisierung war ja bereits seit den 1880er in der höchstrichterlichen Rechtsprechung zu beobachten gewesen, als die ursprüngliche Tatbestandsbeschränkung allmählich aufgegeben wurde, wonach nur der Analkoitus strafbar gewesen war; mit dem Gummibegriff der „beischlafsähnlichen Handlung" wurden nun alle möglichen gleichgeschlechtlichen Begegnungen bestraft – bei konstantem Gesetzeswortlaut und mit dem Segen des Reichsgerichts.)

Das BVfG-Urteil erklärte die Novellierung von 1935 für weiterhin gültig. Nach Stümke „interpretierten die bundesdeutschen Verfassungsrichter den Nationalsozialismus lediglich als den historischen Vollstrecker einer Rechtsentwicklung, die mit den strafverschärfenden Rechtsentwürfen von 1909, 1919, 1925 nicht zum Zuge gekommen war und die mithin erst durch die NSDAP vorgenommen wurde" (Saarbrücken-Vortrag 1996, Ms. S. 8). Die Meinung aus Karlsruhe muß nicht stimmen (auch Stümke widerspricht ihr; sein Erklärungsmodell lautet ja „terroristischer Rassismus"); das Urteil ist aber als Dokument von Interesse. Denn nahe dran am Zeitgeist der ersten Jahrhunderthälfte waren die Karlsruher vielleicht – näher dran als wir heute, vierzig Jahre später.

Die Analogie zur These von Goldhagen habe ich hier nur einmal probeweise angedacht. Wir müssen die Bevölkerung und die damals vorhandenen Institutionen in die Erklärung einbeziehen, wie ich glaube. Mit dem theoretischen Begriff „Nazi" kommen wir allein nicht durch; der erklärten Gegner zum Nationalsozialismus waren es zu wenige, der MitläuferInnen zu viele (ich brauche diese Überlegung nur an meinen Eltern durchzuspielen).

Und strategische Überlegungen zur heutigen Homosexuellenpolitik (etwa so: je nazimäßiger die historische Analyse, desto durchsetzungsfähiger aktuelle Forderungen) können uns das Denken nicht verkleben. Vielleicht ist es homopolitisch mindestens so ergiebig, neben den Besonderheiten der NS-Verfolgung auf die Kontinuitäten der Repression von Weimar über Hitler bis zur Bundesrepublik hinzuweisen.

V. Abschied von großformatigen Erklärungsmodellen?

Auf unserem Forschungsgebiet, der nationalsozialistischen Schwulen- und Lesbenverfolgung, stoßen wir auffällig oft an Grenzen des Materials. Insbesondere die Lesbenforschung weiß davon ein Lied zu singen. Daß irgendwann die gesammelten Aktenbestände der „Reichszentrale zur Bekämpfung der Homosexualität und Abtreibung" auftauchen und uns eine Fundgrube neuer Erkenntnisse darbieten würden, daran habe ich bereits seit 1986 nicht mehr geglaubt (und zwar nach einem Aufenthalt im Staatsarchiv der DDR in Potsdam: so linientreu und mißtrauisch uns auch die Abteilungsleiterin entgegentrat, ich habe ihrer Auskunft getraut). Möglicherweise müssen wir uns von einer Formel trennen, der auch ich lange angehangen habe: die Homosexuellenverfolgung sei ein Hauptthema des Nationalsozialismus gewesen.

Wir sollten das Gewicht der Homosexuellenfrage für die ns. Gesellschaft realistisch bestimmen. Gewiß ging es hier nicht um eine Art von Nebenwiderspruch. Und ganz gewiß bildeten die Homosexuellen (und zwar die Männer) eine Feindgruppe, meinethalben auch so etwas wie eine „Hauptfeindgruppe". Das beweist schon allein die Liste der Winkelfarben in den KZL.

Aber Feindkategorien dieses Ranges gab es zahlreich – alle Strömungen nämlich, die sich der kulturellen Nivellierung entzogen oder der politischen Gleichschaltung widersetzten. Die Homosexuellen ähneln mehr den „alltäglichen" als den „prominenten" Feindgruppen des Nationalsozialismus. Standen sie doch bloß der innenpolitischen Formierung entgegen und hinderten kaum die expansionistischen Ziele des Regimes. Auf dem Wege zur Vormacht in Europa und sonstwo wurden alle möglichen Gegner gesehen, kaum aber die Homosexuellen. Ein A. Hitler hätte diese Menschen ohne weiteres genutzt, wenn er eine entsprechende Zweck-Mittel-Relation gesehen hätte.

Da die Homosexuellen unter den Feindgruppen eher nur eine gewöhnliche (und keine hervorgehobene) Rolle spielten, war ihre Verfolgung eine Angelegenheit des ns. Alltags. Jedenfalls bildete diese Verfolgung für die Nazis nichts wirklich Neues. Sondern sie entsprach im Rahmen des ns. Programms einer Art von Normalität, gewissermaßen einer politischen Selbstverständlichkeit. Die ns. Maßnahmen sind sozusagen Zutaten, die auf die geltende Antihomosexualität draufsattelten. Damit unterschieden sie sich von der Vernichtung ganzer Volksgruppen, die zwar auch auf die Antipathien und Vorurteile in der Bevölkerung aufbauten, aber in ihrer Radikalität und Brutalität geheimgehalten wurden. Ich vermute, daß bei der KZ-Haft gegen Homosexuelle nicht viel geheimgehalten werden mußte, weil man sich mit der herrschenden Antihomosexualität einig wußte.

Aus diesem Mangel an ideologischer Besonderheit könnten sich einige Erfahrungen herleiten, die wir auf diesem Forschungsfeld immer wieder machen müssen und die uns bislang irritieren. Etwa:

- den Mangel an Äußerungen bei Spitzenleuten wie Hitler, Göbbels, Göring (Himmler bietet eher die Ausnahme);
- der Mangel an konsistentem Konzept;
- der Mangel an Verfolgungsintensität;
- der Mangel an dokumentarischen Zeugnissen – vielleicht oder: wahrscheinlich war jene Reichszentrale nie eine besonders tätige Behörde.

Wenn wir die Homosexuellenverfolgung zu einem im Rahmen der NS-Gesellschaft normalen, nicht aber stilbildenden Vorgang herunterstufen, dann verlieren jene Mängel an Gewicht, und wir brauchen uns an ihnen nicht mehr die Zähne auszubeißen. Unser Thema – die brutale Homosexuellenverfolgung im NS – bleibt uns selbstverständlich erhalten.

Möglicherweise ernte ich mit diesem Vorschlag wütenden Protest. Ich höre schon die Vorwürfe von „Verharmlosung" bis zu „Provokation". Zumindest bitte ich darum, gerade bei den Schwierigkeiten einer plausiblen Theoriebildung zur ns. Homosexuellenverfolgung, die Chancen zu durchdenken, die ein abgespeckter Erklärungsansatz bieten könnte. Deswegen lautet mein Vorschlag: eine gewisse Normalisierung unseres Denkens (d. h. ein engerer Anschluß an die Analysen zum Alltag der ns. Gesellschaft) und Abschied vom Elitarismus einer Opferaristokratie.

VI. Die Zweifel an den „großen" Interpretationsmodellen

Die Zweifel an den „großen" Interpretationsmodellen wollen ja nicht verstummen: Politische Feinde waren die Homosexuellen nur mittelbar; sie konkurrierten nicht um die Macht im Staate (das tun sie bis heute nicht). Sexuelle Orientierung streut über alle politischen Richtungen, einschließlich der braunen.

Rassebiologisch fremd waren sie nicht, sondern „arisch". Homosexualität bei „Nichtariern" wurde nur innerhalb der Reichsgrenzen verfolgt. Innerhalb des Diskussionszirkels unseres Forschungsgebiets gibt es auch ablehnende Positionen hinsichtlich des Ansatzes bei der Rassebiologie (z. B. Harry Oosterhuis in Saarbrücken 1996 u. ö.).[1]

Auch ein theoriestrategischer Zweifel ist zu streuen. Wenn wir bei den großen Opfergruppen wissenschaftlich unterschlüpfen, bleiben „wir", d. h. die Eigenarten der Homosexuellenverfolgung, gedanklich auf der Strecke.

Warum können wir mit den Modellen „politische Feinde" und „Rassismus" unser Problem nicht umfassend oder befriedigend erklären? An dieser Stelle möchte ich an den Satz von Hans-Joachim Schoeps erinnern, wonach 1945 für die Homosexuellen das Dritte Reich noch nicht zu Ende gewesen ist. Ich erinnere an die verweigerte Wiedergutmachung (die wir einstweilen nur moralisch anprangern und noch nicht erklären). Die

Vorgänge nach Ende des NS-Regimes werfen doch auch ein Licht auf dieses selbst! Mit welcher Kontinuität haben wir es hier zu tun? Es wäre allzu vordergründig, die Klerikalisierung der frühen Bundesrepublik oder die konservative Bundestagsmehrheit für die erneute Homosexuellenrepression allein verantwortlich zu machen. Diese fand ja auch in der DDR statt. Und die liberalen und die sozialdemokratischen Kräfte in der Bundesrepublik haben nicht gegengesteuert.

Die Homosexuellen sind ja auch keineswegs die „vergessenen Opfer" des Nationalsozialismus, wie Jörg Hutter und Hans-Georg Stümke in Saarbrücken detailliert und überzeugend nachgewiesen haben; sie wurden in voller Absicht von den Opfergruppen und von einer Wiedergutmachung ausgenommen. Sie wurden also nicht als Opfer „vergessen", sondern weiterhin zu Opfern gemacht. Zu Opfern wessen? Nach 1945 waren sie nicht mehr Opfer des Nationalsozialismus, sondern – ?

VII. Ein „kleines" Interpretationsmodell für den Rosa Winkel

Wir suchen bislang die Nähe zu den „edlen" Opferkategorien: zu den Juden (durch eine Erklärung über die rassebiologische Ideologie) oder zu den Politischen (die Erklärung als politische Feindgruppe). Noch nie indessen haben wir uns mit einer ganz anderen quantitativ großen Kategorie zu vergleichen gesucht: den BVs (befristete Vorbeugehäftlinge, im Jargon auch: Berufsverbrecher). Waren wir denn das – wohlgemerkt: für die Täter, also für die Nazis – etwa nicht: Kriminelle? Und zwar derart gefährliche Kriminelle, daß man es auf ein ordentliches Strafverfahren nicht ankommen lassen wollte?! Bei all unseren bisherigen Untersuchungen haben wir geglaubt, so nicht fragen zu dürfen. An dieser Stelle möchte ich vor anachronistischen Interpretationen warnen, also Erklärungen von dem her, was Homosexuelle später wurden und heute sind. Um zu verstehen, was geschehen ist, müssen wir vielmehr fragen: Was waren sie damals? Ein Argument für die Wahrnehmung „in der Nähe von Grün" wäre beispielsweise, daß Homos in den Eingangslisten öfter auch als „175er" eingetragen wurden, also nach der Hausnummer im Strafgesetzbuch.

Ich rege an, die Homosexuellen als eine categoria povera zu untersuchen. Sie waren (und sind) ja nicht mit herausragenden Moralqualitäten verbunden wie etwa die Juden (durch den mosaischen Glauben, mit dem Alten Testament als Teil der auch im Christentum Heiligen Schriften) oder die Politischen (mit jeweils einem Alternativprogramm zur Gestaltung von Staat und Gesellschaft). Vielmehr stand für die Homosexuellen die Befriedigung persönlicher Bedürfnisse im Vordergrund. Das entbehrt des Altruismus, der noch die Zeugen Jehovas in allen Augen so sehr adelte.

Homosexuelle haben immer das Mißtrauen ihrer Gesellschaft erregt. (Ob sich das heute wirklich geändert hat, wäre gesondert zu überprüfen – historisch gesehen stimmt meine Allaussage jedenfalls.) Woher die „strukturelle Antihomosexualität" rührt, welche Funktionen sie erfüllt, wie verschieden stark sie in Epochen und Kulturen ausfällt, welche gesellschaftliche Szenen mehr und welche weniger davon befallen sind – all das muß hier nicht geklärt werden. Wir dürfen und müssen getrost von einem stabilen Sockel der Homosexuellenfeindschaft ausgehen.

Nicht Freiheit und Emanzipation der Homosexuellen ist das Allgemeine, sondern deren Randständigkeit. Die Feindseligkeiten der Nazis gegen die Homosexuellen sind bis zu einem gewissen Grade „normal", sind eine vorgefundene Selbstverständlichkeit, sind nicht „typisch nationalsozialistisch", also auch nicht speziell erklärungsbedürftig. Zu erklären sind die Besonderheiten der Homosexuellenverfolgung unter dem Nationalsozialismus, also das, was sich auf dem Sockel der allgemeinen Homophobie erhebt. Die allgemeine Homophobie – in Weimar, in den westlichen Kulturen – gehört zum Kontext jeder speziellen Homosexuellenrepression und darf bei der Interpretation nicht außer acht bleiben.

Zum Erklärungsmodell gehören also a priori:
- die normale Homophobie
- die Emanzipationstendenzen der Homosexualität
- die besonderen historischen Bedingungen einer Epoche.

Bislang starren wir zu sehr auf die besonderen Bedingungen unter dem NS-Regime und vernachlässigen die beiden anderen Bedingungsstränge.

So ende ich mit dem Vorschlag, den Rosa Winkel zu entmythologisieren. Gelungen ist die Entzauberung bereits, indem wir Abschied von den großen Zahlen genommen haben, die ursprünglich hier vermutet worden sind. Mit Sechs- oder gar Siebenstelligkeit können, wollen und sollen wir nicht aufwarten.

Wozu diese Entmythologisierung? Leben denn Erinnerungsarbeit, Forschung und Schwulenbewegung nicht besser mit den großen Bildern, die Unbegreifliches heraufbeschwören? Die Antwort hängt vom gesellschaftspolitischen Konzept eines jeden einzelnen ab. Für mich ist auch Politik etwas Vernünftiges und an Empirie gebunden. Das Pathos der „Vergessenen Opfer" beispielsweise gaukelt eine Leichtigkeit vor, Wiedergutmachung sei nun flink nachzuholen. Wir alle wissen, daß das nicht stimmt (die Berechtigten sind tot).

Falls uns eine theoretische Neuorientierung gelingt (Stichwort: categoria povera), bleibt für die Rosa-Winkel-Forschung genug zu tun:
- die Detailforschung zu den einzelnen KZL;
- die Detailforschung zu einzelnen Biographien, und zwar der Opfer wie der Täter (und hier nicht nur Himmler);
- eine realistische Einschätzung zum Gehalt des Sinnbildes, welches das rosafarbene Dreieck für die Homosexuellenbewegung seit drei Jahrzehnten abgibt.

Anmerkung

1 Siehe Harry Oosterhuis, Reinheit und Verfolgung. Männerbünde, Homosexualität und Politik in Deutschland (1900–1945), in: Österreichische Zeitschrift für Geschichtswissenschaften 5 (1994), S. 388–409 (insb. S. 408)

Jürgen Müller,
  geb. 1959, jetzige Tätigkeit: Historiker; Arbeit/Projekt: Dissertation „Die Verfolgung der Kölner Homosexuellen im Nationalsozialismus".

Praxis polizeilicher Vorbeugungshaft

Quellenlage

Die nachfolgenden Darlegungen und Gedanken zur Praxis der polizeilichen Vorbeugungshaft basieren auf einem Aktenbestand der Kriminalpolizeileitstelle Köln im Hauptstaatsarchiv Düsseldorf. Dieser Aktenbestand, erst Anfang der 90er Jahre entdeckt, umfaßt ca. 550 Personenakten zur Anordnung der polizeilichen Vorbeugungshaft gegen männliche Kriminelle und „Asoziale". Nach den Aktenzeichen zu urteilen, umfaßte der Aktenbestand ursprünglich knapp 1300 Personenakten. Er ist bisher weder aufgearbeitet noch registriert. 45 der erhaltenen Akten betreffen Männer, die wegen homosexueller Handlungen in polizeiliche Vorbeugungshaft genommen worden waren.

Verfahrensablauf

Wenn ein Krimineller in polizeiliche Vorbeugungshaft genommen werden sollte, informierte die Kripoleitstelle das betreffende Gefängnis schriftlich von der beabsichtigten Anordnung. In dem Schreiben wurde der Gefängnisleiter angewiesen, den Häftling nicht zu entlassen, sondern direkt der zuständigen Polizeistelle zu überstellen. In Einzelfällen wandte sich der Gefängnisleiter selber an die Kripo und regte an zu überprüfen, ob gegen den Häftling nicht Vorbeugungshaft anzuordnen sei; in Ausnahmefällen erfolgte die Anordnung auf Anweisung des Reichskriminalpolizeiamtes in Berlin (RKPA). In einigen Fällen wurde gegen solche Personen Vorbeugungshaft angeordnet, die zuvor unter polizeilicher planmäßiger Überwachung standen. Der Grund für die Anwendung der schärferen Maßnahme war ein Verstoß gegen eine der Auflagen oder eine während der Überwachung begangene Straftat.

Die Anordnungsverfügung enthielt in der Regel zwei formale Elemente: Die rechtliche Grundlage und eine Charakterisierung des Tätertypus und damit zusammenhängend die zu erwartenden „Gefahren" für Volk und Staat, wenn die Vorbeugungshaft nicht angeordnet würde. Die Anordnung selber erfolgte durch die Kripoleitstelle und mußte vom RKPA bestätigt werden.

In der Eröffnungsverhandlung wurde dem Betroffenen der Anordnungsbeschluß mitgeteilt, deren Kenntnisnahme er schriftlich bestätigen mußte.

Obligatorisch war die Anfertigung eines sogenannten kriminellen Lebenslaufes. Dieser „kriminelle Lebenslauf" stellt sich als eine Mischung von biographischen Daten und einem kommentierten Strafregisterauszug dar. Mit diesem Lebenslauf sollte der Häftling als Typus des anlagebedingten und unverbesserlichen Verbrechers dargestellt werden.

Eine kriminalbiologische Begutachtung fand in der Regel nicht statt. Ebenso war die Anlage eines Sippschaftsfragebogens nicht die Regel. Die Akten lassen keine Beantwortung der Frage zu, warum nur in Einzelfällen eine kriminalbiologische Untersuchung stattfand bzw. eine Sippschaftsfragebogen angelegt wurde.

Obligatorisch war die ärztliche Untersuchung, ob der Vorbeugungshäftling lagerhaft- und arbeitsfähig sei. Die Einweisung war grundsätzlich vom ärztlichen Plazet abhängig.

Eine gesundheitliche Beeinträchtigung konnte einen Aufschub bedeuten (z. B. bis eine Beinprothese angefertigt war) oder sogar die Rücknahme der Anordnung zur Folge haben. Wenn aus gesundheitlichen Gründen die Vorbeugungshaft nicht angetreten werden konnte, erfolgt die Anordnung der polizeilichen planmäßigen Überwachung. In mehreren Fällen kam es während der Überwachungszeit zu nachgewiesenen kriminellen Handlungen bzw. zu einem Verstoß gegen eine Auflage; in diesen Fällen ließ man das Verfahren zur Anordnung der polizeilichen Vorbeugungshaft wieder aufleben. Es folgte eine erneute ärztliche Untersuchung, die jetzt nur noch eine formalen Charakter hatte, denn trotz einer erneuten Bescheinigung der eingeschränkten Lagerhaftfähigkeit erfolgte nun die Überstellung in ein Konzentrationslager.

Den Abschluß des Verfahrens stellte die Überweisung in ein Konzentrationslager dar. Die Akten selber enthalten Mitteilungen zur Überstellung in weitere Lager.

Die Anordnung der Vorbeugungshaft wurde zurückgenommen, wenn ein Antrag auf Kastration gestellt und die Maßnahme durchgeführt wurde. Ausdrücklich fragte die Polizeidienststelle nach, ob die Kastration vollzogen wurde. Als Ausnahme kann ein Fall gewertet werden, bei dem die Kastration – wegen eines Einspruchs des Betroffenen – nicht vollzogen wurde; trotzdem erfolgte keine Anordnung der Vorbeugungshaft. Der Häftling wurde unter polizeiliche planmäßige Überwachung gestellt.

Ersteinweisungen fanden in folgende Konzentrationslager statt:

Lager	Jahr	Anzahl
Lichtenberg	(1934)	1
Esterwegen	(1935)	1
Sachsenburg	(1937)	1
Sachsenhausen	(1937–1943)	11
Moringen	(1942)	1
Natzweiler	(1942–1944)	22
Dachau	(1943 und 1944)	5
Mauthausen	(1943)	2
Buchenwald	(1944)	1
Gesamt		45

Außer den vorstehenden wurden folgende Konzentrationslager in den Akten genannt, in die die Häftlinge im Laufe ihrer Lageraufenthalte überstellt wurden: Ravensbrück, Flossenbürg, Neuengamme, Auschwitz und Groß-Rosen. Die Akten selber geben keinen Aufschluß darüber, aus welchem Grund die Mehrzahl der Ersteinweisungen nach Natzweiler und Sachsenhausen erfolgten und nach welchen Kriterien die späteren Überstellungen in andere Konzentrationslager erfolgten.

Gesetzliche Grundlagen

Nachfolgend werden Gesetze, Verordnungen und Erlasse aufgelistet, die die rechtliche Grundlage für die Anordnung der Vorbeugungshaft darstellten. Ergänzend werden rechtliche Tatbestandsmerkmale und Auffälligkeiten angegeben, die sich für die betreffenden Personen ergaben:

Erlaß des Preußischen Ministeriums des Inneren betreffend die ‚Anwendung der vorbeugenden Polizeihaft gegen Berufsverbrecher' vom 13. November 1933:

Gegen Kriminelle, die dreimal wegen eines aus Gewinnsucht begangenen vorsätzlichen Verbrechens oder Vergehens mit mindestens sechs Monaten Gefängnis oder Zuchthaus bestraft worden waren, konnte polizeiliche Vorbeugungshaft angeordnet werden. Die letzte Straftat durfte nicht länger als fünf Jahre zurückliegen. Waren diese Voraussetzungen erfüllt, sollte die Einweisung als Berufsverbrecher in ein Konzentrationslager erfolgen. Kriminelle, die dreimal wegen Verbrechen nach § 176 RStGB vorbestraft waren, sollten unter Berücksichtigung der weiteren Voraussetzungen als Berufsverbrecher – in diesem Fall als gewohnheitsmäßiger Sittlichkeitsverbrecher – in ein Konzentrationslager eingewiesen werden.

Anordnungen auf dieser rechtlichen Grundlage erfolgten nur bis März 1937. In den Akten gibt es Fälle, in denen lediglich zwei bzw. eine Verurteilung wegen Sittlichkeitsverbrechen vorlagen; trotzdem erfolgte die Einweisung als Berufsverbrecher. In der schriftlichen Begründung wurde dabei ausdrücklich auf die Homosexualität als Einweisungsgrund verwiesen.

Erlaß des Reichs- und Preußischen Ministers der Justiz betreffend die ‚Vorbeugende Verbrechensbekämpfung durch die Polizei' vom 14. Dezember 1937:

Dieser reichseinheitliche Erlaß löste den Erlaß des preußischen Ministers des Inneren vom 13. November 1933 ab. Die Voraussetzungen blieben unverändert. Lediglich der Katalog der Straftätertypisierungen, aufgrund deren die Einweisung in ein Konzentrationslager erfolgen sollte, war explizit erweitert worden. Neben der Einweisung als Berufsverbrecher konnten Homosexuelle als Gewohnheitsverbrecher eingewiesen werden. Mit dem Begriff Gewohnheitsverbrecher waren sogenannte Hang- und Neigungstäter (u. a. auch die Sittlichkeitsverbrecher) gemeint. Eine Erweiterung stellte der Erlaß insoweit dar, als nun auch „Asoziale" in polizeiliche Vorbeugungshaft genommen werden konnten. Ihr angebliches asoziales Verhalten, das die Allgemeinheit gefährde, war das strafrechtlich nicht zu erfassende Vergehen.

In der Sekundärliteratur wird dargelegt, daß der Begriff des Sittlichkeitsverbrechers nicht nur den pädophilen Homosexuellen, sondern generell alle Homosexuellen erfaßte. Eine solche Aufweichung der Begrifflichkeit kann anhand der vorliegenden Personenakten nicht bestätigt werden. Der Aktenbestand, der sich auf den vorgenannten Erlaß bezieht, ist aber zu klein, um weitergehende Schlüsse zu ziehen. Die Anordnungen auf Einweisung in ein Konzentrationslager, die auf dem Erlaß vom 14. Dezember 1937 basierten, erfolgten zwischen Juni 1938 und Juli 1940.

Erlaß des Reichssicherheitshauptamtes vom 12. Juli 1940:

Seine Anwendung setzte voraus, daß ein Homosexueller mehr als einen Partner verführt haben mußte. Sodann sollte die Einweisung als Homosexueller erfolgen.

Bereits am ersten Tag des Inkrafttretens des Erlasses, dem 12. Juli 1940, bis September 1944 wurde polizeiliche Vorbeugungshaft gegen Homosexuelle aufgrund dieser gesetzlichen Grundlage angeordnet. In der Mehrzahl wurden die Betroffenen als Homosexuelle, aber auch als Berufsverbrecher (dies betraf keine männlichen Prostituierten), als Gewohnheitsverbrecher (der Begriff Homosexueller wurde in Anführungszeichen beigefügt) eingewiesen.

Die Auswertung der Akten ergab, daß unter den nach dem Erlaß vom 12. Juli 1940 eingewiesenen Männern alle bis auf einen Fall wegen § 175 a oder § 176 RStGB verurteilt worden waren. Der Einzelfall, bei dem der Einweisung in ein Konzentrationslager lediglich eine Verurteilung nach § 175 RStGB zugrunde lag, enthält allerdings eine Besonderheit. Das Gericht hatte im Urteil abgelehnt, eine Bestrafung wegen § 175 a Zif. 3 RStGB auszusprechen, verwies aber in der Urteilsbegründung sowohl auf eine dreifache ‚Verführung' durch den Täter als auch auf die Möglichkeit hin, gegen ihn Vorbeugungshaft anzuordnen. Zu weiteren Verfügungen, Erlassen usw., aufgrund deren eine Anordnung der Vorbeugungshaft erfolgte, können derzeit keine Angaben gemacht werden:

Die Verfügung des Reichskriminalpolizeiamtes vom 21. November 1941 wurde im Februar 1942 in einem Fall angewendet. Es handelte sich um einen Jugendlichen, der nach Moringen überstellt wurde.

Aufgrund des Blitztelegramms des Reichskriminalpolizeiamtes vom 9. Juli 1943 wurde nach September 1943 in drei Fällen Vorbeugungshaft angeordnet. Dort wurden die Betroffenen als Berufsverbrecher, aber auch als Homosexuelle bezeichnet. Der Homosexuelle war wegen homosexuellen Verhaltens verurteilt worden, die beiden Berufsverbrecher hatten ein umfangreiches Vorstrafenregister.

Der Erlaß des Chefs der Sicherheitspolizei und des SD vom 12. Mai 1944 wurde in einem Fall angewendet. Bei diesem Fall lag eine einmalige Verurteilung wegen § 175 RStGB vor. Ein Verführungstatbestand ist nicht zu erkennen. Der Betroffene wurde von der Kripo als Hangtäter bezeichnet.

Begrifflichkeit der Tätertypen

Abschließend werden zwei Problemkreise angerissen, die sich aus dem Studium der Akten ergeben. Dazu gehören zunächst die Tätertypen, unter deren Bezeichnung Homosexuelle in ein Konzentrationslager eingewiesen wurden.

Die häufigste Bezeichnung ist Homosexueller, mit Zusätzen: Hangtäter, gemeingefährlicher Jugendverderber, Jugendverführer (18 Fälle). Hier ist ein klarer Bezug zur Homosexualität bzw. den homosexuellen Handlungen erkennbar.

In drei Fällen wurden homosexuelle Männer als Sittlichkeitsverbrecher eingewiesen. In einigen Fällen erfolgte eine Einweisung Homosexueller als Gewohnheitsverbrecher (2 Fälle) oder Asozialer (1 Fall), bei denen die Bezeichnung Homosexueller als eine nähere Spezifizierung in Klammern oder in Anführungszeichen hinzugesetzt wurde. Darüber hinaus erfolgten Einweisungen von Homosexuellen als Gewohnheitsverbrecher (5 Fälle), als Berufsverbrecher (5 Fälle) und Asoziale (7 Fälle) ohne jede weitere Spezifizierung. In vier Fällen war keine Bezeichnung angegeben.

Es zeigt sich, daß Homosexuelle nicht unbedingt einen „rosa Winkel" als Sinnbild einer etwaigen vorhandenen Lagerkennzeichnung tragen mußten. Homosexuelle sind ebenso unter den Berufs- und Gewohnheitsverbrechern zu finden wie unter den „Asozialen". Inwiefern ihre ‚homosexuellen Straftaten' wiederum auf eine etwaige Kennzeichnung Einfluß hatten, kann anhand der vorliegenden Akten nicht nachvollzogen werden.

Der ‚rosa Winkel' ebenso wie alle anderen Kennzeichen kann allenfalls ein Anhaltspunkt, nicht aber alleiniges Kriterium bei der Erforschung der Situation der Homosexuellen in Konzentrationslager sein. Die Ungenauigkeiten bei der Verwendung der Begrifflichkeiten – schon bei der Anordnung der Vorbeugungshaft – verweist auf die Schwierigkeiten bei der Beurteilung der Täterkategorieren in Häftlings- und Transportlisten.

Welche Homosexuellen wurden ins Konzentrationslager überwiesen?

Als weiterer Problemkreis ist die Frage nach dem Personenkreis der Homosexuellen zu stellen, die in Konzentrationslager eingewiesen wurden. Waren es alle Homosexuellen oder nur bestimmte Gruppen? Dabei soll auf keinen Fall einer moralischen Unterscheidung oder Wertung verschiedener Homosexuellen das Wort geredet werden. Die Differenzierung der verschiedenen Homosexuellengruppen ist für eine Beurteilung des

Umfanges der Verfolgung von Homosexuellen und ein evtl. vorhandenes Konzept der Homosexuellenverfolgung von Bedeutung.

So zeigt sich bei 41 Personen, das die Betroffenen aufgrund vorheriger Verurteilungen entweder nach § 176 RStGB (sexuelle Handlungen mit Kindern unter 14 Jahren), § 175 a Zif. 3 RStGB (sexuelle Handlungen mit Minderjährigen zwischen 14 und 21 Jahren) oder Zif. 4 (männliche Prostituierte) vorbestraft waren. Die beiden Straftatbestände des § 175 a RStGB Zif. 1 (sexuelle Handlungen unter Gewaltanwendung) oder Zif. 2 (Ausnutzung eines Dienst- oder Abhängigkeitsverhältnisses) spielten keine bzw. eine untergeordnete Rolle.

Von den vier Personen, die im Bereich der Sittlichkeitsdelikte ‚nur' Verurteilungen nach § 175 RStGB aufwiesen, waren zwei mit weiteren zahlreichen Vorstrafen belastet und nur zwei ‚Straftäter' wegen rein homosexueller Handlungen in Vorbeugungshaft genommen worden.

Die als Sittlichkeitsverbrecher bezeichneten Vorbeugungshäftlinge hatten alle Vorstrafen nach § 176 und § 175 a Zif. 3 RStGB. Die als Gewohnheitsverbrecher bezeichneten Vorbeugungshäftlinge waren aufgrund von Delikten nach § 176, § 175 a Zif. 3 und § 175 a Zif. 4. RStGB verurteilt. Die als Berufsverbrecher bezeichneten Häftlinge hatten Vorstrafen wegen § 174, § 176, § 175 a Zif. 3 und § 175 a Zif. 4 RStGB. Die als Asoziale bezeichneten Vorbeugungshäftlinge waren aufgrund von Delikten nach § 175 a Zif. 4. und § 175 RStGB verurteilt; sie hatten außerdem noch weitere Vorstrafen. Ihre allgemeine Charakterisierung verwies auf ein angebliches asoziales Verhaltens (insbesondere arbeitsscheu).

Ich gehe davon aus, daß im Nationalsozialismus der ‚gewöhnliche Homosexuelle' in der Regel nicht mit der Einweisung in ein Konzentrationslager bedroht war, sondern „nur" bestimmte Homosexuellentypen: Verführer (immer bei Verurteilungen nach § 175 a Zif. 3 RStGB), Stricher (immer bei Verurteilungen nach § 175 a Zif. 4 RStGB), Sittlichkeitsverbrecher (immer bei Verurteilungen nach § 176 RStGB).

Carola v. Bülow,
geb. 1970, jetzige Tätigkeit: Wissenschaftliche Mitarbeiterin am Institut für Soziologie der Carl von Ossietzky Universität Oldenburg; vorher: Studium der Fächer Geschichte und Germanistik an der TU Braunschweig (Lehramt an Gymnasien); Projekte: Mehrere Projekte zum Verfolgungsschicksal der Homosexuellen in den Strafgefangenenlagern des Emslandes.

Der soziale Status der als homosexuell verfolgten Inhaftierten in den Emslandlagern

Einleitung

Soweit in Forschungsarbeiten bisher eine Auseinandersetzung mit dem Schicksal der als homosexuell verfolgten Inhaftierten[1] während der nationalsozialistischen Herrschaft stattfand, lassen die Ergebnisse die Vermutung zu, daß diese Häftlinge – zumindest in einigen Konzentrationslagern – in der Gefangenenhierarchie einen niedrigen Status innehatten.[2] Die Diskriminierung dieser Häftlingsgruppe könne, so R. Lautmann, auf eine gesamtgesellschaftliche Antihomosexualität zurückgeführt werden, die sich für die Gefangenen unter den Bedingungen der Haftzeit zu einer lebensbedrohlichen Dimension steigerte.[3] Als äußeres Abzeichen trugen die als homosexuell verfolgten Inhaftierten in den Konzentrationslagern den rosa Winkel, der auf die Häftlingskleidung aufgenäht wurde und die Angehörigen dieser Gefangenengruppe nach außen deutlich sichtbar kennzeichnete.

Die Aussagen über einen „Sonderstatus"[4] der „Rosa-Winkel-Träger" im nationalsozialistischen Haftsystem beziehen sich ausschließlich auf die Zustände in den NS-Konzentrationslagern. Die Zahl dieser Gefangenen in den Konzentrationslagern läßt sich aufgrund der Unvollständigkeit des noch erhaltenen Quellenmaterials nicht mehr exakt bestimmen. Die Angabe der Forschergruppe Lautmann von ca. 5000 bis 15 000 Konzentrationslagerhäftlingen, die als Homosexuelle verfolgt wurden[5], gelten als genaueste Information über das Verfolgungsausmaß.

Die Zahl der nach §§ 175, 175 a verurteilten Personen war jedoch höher. Die Übersicht des Statistischen Reichsamtes weist aus, daß zwischen 1933 und 1945 ca. 50 000 Verurteilungen wegen eines Straftatbestandes der Homosexualität erfolgten.[6] Dieser Sachverhalt bestätigt die These Jellonneks, wonach die nationalsozialistische Politik gegenüber den Homosexuellen nicht im Vernichtungsgedanken kulminierte, da Homosexuelle grundsätzlich als „umerziehbar" galten.[7] Vor allem zeigt die Diskrepanz zwischen der Anzahl der nach §§ 175, 175a verurteilten Personen und den Zahlenangaben über die als Homosexuelle in ein Konzentrationslager verbrachten Männer, daß die Internierung von Homosexuellen zum Großteil nicht in den Konzentrationslagern erfolgte, sondern in Gefängnissen, Zuchthäusern und Strafgefangenenlagern. Dieser Bereich der dem Justizministerium unterstehenden Haftanstalten ist bisher im Rahmen der Forschungen zum nationalsozialistischen Verfolgungssystem wenig untersucht worden.

Da davon ausgegangen werden kann, daß eine Inhaftierung für den Großteil der nach §§ 175, 175 a verurteilten Männer nicht die Einweisung in ein Konzentrationslager bedeutete, sollte sich die Frage nach dem sozialen Status der als homosexuell verfolgten Inhaftierten nicht in einer Analyse der Zustände in den Konzentrationslagern erschöpfen. Die Untersuchung der Situation dieser Häftlingsgruppe in den der Justiz unterstehenden Haftanstalten im Emsland soll dazu beitragen, diese Forschungslücke zu schließen.

Die folgenden Aussagen über den sozialen Status der als homosexuell verfolgten Inhaftierten in den Emslandlagern stützen sich zum einen auf Angaben aus der Erinnerungsliteratur, zum anderen auf die Auswertung von Verwaltungsakten sowie von Gefangenenpersonalakten. Bisher wurden knapp 300 Personalakten von als homosexuell verfolgten Inhaftierten durchgesehen. Die Angaben aus den Personalakten werden denen zweier Vergleichsgruppen gegenübergestellt – den aus politischen Gründen Verfolgten sowie einer Auswahl von Gefangenen, die wegen „Betrug" und „Diebstahl" verurteilt worden sind, den sog. Kriminellen.

Die Emslandlager

Die Geschichte der Emslandlager ist in ausführlicher Form in der Arbeit von E. Suhr[8] sowie der umfangreichen Dokumentation von E. Kosthorst und B. Walter[9] dargestellt. Die Situation der als homosexuell verfolgten Inhaftierten bleibt in diesen Arbeiten – wie so häufig in Untersuchungen zum nationalsozialistischen Haftsystem – weitgehend unberücksichtigt, da diese – der zeitgenössischen Rechtsprechung folgend – zu der Kategorie der „Sittlichkeitsverbrecher" gezählt werden.

Über die Stellung der Emslandlager im nationalsozialistischen Haftsystem läßt sich zusammenfassend sagen[10]: Die ersten Lager im Emsland – Börgermoor, Neusustrum und Esterwegen – wurden bereits im Frühjahr 1933 als Konzentrationslager errichtet. Die Emslandlager waren von Anfang an Einrichtungen des preußischen Staates. Sie sollten die zahlreichen verstreuten, sog. wilden Konzentrationslager ersetzen und die schon kurze Zeit nach der Machtergreifung völlig überfüllten Polizeigefängnisse in Preußen entlasten. Die Wachmannschaften dieser frühen Konzentrationslager wurden von der SA und der SS gestellt. Wegen der unmenschlichen Zustände kam es immer wieder zu Auseinandersetzungen zwischen den Lagerleitungen und den preußischen Behörden.

Als Heinrich Himmler 1934 eine zentrale Leitung und einheitliche Bewachung aller Konzentrationslager durch spezielle SS-Formationen anordnete, wurde in dieses KZ-System auch Esterwegen einbezogen. Die übrigen Emslandlager wurden 1934 zu Strafgefangenenlagern unter der Leitung des preußischen Justizministeriums umfunktioniert. Die Wachleute wurden aus dem Kompetenzbereich der SA-Führung herausgelöst und als Justizvollzugsangestellte weiterbeschäftigt, ohne jedoch die im preußischen Justizdienst übliche Ausbildung als Wachpersonal erhalten zu haben. Im Zuge der Zentralisierung des KZ-Systems wurde 1936 auch das Lager Esterwegen wegen seiner Abgelegenheit und geringen Ausbaufähigkeit als Konzentrationslager aufgelöst und zum Strafgefangenenlager umfunktioniert. Es handelte sich bei den Emslandlagern also nur in der Anfangsphase um Konzentrationslager, ab 1936 gab es im Emsland ausschließlich Strafgefangenenlager. Im Jahr 1939 wurden acht Lager errichtet, die in der Folgezeit vor allem mit Wehrmachtsstrafgefangenen, aber auch mit Kriegsgefangenen belegt waren. Insgesamt zählten zu den Emslandlagern seit Kriegsbeginn 15 verschiedene Lager. Die Untersuchung des sozialen Status der als homosexuell verfolgten Inhaftierten in den Emslandlagern bezieht sich vor allem auf die Strafgefangenen- und Wehrmachtsstrafgefangenenlager. Die nur kurze Phase der Konzentrationslager im Emsland ist anhand des noch erhaltenen Quellenmaterials kaum noch zu erfassen; die Kriegsgefangenenlager bleiben ebenso unberücksichtigt wie eine kurze Phase, in der 1944 Häftlinge des Konzentrationslagers Neuengamme in die Emslandlager verlegt wurden, um in der Umgebung von Meppen Verteidigungsstellungen zu errichten.

In der Presse und auch auf dem Internationalen Strafrechts- und Gefängniskongreß 1935 in Berlin wurden die Emslandlager als Prestigeobjekt nationalsozialistischen Strafvollzugs präsentiert. Prestigeobjekt zum einen wegen des angeblich besonders wirksamen Strafvollzugs, zum anderen, weil die Gefangenen – vermeintlich sinnvoll – zu umfangreichen Moorkultivierungsarbeiten im Emsland eingesetzt wurden.[11]

In der Nachkriegszeit wurde von offizieller Seite wiederholt behauptet, die Emslandlager seien seit ihrer Umwandlung zu Strafgefangenenlagern reguläre Justizvollzugsanstalten gewesen und die dort inhaftierten Gefangenen aufgrund bestehender Gesetze verurteilt worden. Diese Sichtweise läßt die unmenschliche Behandlung der Gefangenen ebenso außer acht wie den politischen Standort ihrer Bewacher: Dies waren zum Großteil SA-Wachmannschaften, die zwar in den Justizdienst integriert worden waren, jedoch ausdrücklich die Erlaubnis erhalten hatten, von dem gültigen Justizvollzugsreglement abzuweichen. In den Emslandlagern wurde schon früh ein System von offiziellen und inoffiziellen Behandlungsmethoden eingeführt, wie es sonst nur in den Konzentrationslagern der SS üblich war.

Häftlingsgruppen und Kennzeichnungen

Eine Gruppenbildung der Gefangenen wurde in den Konzentrationslagern des „Dritten Reiches" von außen vorgenommen: Die Gefangenen wurden nach ihrem Einlieferungsgrund klassifiziert und durch verschiedenfarbige Winkel an der Häftlingskleidung gekennzeichnet.[12] Dieses Kategoriensystem, das für die als homosexuell Verfolgten den rosa Winkel vorsah, wurde in den Emslandlagern nicht eingeführt. Es gab zwar in den frühen Konzentrationslagern des Emslandes wie auch in der Phase der Straf- und Wehrmachtsstrafgefangenenlager einzelne Sonderkennzeichen, zum Beispiel für fluchtverdächtige Gefangene, sog. Rückfällige und Neuzugänge[13], es erfolgte jedoch keine Markierung durch verschiedenfarbige Winkelabzeichen in Abhängigkeit vom Inhaftierungsgrund.

Aus den Berichten ehemaliger Häftlinge dieser Lager geht übereinstimmend hervor, daß der Einlieferungsgrund der Gefangenen den Mitgefangenen wie auch den Aufsehern trotzdem bekannt war bzw. von Neuzugängen alsbald ermittelt wurde.

Ein überlebender Häftling aus dem Lager Neusustrum schreibt in seinem Erinnerungsbericht: „Wer wegen welcher Strafe im Lager war, hatte sich innerhalb einer Baracke immer schnell rumgesprochen. Jeder wußte, ob der eine 36 oder 37 Wagen geknackt hatte oder ob er wegen 175 oder wegen einer politischen Sache [...] gefangengehalten wurde."[14]

Grundsätzlich habe, so schreibt ein anderer Überlebender, für alle gegolten: „Das ging schnell mit dem Bekanntmachen. Gleiches Delikt, also freundete man sich an."[15]

Obwohl die Gruppenbildung in den Emslandlagern nicht von außen durch die Kennzeichnung durch farbige Winkel vorgenommen wurde, erfolgte sie dennoch in Form von Zusammenschlüssen von Gefangenen, die sich stark an den Verurteilungsgründen orientierten. Vermutlich werden die so gebildeten Gemeinschaften nach außen weniger als geschlossene Einheit aufgetreten sein; auch dürften die Grenzen der Verbundenheit durchlässiger gewesen sein als in den nationalsozialistischen Konzentrationslagern nach der Einführung des Kennzeichnungssystems.

Es sollen im folgenden die Faktoren vorgestellt werden, die in die Auswertung einbezogen wurden, weil sie als Indikatoren für die Stellung der als homosexuell verfolgten Inhaftierten in den Emslandlagern gelten können. Was die Politik der Lagerleitung betrifft, sind die Bereiche, die der Reproduktion des Lagerlebens dienten, von den Bereichen, die der Produktion durch Häftlingsarbeit dienten, zu unterscheiden. Es soll außerdem auf die soziale Einschätzung der Wachmannschaften sowie der Insassen gegenüber den wegen eines Straftatbestandes der Homosexualität verurteilten Gefangenen eingegangen werden.

Quantitative Angaben

Einen Anhaltspunkt für die Rolle der als homosexuell verfolgten Inhaftierten in der Häftlingsgemeinschaft kann deren Anteil an der Gesamtbelegung der Lager liefern.

Die Zahl dieser Gefangenen war in den Emslandlagern recht hoch, denn Homosexuelle sollten aus den Gefängnissen und Zuchthäusern vermehrt dem als besonders abschreckend geltenden Strafvollzug in den Emslandlagern ausgeliefert werden. In einer Bestimmung des Reichsjustizministeriums vom Juli 1938 über den Einsatz von Gefangenen bei Kultivierungs- und Straßenbauarbeiten heißt es: „Gegen die Abstellung von Gefangenen, die wegen eines Vergehens oder Verbrechens wider die Sittlichkeit verurteilt sind, bestehen im allgemeinen keine Bedenken, insbesondere sind auch Gefangene, die nach § 175 RStGB bestraft sind, zu den Außenarbeiten heranzuziehen."[16]

Es waren insgesamt vermutlich ca. 2100 Gefangene in den Emslandlagern, die als Homosexuelle verfolgt wurden. Der Anteil der als homosexuell verfolgten Inhaftierten an der Gesamtbelegung der Lager war deshalb – verglichen mit den Zahlenangaben zu den nationalsozialistischen Konzentrationslagern – recht hoch: Zirka 2,5 % der Emslandlagergefangenen waren aufgrund eines Straftatbestandes der Homosexualität verurteilt; für die Vorkriegszeit kann von einem höheren Wert von bis zu 3 % an der Gesamtbelegung ausgegangen werden.[17] Zum Vergleich: Untersuchungen zu den nationalsozialistischen Konzentrationslagern geben für die Zeit von 1933 bis 1939 an, daß ca. 1 % der Inhaftierten als Homosexuelle verfolgt waren; nur in einzelnen Außenlagern konnte deren Anteil in der Größenordnung von 5 bis 10 % und damit deutlich höher liegen. Mit dem starken Anstieg der Häftlingszahlen in der Kriegszeit, verursacht vor allem durch die zahlreichen Einweisungen von jüdischen Häftlingen und „Fremdvölkischen", traten die als homosexuell verfolgten Gefangenen im Erscheinungsbild der Konzentrationslager zurück, zum Teil waren es nur einzelne unter vielen tausend Häftlingen.[18]

Die nach §§ 175, 175 a verurteilten Gefangenen stellten in den Emslandlagern demnach einen höheren Anteil an der Gesamtbelegung als in den meisten nationalsozialistischen Konzentrationslagern. Es ist zu vermuten, daß sie dadurch keine so marginale Position in der Häftlingsgemeinschaft einnahmen wie in vielen der Konzentrationslager. Ihre Möglichkeiten zur Einflußnahme und zur gegenseitigen Unterstützung waren dadurch vermutlich besser.

Unterbringung

Ein Zusammenschluß der als homosexuell verfolgten Inhaftierten wurde in den Emslandlagern jedoch durch die Art ihrer Unterbringung erschwert: In einer Regelung über „die Unterbringung von Homosexuellen in den Vollzugsanstalten und Strafgefangenenlagern der Justizverwaltung" vom Dezember 1939 heißt es, daß in der Strafvollzugspraxis grundsätzlich „Verurteilte, die wegen homosexueller Betätigung einsitzen und

Gefangene, die sonst noch als Homosexuelle erkannt sind, von anderen Gefangenen mindestens bei allen denjenigen Gelegenheiten getrennt gehalten werden, bei denen die Gefahr einer Annäherung besteht". Da der Lagervollzug jedoch einen größeren Umfang angenommen habe und „es sich als nicht angängig [erwies], auf die Heranziehung homosexueller Gefangener ganz zu verzichten", seien homosexuelle Straftäter auch in diesen gelangt. Hinsichtlich der Durchführung des Strafvollzugs wird für die Emslandlager berichtet, daß dort das sog. Verdünnungsprinzip angewandt werde. Darüber heißt es: „Dieses Prinzip geht dahin, die Homosexuellen so zu verteilen, daß sie sich überall einer großen Mehrheit sexuell nicht Pervertierter gegenübersehen, die einmal sie, dann aber auch einander aus dem auch unter Strafgefangenen sehr verbreiteten gesunden Abscheu gegen die Homosexualität heraus unter Kontrolle halten. Unterbringung in einem besonders leicht zu überschauenden Teil der Baracke und bei übereinanderstehenden Betten stets im oberen Bett sowie gute Auswahl der Barackenältesten vervollständigen dieses System."[19]

Die als homosexuell verfolgten Gefangenen nahmen dadurch, daß auf ihre Unterbringung besonders geachtet wurde, eine Art Sonderstellung ein. Das in den Emslandlagern durchgeführte „Verdünnungsprinzip" mußte sich auf die Stellung der davon betroffenen Häftlinge allerdings nicht unbedingt negativ auswirken. Zwar dürfte der Kontakt der nach einem Straftatbestand der Homosexualität verurteilten Häftlinge untereinander durch die Aufteilung auf die Lager und die einzelnen Baracken erschwert worden sein. Der Umgang der als homosexuell verfolgten Inhaftierten miteinander war jedoch grundsätzlich mit Schwierigkeiten verbunden, da er diese Gefangenen einschlägigem Verdacht aussetzte. Die Integration in die Häftlingsgemeinschaft war durch das „Verdünnungsprinzip" vermutlich eher möglich.

Von einer separierten Unterbringung waren in den Emslandlagern dagegen zwei andere Häftlingsgruppen betroffen: die jüdischen sowie die polnischen Inhaftierten, die geschlossen im Lager Neusustrum untergebracht waren. Die Konzentration der von den Nationalsozialisten als „minderwertig" angesehenen Personen läßt auf einen Sonderstatus dieser Gefangenen in den Emslandlagern schließen.[20]

Arbeitszuteilung

Einen weiteren Anhaltspunkt für die Stellung der als homosexuell verfolgten Inhaftierten im nationalsozialistischen Strafvollzug liefert die Arbeitszuteilung. In den Emslandlagern mußten alle Gefangenen in der Regel einer Arbeit nachgehen. Diese Arbeit konnte mit unterschiedlich starken körperlichen Belastungen verbunden sein sowie einen mehr oder weniger guten Zugang zu überlebenswichtigen Gütern und Machtpositionen ermöglichen. Die Zuteilung der Arbeit erfolgte durch das Lagerpersonal sowie durch die Angehörigen der Häftlingsselbstverwaltung. Insofern erlaubt die Zuweisung der Gefangenen zu den täglichen Arbeitskommandos indirekte Schlüsse auf den Status einzelner Gefangenengruppen.

Von einer Auswertung der Kriterien über die Zuteilung zu den Außenarbeitskommandos sind für die Vorkriegszeit keine nennenswerten Ergebnisse zu erwarten, da praktisch alle Gefangenen aus den Emslandlagern zu Kultivierungsarbeiten im Moor herangezogen wurden. Erst infolge des kriegsbedingten Arbeitskräftedefizits wurden die Häftlinge nach 1939 zunehmend auch in der Rüstungsindustrie, bei der Torfgewinnung und in der Landwirtschaft sowie zur Beseitigung von Bombenschäden eingesetzt.[21] Über den Außenarbeitseinsatz der Gefangenen in den Emslandlagern während des Krieges ist aufgrund der unzureichenden Quellenlage wenig bekannt. Zahlenangaben, die Rückschlüsse auf die Situation einzelner Gefangenengruppen erlaubten, liegen nicht vor.

Die Auswertung von Unterlagen über die Arbeitszuteilung konzentriert sich deshalb auf die sog. Innenarbeiten. Aufgaben, die innerhalb des Lagers auszuführen waren, gab es beispielsweise in den Werkstätten, in der Küche und der Effektenverwaltung, im Krankenrevier, in der Kleiderverwaltung sowie in der Wäscherei.[22] Da die innerhalb des Lagers Beschäftigten sich häufig Zugang zu Lebensmitteln und Kleidung, zum Teil sogar Kontakte zu einzelnen Wachleuten verschaffen konnten und gleichzeitig geringeren Belastungen ausgesetzt waren, befanden sie sich gegenüber dem Großteil der zu Außenarbeiten eingeteilten Gefangenen in einer privilegierten Position.

In der Verfügung über die Unterbringung der als homosexuell verfolgten Gefangenen wird auch die Arbeitseinteilung angesprochen: „Bei der Arbeitszuteilung wird darauf gehalten, daß homosexuelle Gefangene nicht Gelegenheit bekommen, ohne ständige unmittelbare Aufsicht mit einzelnen anderen Gefangenen zusammenzusein; daher werden sie z. B. im Küchendienst und Kammerdienst nicht verwendet."[23]

In diesem Sinne bezieht sich eine weitere Anweisung der Lagerleitung speziell auf die als homosexuell verfolgten Gefangenen: In einem Rundschreiben des Kommandeurs der Strafgefangenenlager an die einzelnen Vorsteher vom Juni 1939 weist dieser darauf hin, daß „wegen widernatürlicher Unzucht bestrafte Gefangene und solche, die sonstwie als homosexuell bekannt sind, nicht als Barbiere oder deren Gehilfen verwandt werden dürfen".[24]

Gefangene, die aufgrund eines Straftatbestandes der Homosexualität verfolgt waren, sollten also von Arbeiten ausgeschlossen werden, bei denen sie ohne Aufsicht mit einzelnen Gefangenen zusammen sein konnten bzw. die – wie die Tätigkeit als Häftlingsbarbier – einen engen körperlichen Kontakt der Häftlinge ermöglichten. Wie in der Richtlinie über das „Verdünnungsprinzip" wird an diesen Verfügungen der Präventionscharakter hinsichtlich des Umgangs mit den als homosexuell verfolgten Inhaftierten deutlich. Zu vermuten ist, daß ihr Anteil an den „Innenarbeitern" eher gering war, da sie einige Tätigkeiten nicht ausüben durften. Es findet sich jedoch kein Hinweis darauf, daß Homosexuelle von den Arbeiten innerhalb der Lager grundsätzlich ausgeschlossen wurden; vielmehr ist von einigen als homosexuell verfolgten Gefangenen aus den Emslandlagern bekannt, daß sie mit Privilegien ausgestattete Aufgaben wahrnahmen.[25]

Eine Sonderstellung unter den Gefangenen, die zu „Innenarbeiten" eingeteilt waren, nahmen die sog. Häftlingsfunktionäre bzw. Kommandierten ein. Es hat auch in den Emslandlagern eine Häftlingsselbstverwaltung nach dem Vorbild der Konzentrationslager gegeben.[26] Während in vielen nationalsozialistischen Konzentrationslagern die Konkurrenz um die Posten der Selbstverwaltung zwischen „politischen" und „kriminellen" Häftlingen bestand[27], geben die Berichte ehemaliger Gefangener aus den Emslandlagern ein anderes Bild: Nachdem sich in der frühen Konzentrationslagerphase die Häftlingsselbstverwaltung ausschließlich aus „politischen" Gefangenen zusammensetzte, sind später in den Strafgefangenen- und Wehrmachtsstrafgefangenenlagern in der Regel „Kriminelle" als Funktionsträger eingesetzt worden.[28] Diese neue Präferenz war vermutlich in der Hoffnung begründet, daß diese sich leichter zu Handlangern der Aufseher machen ließen, während – nach den Erfahrungen aus den frühen Emslandlagern – von den aus politischen Gründen verfolgten Gefangenen befürchtet werden mußte, daß sie die Häftlingsselbstverwaltung zur Organisation des Widerstandes nutzten. Die „Politischen" waren in den Strafgefangenenlagern vor allem von den einflußreichen Positionen in der Selbstverwaltung ausgeschlossen, was sich auch an Vorgängen ablesen läßt, die in den Personalakten dokumentiert sind: Im März 1943 schlug der Vorsteher des Lagers Börgermoor vor, den Gefangenen H. S. als Hausarbeiter in der Funktion des sog. Barakkenältesten einzusetzen. Der Kommandeur der Strafgefangenenlager in Papenburg lehnte dies in einem Antwortschreiben mit der Begründung ab, H. S. sei Kommunist und wegen „Vorbereitung zum Hochverrat" verurteilt und könne deshalb auf keinen Fall „Kommandierter" werden.[29]

Auf einen Ausschluß der als homosexuell verfolgten Gefangenen von den Posten der Häftlingsselbstverwaltung finden sich weder im internen Schriftverkehr der Lagerverwaltung noch in den Berichten überlebender Emslandlagerhäftlinge Hinweise. Es ist möglich, daß die als homosexuell Verfolgten in diesen Quellen den „Kriminellen" zugeordnet wurden und dementsprechend auch Posten in der Selbstverwaltung einnahmen. Die gelegentlich geäußerte Vermutung, wonach Homosexuelle in einigen Lagern gemeinsam mit „Kriminellen" Machtpositionen im Lager auf Kosten der Mitgefangenen ausnutzten[30], kann jedoch nach der Auswertung des Quellenmaterials nicht bestätigt werden.

Es finden sich hinsichtlich der Partizipation an der Häftlingsselbstverwaltung somit weder in der Erinnerungsliteratur zu den Emslandlagern Anhaltspunkte für eine Sonderstellung der als homosexuell verfolgten Gefangenen, noch kann die Auswertung des Quellenmaterials eine solche Vermutung bestätigen.

Zuweisung zu Sonderkommandos

Viel stärker als die Einteilung zu den täglichen Arbeitskommandos wirkte sich die Zuweisung zu einem Sonderkommando auf die Lebensbedingungen des einzelnen Gefangenen und damit auf seine Überlebenschancen aus. In den Emslandlagern gab es während der Kriegszeit zwei Sonderkommandos[31]: Für das Strafgefangenenlager „Nord" wurden im Sommer des Jahres 1942 ca. 2000 Gefangene aus den Emslandlagern nach Nordnorwegen verlegt, um dort für die Organisation Todt Stellungen, Straßen und U-Boot-Unterstände zu bauen. Die Haftbedingungen in den acht Lagern dieses Einsatzkommandos waren katastrophal: Hunger, Kälte und Überanstrengung hatten eine hohe Krankheitsquote und zahlreiche Todesfälle zur Folge. Während der ersten anderthalb Jahre starben etwa 10 % der Häftlinge; in der darauffolgenden Zeit lag die Sterberate noch höher, nach Aussagen von Überlebenden bei bis zu 50 %.

Der Organisation Todt unterstand ebenfalls das Kommando „West", auch „Sondereinsatz X" genannt. In diesem Sonderkommando wurden ab Oktober 1943 knapp 2500 Gefangene aus den Emslandlagern zum Stellungs- und Festungsbau in Nordfrankreich eingesetzt. Wie viele Gefangene aus diesem Sonderkommando starben, kann nicht mit Sicherheit festgestellt werden – die Sterberate war jedoch deutlich höher als die der im Emsland verbliebenen Häftlinge.

Für die hier zu erörternde Fragestellung ist von Bedeutung, ob an der Einteilung zu den Sonderkommandos, die in den Personalakten dokumentiert ist, eine ungleiche Behandlung der Gefangenengruppen festgestellt werden kann und welche Rolle dabei der Gruppe der als homosexuell verfolgten Inhaftierten zukam.

Die Zuweisung zum Kommando „Nord" oder „West" wurde in den Gefangenenpersonalakten vermerkt, so daß der Anteil der berücksichtigten Personen aus den jeweiligen Gefangenengruppen ermittelt werden kann. Bei der Bewertung des Zahlenmaterials ist die absolute Größe der einzelnen Gruppen in den Lagern zu berücksichtigen. In der

Kriegszeit stellten die „kriminellen" Gefangenen unter den Emslandlagerhäftlingen immer noch eine große Gruppe; die aus politischen Gründen Verfolgten machten dagegen während der letzten Kriegsjahre nur einen geringen Anteil an der Gesamtbelegung der Lager aus. Dementsprechend waren die „Kriminellen" – absolut gesehen – in beiden Sondereinsatzkommandos am stärksten vertreten.

Nach den Angaben aus den bisher ausgewerteten Gefangenenpersonalakten wurden zu beiden Sonderkommandos insgesamt 18 % der als homosexuell verfolgten Inhaftierten eingeteilt; in der Vergleichsgruppe der „Kriminellen" waren es dagegen 23 %.

Die zahlenmäßige Verteilung der hier betrachteten Gruppen schwankte demnach geringfügig; eine deutlich unterschiedliche Behandlung einzelner Gefangenenkategorien läßt sich an der Einteilung zu den Sonderkommandos allerdings nicht ablesen.

Die soziale Einschätzung der als homosexuell verfolgten Inhaftierten durch Angehörige der Wachmannschaften

Ein weiterer Aspekt, der über den sozialen Status der als homosexuell verfolgten Inhaftierten in den Emslandlagern Aufschluß geben kann, ist die soziale Einschätzung dieser Gefangenen zum einen durch Wachleute und zum anderen durch Mithäftlinge. Der Umgang der Wachmannschaften mit den Insassen der Lager läßt sich nur schwer rekonstruieren. Einen Anhaltspunkt liefern die in den Personalakten verhältnismäßig gut dokumentierten Anzeigen gegen Gefangene bei Verstößen gegen die Lagerordnung.

Daß Gefangene durch Angehörige der Wachmannschaften wegen – meist geringfügiger – Verstöße gegen die Lagerordnung gemeldet wurden, war in den Konzentrations- und Strafgefangenenlagern des Emslandes nicht ungewöhnlich. Beschuldigungen, die Wachleute gegen Gefangene vorbrachten, wurden in den Personalakten notiert. Diese bürokratische Abhandlung der Fälle bedeutete nicht, daß das Wachpersonal vermeintliche Vergehen nicht auch schon vorher nach eigenem Ermessen durch die ihnen zur Verfügung stehenden Mittel bestrafte.

Häufig waren die „mangelhafte Arbeitsleistung" von Häftlingen sowie die angebliche Nichtbeachtung von Anordnungen der Wachmannschaften Inhalt von Anzeigen. Ebenso wurden Häftlinge gemeldet, die Nahrungsmittel, Tabak oder Kleidung mit anderen Gefangenen tauschten. Das sog. Portionenverschieben wurde mit mehrtägigen Arreststrafen oder mit Essenentzug bestraft. Zahlreiche Meldungen durch Wachleute erfolgten außerdem, weil Gefangene angeblich nicht sorgsam mit Lagereigentum (Kleidung, Arbeitsgerät, Eßgeschirr) umgingen. In solchen Fällen mußten diese den entstandenen Schaden durch ihre ohnehin schon geringe Arbeitsentlohnung ausgleichen.

Streng geahndet wurden außerdem jegliche Handlungen, die auf Solidarität und Widerstandsgeist der Gefangenen hindeuteten – beispielsweise wurde ein Häftling, der einem in der Strafkompanie befindlichen Gefangenen Tabak zugeschoben hatte, mit vier Wochen Entzug der Arbeitsentlohnung bestraft; ein anderer, der neu eingelieferten Gefangenen Vorhängeschlösser für ihren Spind beschaffte, mußte für drei Tage in Arrest.[32]

Die in den Personalakten dokumentierten Vorgänge liefern keine Hinweise darauf, daß einzelne Gefangene oder ganze Häftlingsgruppen von Anzeigen ausgenommen bzw. besonders betroffen waren. Weder überwiegen die Anzeigen bei einzelnen Häftlingsgruppen, noch unterscheiden sich die verhängten Strafen für die jeweiligen „Delikte". Hierbei ist zu bedenken, daß nicht gemeldete Vorfälle genauso wenig rekonstruiert werden können wie der tatsächliche Hergang der in den Akten geschilderten Vorgänge. Denkbar ist, daß einzelne Häftlinge ein höheres bzw. geringeres Ansehen bei den Wachleuten hatten und sich dies auch auf die Bereitschaft, Verstöße gegen die Lagerordnung anzuzeigen, auswirkte. Möglicherweise fand eine ungleiche Behandlung von Gefangenen aufgrund ihres Verurteilungsgrundes eher auf informeller Ebene statt: So schreibt ein ehemaliger Häftling aus dem Emslandlager Oberlangen: „Die Arbeit im Moor wurde noch durch eigenartige Spiele ergänzt, die die Wachmannschaften mit uns während der Arbeit trieben. Eine beliebte Frage war: ‚Weshalb bist du eingesperrt?' Wehe dem, der darauf antwortete: ‚Wegen Vorbereitung zum Hochverrat'. Er hatte die nächste halbe Stunde nichts zu lachen. [. . .] Besser war es tatsächlich, statt des Hochverrates ein kriminelles Delikt anzugeben. Die Wachleute kannten nicht jeden genau und begleiteten auch nicht jeden Tag denselben Arbeitstrupp. Man riskierte dabei allerdings, daß der Posten zufällig einmal dahinterkam, und dann waren die Folgen schlimm."[33]

Neben den „politischen" Gefangenen sind, so die Angaben aus der Erinnerungsliteratur, vor allem die wenigen jüdischen Häftlinge in den Emslandlagern besonders stark den Quälereien durch die Wachleute ausgesetzt gewesen. Von einer Sonderstellung speziell der als homosexuell verfolgten Gefangenen im Umgang mit den Wachleuten sind den Berichten ehemaliger Emslandlagerhäftlinge keine Angaben zu entnehmen.

Die soziale Einschätzung der als homosexuell verfolgten Inhaftierten durch Mitgefangene

Ebenso wie die Behandlung durch die Wachmannschaften läßt sich auch die soziale Einschätzung der Mitgefangenen gegenüber den als homosexuell verfolgten Häftlingen nur vage bestimmen. Auch hier bieten die Anzeigen aufgrund von Verstößen gegen die Lagerordnung einen Einblick in die sozialen Beziehungen der Gefangenen untereinander. Grundsätzlich war jeder Häftling dazu verpflichtet, Vorgänge, die gegen die Lagerordnung verstießen, anzuzeigen.[34] Eine besondere Funktion nahmen hierbei die sog. Barackenältesten ein, die für die Einhaltung der Lagervorschriften in den einzelnen Baracken zu sorgen hatten und deshalb besonders für die Meldung von Verstößen zuständig waren. Die Meldungen sind in den Personalakten zum Teil sehr ausführlich protokolliert, so daß sich trotz des zweifelsfrei eingeschränkten Aussagewertes dieses Quellenmaterials Rückschlüsse auf die Haltung der Häftlinge gegenüber dem bzw. den Beschuldigten ziehen lassen.

Grundsätzlich konnten durch Gefangene die gleichen „Vergehen" anzeigt werden wie durch Angehörige der Wachmannschaften. Die am häufigsten von den Wachleuten gemeldeten Übertretungen – mangelnde Arbeitsleistungen, die Nichtbeachtung von Anordnungen der Aufseher sowie das sog. Verschieben von Lebensmitteln und Gegenständen – waren nur selten Inhalt der Anzeigen durch Mitgefangene. Allenfalls „Barackenälteste" sahen es als ihre Pflicht an, das Tauschen von Lebensmitteln gegen Tabak oder Kleidung oder den Besitz von verbotenen Gegenständen anzuzeigen. So meldete in einem Fall ein „Barackenältester" zwei Gefangene der ihm unterstellten Baracke, nachdem er anläßlich einer Barackeninspektion einen Dietrich sowie Zivilkleidung bei diesen gefunden hatte.[35]

Von Mitgefangenen, die keinen Funktionsposten besetzten, wurden vor allem Vorfälle angezeigt, die ihre eigenen Interessen berührten. Im Lager Esterwegen zeigte beispielsweise ein Strafgefangener einen anderen Häftling an, weil dieser ihm sein Brot gestohlen habe. Ein anderer Gefangener erstattete Anzeige, weil ihm die Arbeitshose entwendet und bei einem Außenarbeitskommando gegen Kautabak getauscht wurde. In einem weiteren Fall entzündete sich wegen einiger aus der Küche geschmuggelter Rüben eine Prügelei unter den Gefangenen, woraufhin ein in der Küche beschäftigter Häftling den Vorfall anzeigte.[36]

Vielfach handelte es sich bei den Anzeigen durch Mitgefangene um Vorfälle, die dem Bewachungspersonal ohne die Denunziationsbereitschaft einzelner Gefangener verborgen geblieben wären. Die Bereitschaft, Mitgefangene bei der Lagerleitung anzuzeigen, wurde durch die Androhung von Repressionen im Falle des Verschweigens von Vorfällen gefördert. Gleichzeitig mögen andere Beweggründe hinter diesem Verhalten gestanden haben: Zum Teil waren eigene Interessen betroffen (z. B. bei Eigentumsvergehen); persönliche Feindseligkeiten oder auch das Ziel, Vergünstigungen für das von der Lagerleitung gewünschte Verhalten zu erhalten, waren weitere Motive.

In einigen Fällen wurden Gefangene, die nach §§ 175, 175 a verurteilt waren, von Mitgefangenen beschuldigt, sich homosexuell betätigt zu haben. Auch für diese Anzeigen gilt, daß aus dem Quellenmaterial nicht ersichtlich ist, inwieweit die Vorfälle tatsächlich in der beschriebenen Form stattgefunden haben bzw. ob ähnliche Fälle vorkamen, die nicht gemeldet wurden. Es erscheint deshalb wenig sinnvoll, eine quantitative Auswertung der Denunziationsfälle vorzunehmen, etwa durch die Ermittlung einer Art Denunziationsquote für die untersuchten Gefangenengruppen. Trotz dieser Vorbehalte liefert eine Betrachtung der einzelnen Meldungen im Lager einen aussagefähigen Einblick in die Sozialstruktur der Häftlingsgemeinschaft.

Bei der Durchsicht der detailliert protokollierten Zeugenaussagen fällt zunächst auf, daß der Vorwurf der homosexuellen Betätigung durch einen einzelnen Gefangenen nicht ausreiche, um eine Bestrafung des Beschuldigten herbeizuführen: In einem Fall beschuldigte der Gefangene S. T. den Gefangenen B. W., er habe mit ihm unzüchtige Handlungen vornehmen wollen. Dazu sei B. W. mit ihm in das Vortragszimmer des katholischen Geistlichen gegangen, wo der den Kirchendienst versehene Gefangene die Tür hinter ihnen abgeschlossen habe. Dort habe B. W. versucht, ihn zu umarmen und zu küssen, wogegen er sich aber gewehrt und schließlich B. W. bei der Lagerleitung gemeldet habe. Da der Vorfall nicht bewiesen werden konnte, wurden alle Beteiligten mit einem Monat Strafkompanie bestraft, weil sie sich unbefugt in dem Zimmer des katholischen Geistlichen versammelt hatten.[37] Es finden sich mehrere Vorfälle dieser Art in den Gefangenenpersonalakten. Auch die Art, in der in den geschilderten Fällen die Lagerleitungen reagierten, ist bezeichnend: Ein klar nachweisbares Vergehen, in diesem Fall das Zusammentreffen in einem Raum, zu dem die Gefangenen keinen Zutritt hatten, wurde geahndet. In anderen Fällen gingen die Beteiligten – jedenfalls nach offizieller Version – straffrei aus.

Eine Anschuldigung gegen den im Lager Brual-Rhede als homosexuell Inhaftierten W. M. zeigt einen anderen Ausschnitt aus dem Zusammenleben der Häftlinge. Ein Strafgefangener beschuldigte W. M., ihn während der Nacht mehrfach unsittlich berührt zu haben. Es wurden daraufhin sämtliche in unmittelbarer Nähe untergebrachten Häftlinge zu diesem Vorfall befragt. Einige der Vernommenen erklärten zwar, daß sie in der Nacht Geräusche und Unruhen vernommen hätten, andere gaben jedoch an, nichts gehört zu haben, und einige vermuteten, daß W. M. als ehemaliger Nationalsozialist bei vielen Mitgefangenen, vor allem den „politischen" Häftlingen, unbeliebt gewesen sei und bewußt durch einen vorgespielten Vorfall denunziert werden sollte. Auch der protokollführende Wachmann äußerte Zweifel daran, daß die „Tat" stattgefunden habe, da der Beschuldigte zu der Zeit ein Wiederaufnahmeverfahren betrieben habe. Auch hier blieb – jedenfalls offiziell – eine Bestrafung des Beschuldigten aus.[38] An diesem Fall werden zwei Aspekte deutlich: Zunächst einmal ist es offensichtlich, daß der Vorwurf der homosexuellen Betätigung sich fast vollständig der Nachweisbarkeit entzog und deshalb eine leichte Handhabe bot, einen unbeliebten Mitgefangenen zu diskreditieren. In diesem Fall bestand eine Abneigung gegenüber dem Beschuldigten jedoch nicht aufgrund seiner homosexuellen Veranlagung, sondern infolge seiner politischen Einstellung. Von den befragten Häftlingen sagte keiner eindeutig gegen den Beschuldigten aus, und auch seine Homosexualität wurde an keiner Stelle erwähnt. Darüber hinaus veranschaulicht dieses Beispiel das recht bürokratische Vorgehen der Lagerleitung. Den Protokollen ist zu entnehmen, daß sie die Meldung einer angeblichen homosexuellen Betätigung von Gefangenen keineswegs als Bagatelle wertete – dies dokumentieren die seitenlangen Aufzeichnungen der Häftlingsaussagen. Eine offizielle Bestrafung erfolgte aber nur, wenn ein Vergehen auch tatsächlich nachgewiesen wurde.

Als homosexuell verfolgte Inhaftierte wurden nicht nur durch Mitgefangene angezeigt, denen sie sich angeblich genähert hatten. Es kam auch vor, daß eine Anzeige durch Außenstehende erstattet wurde. Im Lager Börgermoor wurden beispielsweise im Januar 1939 zwei Strafgefangene gemeldet, weil sie angeblich miteinander homosexuell verkehrten. Die Angeklagten stellten die Vorgänge als „bloßen Scherz und Balgerei" dar, und auch die Aussagen der Mitgefangenen konnten den Verdacht nicht bekräftigen. Von der Lagerleitung wurde angeordnet, die beschuldigten Häftlinge in verschiedenen Baracken unterzubringen[39] – auch hier wird die bereits beschriebene präventive Haltung der Lagerleitung gegenüber den als homosexuell verfolgten Gefangenen deutlich: Die räumliche Trennung der „verdächtigten" Häftlinge sollte der Ausübung möglicher homosexueller Handlungen vorbeugen.

Natürlich gab es auch Fälle, in denen der Vorwurf homosexueller Betätigung bewiesen werden konnte oder von dem Beschuldigten ein Geständnis abgelegt wurde. Wenn eine Tat – mit welchen Mitteln auch immer – nachgewiesen werden konnte, wurden – wie auch bei anderen Verstößen gegen die Lagerordnung – in der Regel Hausstrafen (Arrest, Strafkompanie, Essenentzug) verhängt. Weitaus schärfere Konsequenzen ergaben sich für Beschuldigte, bei denen zusätzlich zu den Hausstrafen ein Strafantrag bei der Staatsanwaltschaft gestellt wurde. Hierzu folgender Fall:

Im Lager Börgermoor wurde der Strafgefangene R. K. von einem Mithäftling bei der Lagerleitung angezeigt, weil er mehrmals versucht haben soll, einem Mithäftling unter der Bettdecke an das Geschlechtsteil zu fassen – bei seiner Vernehmung gab der Beschuldigte die Vorfälle zu. Die Lagerleitung bestrafte den Gefangenen nicht nur mit zwölf Wochen Strafkompanie, sondern stellte außerdem Strafantrag sowie einen Antrag auf Kastration. Der Vorfall wurde im April 1938 vom Schöffengericht in Meppen verhandelt und mit einer zusätzlichen Gefängnisstrafe von neun Monaten geahndet; die sog. Entmannung wurde allerdings nicht angeordnet. Die Lagerleitung gab den Vorgang zudem an die zuständige Kriminalpolizeileitstelle weiter, die in einem solchen Fall nach der Strafverbüßung mit hoher Wahrscheinlichkeit polizeiliche Vorbeugehaft verhängt haben wird. Als der Gefangene später ein Gnadengesuch bei der Staatsanwaltschaft einreichte, wurde der Vorsteher des Lagers Börgermoor um eine Beurteilung gebeten. Darin hieß es: „Er hat auch während seines Hierseins versucht, andere Gefangene zu unsittlichem Treiben zu verleiten [...]. Restlose Verbüßung ist bei dem unverbesserlichen Menschen dringend geboten. Zur Befürwortung eines Gnadenerweises besteht nicht der geringste Anlaß."[40]

Die dargestellten Fälle zeigen, daß die Anzeige einer vermeintlichen homosexuellen Betätigung während der Haftzeit für die Beschuldigten unterschiedliche Konsequenzen nach sich ziehen konnte. In minder schweren Fällen wurden Hausstrafen verhängt, oder die Beschuldigten gingen – wenn ein Nachweis nicht möglich war – sogar straffrei aus. Gravierende Folgen entstanden für den – mit welchen Mitteln auch immer – überführten Gefangenen im Fall der Einleitung eines gerichtlichen Strafverfahrens, denn zusätzliche Gefängnis- oder Zuchthausstrafen bedeuteten für den Betroffenen neben der Verlängerung der Haftzeit auch eine erhöhte Gefahr, als „unverbesserlich" eingestuft zu werden und im Anschluß an die Strafverbüßung in polizeiliche Vorbeugehaft genommen zu werden.

Aus der Verfügung hinsichtlich der „Unterbringung von Homosexuellen in den Vollzugsanstalten und Strafgefangenenlagern der Justizverwaltung"[41] geht hervor, daß die Lagerleitung in den Emslandlagern bei der Überwachung der als homosexuell verfolgten Inhaftierten gezielt auf die „natürliche Abscheu" anderer Häftlinge setzte. Tatsächlich wurden Gefangene wegen angeblicher sexueller Kontakte nicht nur von Mithäftlingen angezeigt, die sich als „Opfer" fühlten, sondern auch von lediglich beobachtenden Zeugen. Diese Fälle zeigen, daß eine Abneigung gegenüber der Homosexualität bei den Inhaftierten bestand: Obwohl bekannt war, daß die Beschuldigten schärfste Repressionen zu erwarten hatten, wurde eine homosexuelle Betätigung durch Mitgefangene auch dann nicht toleriert, wenn diese selbst davon nicht betroffen waren.

Das Ausmaß homosexueller Betätigung von Gefangenen in den Emslandlagern dürfte gering gewesen sein. Auf die Maßnahmen der Lagerleitung, durch technische Prävention der Ausübung homosexueller Handlungen entgegenzuwirken, wurde bereits hingewiesen. Zudem bewirkte die physische und psychische Belastung in den nationalsozialistischen Lagern bei vielen Häftlingen das Verschwinden des Geschlechtstriebes.[42] Es kann indessen vermutet werden, daß die Bereitschaft zur Denunziation bei Fällen einer homosexuellen Betätigung recht hoch gewesen sein dürfte. Diese Vermutung wird gestützt durch den Vergleich mit einem weiteren „opferlosen" Denunziationsinhalt: den verbotenen politischen Äußerungen. Berichten überlebender Emslandlagerhäftlinge ist zu entnehmen, daß ehemalige KPD- und SPD-Angehörige entgegen der Verfügung der Lagerleitung ihre politischen Anschauungen auch in der Häftlingsgemeinschaft vertraten. Auch in diesen Fällen handelte es sich um „opferlose Vergehen", die eine leichte Handhabe boten, unbeliebte Mitgefangene bei der Lagerleitung zu verleumden. In den durchgesehenen Gefangenenpersonalakten der wegen „Vorbereitung zum Hochverrat" verurteilten Personen findet sich jedoch keine Anzeige eines Gefangenen wegen verbotener politischer Äußerungen. Ein ehemaliger Häftling des Lagers Esterwegen gibt in einem Interview an, daß viele verbotene politische Gespräche in den Lagern geführt worden seien. Die „kriminellen" Gefangenen seien jedoch der Aufforderung der Lagerleitung, entsprechende Häftlinge zu melden, nicht nachgekommen.[43]

Hier liegt ein Anzeichen dafür vor, daß innerhalb der Häftlingsgemeinschaft eine unterschiedliche Bereitschaft bestand, „Vergehen" durch Mitgefangene bei der Lagerleitung anzuzeigen. Zu vermuten ist, daß Unmutsäußerungen über das nationalsozialistische Regime weitgehend auf Zustimmung unter den Inhaftierten stießen, wogegen gegenüber Homosexuellen eine negative Einstellung unter den Mitgefangenen wie auch in der Gesellschaft vorherrschte. Die unterschiedliche Denunziationsbereitschaft gibt somit einen Hinweis darauf, daß eine größere Solidarität mit den „politischen" Gefangenen bestand. Andererseits liefern die protokollierten Zeugenaussagen keinen Anhaltspunkt dafür, daß homosexuelle Gefangene aus der Häftlingsgemeinschaft gänzlich ausgeschlossen wurden. In den meisten Fällen machten die als Zeugen befragten Personen keine die Beschuldigten belastende Aussagen, sondern verhielten sich größtenteils passiv, indem sie angaben, nichts Auffälliges wahrgenommen zu haben.

Zusammenfassung

Die Angaben, die der Erinnerungsliteratur sowie dem bisher ausgewerteten Quellenmaterial hinsichtlich der Frage nach dem sozialen Status der wegen eines Straftatbestandes der Homosexualität verfolgten Inhaftierten entnommen werden können, weisen darauf hin, daß sich die zu den nationalsozialistischen Konzentrationslagern getroffenen Feststellungen, wonach die als homosexuell verfolgten Inhaftierten meist einen niedrigen Status in der Gefangenenhierarchie innehatten[44], nicht auf die Emslandlager übertragen lassen. Dafür spricht ein weiterer Indikator – die Ermittlung der Todesrate in den einzelnen Gefangenengruppen. Hätten die als homosexuell verfolgten Gefangenen in den Emslandlagern eine Schlechterstellung erfahren, wäre die Folge davon vermutlich eine – gemessen an den Vergleichsgruppen – höhere Sterblichkeit dieser Häftlinge gewesen. Ähnliche Ergebnisse haben zumindest Untersuchungen zu den Konzentrationslagern gezeigt[45]. Da sich die Entlassungspraxis in den Emslandlagern im Verlauf der NS-Zeit änderte, ist eine Untersuchung der Art des Haftschlusses nur unter Einbeziehung des jeweiligen Entlassungszeitpunkts sinnvoll. Deshalb wurde mit Hilfe von Stichproben für jedes Jahr die Anzahl der Inhaftierten der hier betrachteten Gefangenengruppen aus dem Datensatz ermittelt und das Haftende der „homosexuellen", „politischen" und „kriminellen" Inhaftierten im Verlauf der Jahre damit verglichen. Die Auswertung der Daten zeigt zwar starke Schwankungen der Sterblichkeit während der Jahre. Diese sind jedoch nicht eindeutig gruppenspezifisch, und es läßt sich daran keine Sonderstellung einer einzelnen Häftlingsgruppe, insbesondere auch nicht der Gruppe der als homosexuell verfolgten Gefangenen, feststellen. Insofern entspricht das Ergebnis den bereits getroffenen Aussagen über die Situation dieser Gefangenengruppe in den Emslandlagern.

Es bleibt zu fragen, weshalb die als homosexuell verfolgten Gefangenen in den Emslandlagern einen höheren Status einnahmen als in den meisten der nationalsozialistischen Konzentrationslager. Was die Politik der Lagerleitung betrifft, so scheint diese vor allem das Ziel verfolgt zu haben, durch Präventionsmaßnahmen homosexuelle Handlungen von Gefangenen zu unterbinden. Das recht bürokratische Vorgehen gegenüber den als homosexuell verfolgten Häftlingen führte zwar in einigen Bereichen zu einem Sonderstatus dieser Gefangenen, der jedoch weniger Merkmale einer vertikalen als einer horizontalen Struktur aufwies. Schwieriger noch als die Haltung der Lagerleitung läßt sich die Einstellung der Mitgefangenen gegenüber den wegen eines Straftatbestandes der Homosexualität verurteilten Häftlinge rekonstruieren. Die Ergebnisse der Auswertung lassen die Annahme zu, daß diese nicht – wie in vielen Konzentrationslagern des „Dritten Reiches" – in besonderer Weise von Mitgefangenen diskriminiert wurden. Von Bedeutung dürfte hierbei gewesen sein, daß in den Emslandlagern keine gruppenstrukturierende Etikettierung der Gefangenen durch verschiedenfarbige Winkelabzeichen vorgenommen wurde. Es zeigt sich hieran, wie stark die soziale Wahrnehmung in den Lagern vermutlich von dem Kennzeichnungssystem abhängig war. Dieses Ergebnis regt gleichzeitig dazu an, die der Justiz unterstehenden Haftanstalten stärker in die Untersuchungen zum nationalsozialistischen Haftsystem einzubeziehen.

Anmerkungen

1 Da keineswegs davon ausgegangen werden kann, daß es sich bei allen als homosexuell verfolgten Gefangenen tatsächlich um homosexuelle Männer handelte, soll hier der zwar langatmige, aber korrekte Begriff „als homosexuell verfolgte Inhaftierte" verwendet werden.
2 Rüdiger Lautmann / Winfried Grikschat / Egbert Schmidt: Der rosa Winkel in den nationalsozialistischen Konzentrationslagern. In: Seminar: Gesellschaft und Homosexualität, hg. von Rüdiger Lautmann. Frankfurt/M. 1977, S. 325–365; Heinz Heger: Die Männer mit dem rosa Winkel. Der Bericht eines Homosexuellen über seine KZ-Haft von 1939–1945. Hamburg 1979; Richard Plant: Rosa Winkel. Der Krieg der Nazis gegen die Homosexuellen. Frankfurt/M. [u. a.] 1991; Eugen Kogon: Der SS-Staat. Das System der deutschen Konzentrationslager. Berlin 1947.
3 Lautmann, 1977, S. 336.
4 Ebd., S. 336.
5 Ebd., S. 333.
6 Homosexualität in der NS-Zeit. Dokumente einer Diskriminierung und Verfolgung, hg. von Günter Grau. Frankfurt/M. 1993, S. 197.
7 Burkhard Jellonnek: Homosexuelle unter dem Hakenkreuz. Die Verfolgung von Homosexuellen im Dritten Reich. Paderborn 1990, S. 36.
8 Elke Suhr: Die Emslandlager. Die politische und wirtschaftliche Bedeutung der emsländischen Konzentrations- und Strafgefangenenlager 1933–1945. Bremen 1985.
9 Erich Kosthorst / Bernd Walter: Konzentrations- und Strafgefangenenlager im Emsland 1933–1945. Zum Verhältnis von NS-Regime und Justiz. Darstellung und Dokumentation, Bd. 1–3. Düsseldorf 1983.
10 Vgl. zum folgenden Suhr, 1985; Kosthorst / Walter, 1983 sowie Willy Perk: Hölle im Moor. Zur Geschichte der Emslandlager 1933–1945. Frankfurt/M. 1979.
11 Suhr, 1985, S. 55 ff.
12 Siehe hierzu z. B. Hans Buchheim / Martin Broszat / Hans-Adolf Jacobsen / Helmut Krausnick: Anatomie des SS-Staates, Bd. 1/2. Olten 1965 sowie Falk Pingel: Häftlinge unter SS-Herrschaft. Widerstand, Selbstbehauptung und Vernichtung im Konzentrationslager. Hamburg 1978.
13 Klaus Drobisch / Günther Wieland: System der Konzentrationslager: 1933–1939. Berlin 1993, S. 206 f.
14 Harry Paul über das „Moorlager Neusustrum". In: Hans-Georg Stümke / Rudi Finkler: Rosa Winkel, Rosa Listen. Homosexuelle und „Gesundes Volksempfinden" von Auschwitz bis heute. Reinbek 1981, S. 298–301.
15 „Und alles wegen der Jungs." Pfadfinderführer und KZ-Häftling: Heinz Dörner, hg. von Andreas Sternweiler. Berlin 1994, S. 79.
16 „Grundlegendes Schreiben zur Organisation des Einsatzes von Gefangenen bei Kultivierungs- und Straßenbauarbeiten; grundsätzliche Bestimmungen für die Auswahl von Ersatzgefangenen (Juli 1938)". Abgedruckt in: Kosthorst / Walter, 1983, Dok. C IIa / 1.21, S. 1298 ff.
17 Diese Angaben beziehen sich auf die Auswertung des noch erhaltenen Bestandes von über 23 500 Häftlingskarteikarten aus den Emslandlagern.
18 Lautmann, 1977, S. 332 f.
19 Kosthorst / Walter, 1983, Dok. C IIa / 1.29, S. 1314 f.
20 Vgl. zur Situation der Polen und Juden in den Emslandlagern auch Suhr, 1985, S. 54 f.
21 Frank Peters: Aspekte des Arbeitseinsatzes in den Emslandlagern. Unveröffentlichte Magisterarbeit. Osnabrück 1996, S. 29 ff.
22 Ebd., S. 89 ff.
23 Kosthorst / Walter, 1983, Dok. C IIa / 1.29, S. 1314 f.
24 Dok. Rep 947, Lin I, 726 (Niedersächsisches Staatsarchiv Osnabrück).
25 Der ehemalige homosexuelle Gefangene H. Dörner berichtet, daß er im Emslandlager Brual-Rhede als Schreiber eingesetzt wurde und später im Lager Aschendorfermoor einen Sonderposten als Sanitäter in den Moorkolonnen erhielt. (In: „Und alles wegen der Jungs", 1994, S. 76 ff.) E. Suhr beschreibt in ihrer Darstellung des Widerstandes im Lager Aschendorfermoor nach den Angaben aus Häftlingsinterviews die Bäckerei, in der ein Homosexueller beschäftigt gewesen sei, als „Hauptstützpunkt" der Abwehrarbeit gegen das „Spitzelwesen". Suhr, 1985, S. 159.
26 Vgl. dazu z. B.: Immer noch Kommunist? Erinnerungen von Paul Elflein, hg. von Rolf Becker u. Claus Bremer. Hamburg 1978, S. 82 ff. sowie Hubert Rohe: Zur gesellschaftlichen und politischen Funktion der Konzentrationslager im Emsland und ihrer geschichtlichen Aufarbeitung. Schriftliche Hausarbeit im Rahmen der Wissenschaftlichen Prüfung für das Höhere Lehramt, Univ. Hannover, Seminar für Wissenschaft von der Politik. Hannover 1981, S. 87.

27 Vgl. dazu z.B.: Wolfgang Sofsky: Die Ordnung des Terrors: Das Konzentrationslager. Frankfurt/M. 1993, S. 140 f. sowie Kogon, 1947, S. 47 ff.
28 Vgl. dazu Suhr, 1985, S. 136 ff. E. Suhr bezieht sich in ihrer Darstellung der Häftlingsselbstverwaltung hauptsächlich auf Gespräche mit überlebenden Gefangenen der Emslandlager. Die Bevorzugung der „kriminellen" Häftlinge bei der Besetzung der Funktionsposten in den Strafgefangenenlagern wird auch in der Erinnerungsliteratur zu den Emslandlagern betont, so z. B. bei Wilhelm Thiele: Geschichten zur Geschichte. Berlin (O) 1981, S. 132 ff. Es ist dabei zu berücksichtigen, daß die Sichtweise der „politischen" Inhaftierten in der Erinnerungsliteratur vorherrscht. Zu vermuten ist, daß bei der Auswahl der Funktionshäftlinge eine gewisse Durchlässigkeit bestand. So gelang es Thiele beispielsweise auch, „Kommandierter" in der Schreibstube zu werden.
29 Beschrieben in der Personalakte des Gefangenen H.S.: Rep 947, Lin II, Akz. 30/93, 8038 (Niedersächsisches Staatsarchiv Osnabrück).
30 Vgl. hierzu: Die Emslandlager in Vergangenheit und Gegenwart. Ergebnisse und Materialien des Internationalen Symposiums, hg. vom Dokumentations- und Informationszentrum Emslandlager E.V. O.O. 1985, S. 33 f.
31 Vgl. zum folgenden vor allem Suhr, 1985, S. 169 ff. sowie Kosthorst / Walter, 1983, S. 548 f.
32 Personalakte des Gefangenen W. R.: Rep 947, Lin II, 4640 (Niedersächsisches Staatsarchiv Osnabrück).
33 Thiele, 1981, S. 129.
34 Vgl. hierzu die „Besondere Lagerordnung für das Gefangenen-Barackenlager" sowie die „Disziplinar- und Strafordnung für das Gefangenenlager", beide vom 1.8.1934. Abgedruckt in Kosthorst / Walter 1983; Dok. B / 1.71. S. 197 ff. und Dok. B / 1.72a, S. 205 ff.
35 Arrest und Vernehmungen wegen Vergehen im Lager Esterwegen sowie Arrestantenlisten 1937–1945. Rep 947, Lin I, 816 (Niedersächsisches Staatsarchiv Osnabrück).
36 Sämtliche Vorfälle in: Rep 947, Lin I, 816 (Niedersächsisches Staatsarchiv Osnabrück).
37 Beschrieben in der Personalakte des Gefangenen W. R.: Rep 947, Lin II, 15216 (Niedersächsisches Staatsarchiv Osnabrück).
38 Personalakte des Gefangenen W. M.: Rep 947, Lin II, 4671 (Niedersächsisches Staatsarchiv Osnabrück).
39 Personalakte des Gefangenen H. S.: Rep 947, Lin II, 14075 (Niedersächsisches Staatsarchiv Osnabrück).
40 Personalakte des Gefangenen R. K.: Rep 947, Lin II, 14 824 (Niedersächsisches Staatsarchiv Osnabrück).
41 Vgl. Anm. 19.
42 Vgl. dazu das Kapitel „Sexualität im Lager", in: Rainer Fröbe (Mitarb.): Konzentrationslager in Hannover: KZ-Arbeit und Rüstungsindustrie in der Spätphase des Zweiten Weltkrieges, Bd. 1/2. Hildesheim 1985, S. 242 ff.
43 Interview mit E. Walsken, in: Suhr, 1985, S. 158.
44 Vgl. hierzu vor allem Lautmann, 1977 sowie Plant 1991, S. 134 ff.
45 Lautmann, 1977, S. 347.

Albert Knoll,
M. A., geb. 1958; tätig als Archivar an der KZ-Gedenkstätte Dachau; weitere Projekte: Vorstandsmitglied des Vereins „forum homosexualität und geschichte münchen" mit dem Ziel der Gründung eines Archivs für die Geschichte der Schwulen und Lesben in München und der Koordinierung aktiver Geschichtsarbeit unter den Homosexuellen in München.

Homosexuelle Häftlinge im KZ Dachau

Die Archivsituation

Das KZ Dachau ist am 22. März 1933 in den Baracken einer ehemaligen Munitionsfabrik bei Dachau als Schutzhaftlager eingerichtet worden, etwa 15 km vor den Toren der Landeshauptstadt München. Es war das erste Konzentrationslager im Deutschen Reich und bestand am längsten von allen, nämlich bis zur Befreiung durch die Amerikaner am 29. April 1945. In diesen zwölf Jahren sind über 206 000 Gefangene registriert worden. Von ihnen überlebten über 60 000 im Stammlager und seinen 169 Außenlagern. Mehr als 31 000 Menschen kamen zu Tode. Sie starben in großer Zahl in den Jahren 1944 und 1945.

Eine Gedenkstätte ist im Jahr 1965 auf dem Gelände des ehemaligen Konzentrationslagers eröffnet worden. Sie umfaßt neben originalen Orten wie dem Wirtschaftsgebäude, Bunker (Gefängnis), Jourhaus, den Wachtürmen und den Krematorien die neuerrichteten religiösen Mahnmale, zwei wiedererrichtete Häftlingsbaracken sowie das im ehemaligen Wirtschaftsgebäude untergebrachte Museum, die Verwaltung, Bibliothek und das Archiv.

Seit Anbeginn der Gedenkstätte wurden Schriftgut und Fotos, Presseartikel und Bücher, Filme und Videos sowie Gegenstände gesammelt, die auf diesen Ort der Grausamkeit Bezug nehmen und die als Beispiele für die Verhinderung von Willkür und Diktatur dienen sollen. Der Bestand konnte aus Schenkungen und Nachlässen von ehemaligen Häftlingen oder deren Nachkommen und aus Sammlungsbeständen anderer Archive zusammengestellt werden.

Der nur wenige Hängeordner umfassende Themenbereich „Häftlingskategorie Homosexuelle" konnte nur aus dem Material anderer Archive bestückt werden, da kein einziger der Überlebenden homosexuellen Häftlinge persönliche Aufzeichnungen oder Gegenstände der Gedenkstätte überlassen hat. Die Weitergeltung des Paragraphen 175 in seiner im Juni 1935 durch die Nationalsozialisten verschärften Fassung bis 1969 und der daraus resultierende Rückzug und das Verstecken der Homosexuellen ist der Hauptgrund, daß es zu keinem Kontakt zwischen Gedenkstätte und Überlebenden kam.

Die Homosexuellen wie auch andere „vergessene" Opfergruppen wurden von den Verfolgtenverbänden – für Dachau ist es das Comité International de Dachau (CID) – ignoriert, ihnen wurde der Opferstatus abgesprochen, und eine ernsthafte Auseinandersetzung mit ihrem Leid fand nicht statt. Diese Entwicklung konnte erst im Verlauf der achtziger und neunziger Jahre nach lautstarken Protesten der Homosexuellenverbände gestoppt werden. Ein Umdenken hat begonnen. Die Vorbereitung zur Neugestaltung der Ausstellung in der KZ-Gedenkstätte Dachau zeigt, daß der Opfergruppe der Homosexuellen ein angemessener Platz eingeräumt werden wird.

Die Archivsituation in der Gedenkstätte Dachau ist in bezug auf die Überlieferung der Häftlingslisten sehr gut. Basierend auf verschiedenen Beständen von Karteikarten, die durch mutiges Eingreifen der Häftlinge der Lagerschreibstube gerettet wurden, konnte in der Nachkriegszeit die alphabetisch geordnete Abschrift einer Häftlingsliste angefertigt werden, die der Gedenkstätte vorliegt. Sie umfaßt etwa 170 000 Namen, somit ca. 80 % aller Dachau-Häftlinge und enthält neben der Namensangabe Informationen über Geburtsdaten, den Geburts- und letzten Wohnort, die Häftlingsnummer, die Nationalität, den Verhaftungsgrund, das Zugangsdatum und -konzentrationslager sowie das weitere Schicksal in bezug auf das KZ. Daneben existiert noch eine Vielzahl kleinerer Häftlingskarteien und Namenszusammenstellungen unter verschiedenen Gesichtspunkten.

Eingrenzung des Personenkreises der Homosexuellen

Nach der Erfassung sämtlicher Namen der Häftlingsliste in einer Datenbank ist die Gedenkstätte jetzt in der Lage, Auskunft zu geben über die genaue Anzahl der homosexuellen Häftlinge in Dachau. Aus verschiedenen Gründen sind diese Zahlen aber nur unter Vorbehalt zu übernehmen. Besonders schlecht dokumentiert sind die ersten drei Jahre des Bestehens des Lagers. Nach der Auswertung durch den Projektleiter der Datenbankerfassung, Robert Sigel, liegt der Überlieferungsstand in den Jahren 1933 bis 1935 nur bei einem geringen Prozentsatz.[1] Da aber besonders nach dem sogenannten Röhm-Putsch am 1. Juli 1934 die Verfolgung der Homosexuellen forciert wurde, sind gerade für diesen Zeitraum hohe Einlieferungsquoten zu erwarten und nach Sichtung der Akten des Bayerischen Innenministeriums und der Staatskanzlei auch festgestellt (siehe folgende Seiten).

Eine schwer zu beantwortende Frage ist die nach der Eingrenzung des Personenkreises der Homosexuellen. War jeder, der nach § 175 oder § 175 a verurteilt wurde, auch wirklich homosexuell oder konnte er nicht auch Opfer einer Denunziation sein? Wesentlich häufiger tritt jedoch der Fall auf, daß Häftlinge, die nach § 175 verurteilt worden sind, im Lager Dachau nicht den Rosa Winkel bekamen, sondern in die Kategorie „Polizeiliche Sicherungsverwahrung" oder „Schutzhäftling" eingeordnet wurden. Vergleiche mit korrespondierenden Angaben aus anderen Gedenkstätten belegen dieses.[2]

Die Gründe für die Nichtkennzeichnung homosexueller Häftlinge mit einem Rosa Winkel

sind bislang nicht bekannt. Die Lagerverwaltung müßte eigentlich aufgrund ihrer Politik der Rassehygiene ein besonderes Interesse an der Stigmatisierung und Ausgrenzung der Homosexuellen gehabt haben. Um so erstaunlicher ist es, daß diese Theorien und Vorschriften vor Ort nicht stringent angewendet wurden. Unbekannt ist aber auch, zu welchem Anteil es sich um Übertragungsfehler handelt: haben die Lagerschreiber jeden Rosa-Winkel-Häftling auf der Karteikarte gekennzeichnet, ist eine solche Kennzeichnung angesichts der Vielzahl der Listen in einigen Fällen nicht übernommen worden, und wie hoch ist die Fehlerquote bei der Übertragung der Angaben von den Karteikarten auf die nach 1945 entstandene Liste, die die Hauptquelle für die KZ-Gedenkstätte Dachau ist? Diese letzte Frage ließe sich nur durch eine systematische Erschließung der beim Internationalen Suchdienst in Arolsen liegenden Original-Karteikarten beantworten.

Beginn der organisierten Homosexuellenverfolgung in Bayern

Am 3. Juli 1934, also vier Tage nach dem sogenannten Röhm-Putsch, ist vom bayerischen Innenministerium den Polizeidirektionen, Bürgermeistern der unmittelbaren Städte und den Bezirksämtern die Durchführung einer großangelegten Razzia angekündigt worden, bei der „ein schlagartiges Vorgehen in ganz Bayern beabsichtigt" war.[3] Anberaumt wurde die Aktion für die Abendstunden des darauffolgenden Samstags, den 7. Juli 1934. Sie ist wegen der zu kurzen Vorbereitungszeit nicht durchgeführt worden. Gauleiter Adolf Wagner befahl deshalb die Verschiebung auf den Abend des 20. Oktober 1934, ebenfalls ein Samstag.[4] Allein in München waren bei dieser Aktion mehr als 50 Polizeibeamte im Einsatz. Die Razzia erstreckte sich auf Parkanlagen, vornehmlich dem Englischen Garten, und auf Bedürfnisanstalten. In Gastlokale mit geringer homosexueller Frequenz wurden Polizeispitzel geschickt, vor den beiden noch bestehenden Schwulenlokalen „Schwarzfischer" und „Arndthof" fuhren vier Gefangenentransportwagen auf und sämtliche 88 Besucher wurden abtransportiert.[5] Das Ergebnis dieser bayernweiten Razzia vom 20./21. Oktober 1934: mehrere hundert Personen wurden vorläufig festgenommen und erkennungsdienstlich behandelt, davon allein in München 145.[6] Am Vormittag des 21. Oktober 1934 wurden 99 der Festgehaltenen wieder entlassen, einer des Landes verwiesen, gegen sechs SA-Angehörige wurde ein Dienstausschlußverfahren eingeleitet. Die übrigen 39 Homosexuellen wurden „vorläufig in Schutzhaft genommen und sollen durch die Bayer. Polit. Polizei dem Konzentrationslager Dachau überführt werden".[7] Weitere Verhaftungen meldete die Polizeidirektion Nürnberg (11 Personen), die Polizeidirektion Augsburg (9 Personen), das Bezirksamt Garmisch (9 Personen), der Stadtrat Bamberg (4 Personen) sowie die Stadträte Ingolstadt, Frankenthal und Reichenhall (jeweils 2 Personen), so daß insgesamt 78 Homosexuelle in Haft genommen wurden, von denen 24 in Polizeihaft verblieben und 54 in Schutzhaft nach Dachau gebracht wurden.[8] Als Haftdauer wird „für die leichteren Fälle mindestens drei Monate, für die schwereren Fälle bis zu sechs Monaten vorgeschlagen".[9]

Gleichzeitig mit der Razzia in Schwulenlokalen und -treffpunkten wurde eine Reihe von Homosexuellen anhand der seit dem Kaiserreich bestehenden und in der Weimarer Zeit fortgeführten „Rosa Liste" festgenommen. Aus einem Konvolut von 5800 Akten wurde „gegen 48 Päderasten, die als die am schwersten Belasteten gewertet werden mußten, ... Schutzhaftbefehl erlassen" wurde. In den monatlichen Lageberichten der Polizeidirektion München vom November 1934 wurde festgelegt, daß 48 der im Oktober 1934 in Schutzhaft genommenen Homosexuellen auf Anordnung des Innenministers am 5. November 1934, also nach 16 Tagen, aus der Haft entlassen werden sollten.[10] Offenbar hat sich die Lagerleitung des KZ Dachau dieser Anordnung widersetzt oder sie zumindest verschleppt. Aus einem Brief des Innenministeriums an die Bayerische Politische Polizei geht hervor, daß die Gefangenen erst in den Morgenstunden des 12. November 1934 entlassen wurden.[11] Der zuständige Regierungsrat führte verwaltungstechnische Erschwernisse, also fadenscheinige Begründungen an, die es den Untergebenen des Gruppenführers Eicke nicht ermöglicht hätten, die Entlassungen fristgerecht zu vollziehen. Ich vermute, daß von seiten der Lagerleitung versucht wurde, die Entlassung als Schikanemaßnahme möglichst lange hinauszuschieben.

Gauleiter Adolf Wagner war mit dem Ergebnis der Razzia nicht zufrieden. Er hegte Zweifel, daß die Polizeibehörden mit allem Nachdruck bei der Sache gewesen wären. Besonders die hohe Rate an Arbeitern unter den Festgenommenen lief seiner Intention zuwider, mit dieser Aktion gleichzeitig einen Schlag gegen die Intellektuellen zu führen, da er der Überzeugung war, daß „wie allgemein bekannt diese Verirrung menschlichen Trieblebens hauptsächlich in den Kreisen der sog. Intelligenz und einer gewissen übersättigten Bürgerlichkeit verbreitet ist".[12] Für den Fall einer eventuellen Wiederholung der Razzia kündigte er eine größere Gründlichkeit und Bestimmtheit an. Möglicherweise ist der von Adolf Wagner so empfundene Mißerfolg der Grund dafür, daß ein Teil der Inhaftierten schon nach so kurzer Zeit wieder frei kam.

Die Durchführung einer weiteren Razzia im Jahr 1936 mit Einlieferungen in das KZ Dachau, wie sie der ehemalige Dachau-Häftling Hugo Burkhard beschreibt[13], konnte anhand der Durchsicht der Monatsberichte der Bayerischen Politischen Polizei (fortgeführt ab Juli 1936 durch die Gestapo) und der Polizeidirektion München[14] keine Bestätigung finden.

Die Sonderrolle der Homosexuellen im Lager

Die gegen die Homosexuellen gerichteten Maßnahmen in der Anfangszeit des Nationalsozialismus zielen auf eine Umerziehung und noch nicht auf die „Ausmerzung" ab. Die von den Verfolgungsbehörden vorgesehenen und im Konzentrationslager Dachau getroffenen Maßnahmen belegen dies.

Dachau gilt aufgrund seiner Lagerordnung und des Strafenregisters als Musterlager unter den KZs. Auch in der Behandlung von Homosexuellen gingen von Dachau offenbar neue Maßstäbe aus, die mit der tief angesiedelten Stellung der Homosexuellen in der Lagerhierarchie korrespondieren. Als Stichworte sind hier zu nennen: Isolierbaracken, lückenlose Überwachung, erschwerte Arbeitsbedingungen und verringerte Essensrationen.

Der Lagerkommandant zur Zeit der ersten Homosexuellenrazzia war Theodor Eicke (bis Dezember 1934). Sein Organisationsschema mit den detaillierten Reglements, etwa welche Lagerstrafen durchzuführen seien, wurde maßgeblich für alle anderen Konzentrationslager.[15] Eicke fungierte ab Juli 1934 als Inspekteur aller Konzentrationslager. Von Eicke sind keine speziellen Anweisungen überliefert, in welcher Weise Homosexuelle oder andere eingrenzbare Häftlingsgruppen zu behandeln seien. Das von ihm kommandierte Lager, das 1934 noch im nicht erweiterten Zustand ein Fassungsvermögen von 5000 Häftlingen besaß, war aber offensichtlich in der Lage, einen Häftlingstransport, wie den von 54 Häftlingen der Homosexuellenrazzia vom 20./21. Oktober 1934 mühelos aufzunehmen und isoliert unterzubringen. Die Anweisung aus dem Innenministerium lautete: „Die Schutzhäftlinge werden in Dachau gesondert von allen übrigen Gefangenen in einer Baracke für sich untergebracht. Die Baracke ist auch in der Nacht hell erleuchtet. Ein ausreichender Wachdienst innerhalb der Baracke sorgt dafür, daß die Häftlinge während der Nacht sich einander nicht nähern können".[16] Dies ist einer der ersten Hinweise auf Isolierung und lückenlose Überwachung einer Gefangenengruppe. Solche Maßnahmen sind im Jahr 1933 nur bei der jüdischen Häftlingsgruppe angewandt worden. Nach demselben Schema, nur in weitaus größerem Umfang, wurden vier Jahre später die Opfer der Reichspogromnacht in Dachau behandelt. Insofern ist die Homosexuellenaktion als eine Vorstufe, ein Testfall für die Entwicklung des nationalsozialistischen Lagersystems zu werten.

Rudolf Höß, der spätere Kommandant von Auschwitz, begann seine Karriere in Dachau. Im November 1934 – also wenige Tage nach Einlieferung der bei der Razzia festgenommenen Homosexuellen – tritt Höß im Rang eines SS-Unterscharführers als Block- und Rapportführer in die Wachtruppe des KZ Dachau ein. In seinen Lebenserinnerungen behauptet er, die Isolierung der schwulen Häftlinge sei auf seine Initiative hin geschehen. „Schon in Dachau waren die Homosexuellen, obwohl sie gegenüber Sachsenhausen zahlenmäßig nicht ins Gewicht fielen, für das Lager ein Problem geworden. Der Kommandant und der Schutzhaftlagerführer waren der Ansicht, daß man sie am zweckmäßigsten im ganzen Lager auf alle Stuben verteilte. Ich war gegenteiliger Ansicht, da ich sie vom Zuchthaus her gut genug kannte. Es dauerte auch nicht lange, so kamen auch schon laufend Meldungen aus allen Blocks über homosexuellen Verkehr. Die Bestrafungen änderten daran nichts. Die Seuche griff um sich. – Auf meinen Vorschlag wurden nun alle Homosexuellen zusammengelegt. Sie bekamen einen Stubenältesten, der mit ihnen umzugehen verstand. . . . In ihrer Unterkunft wurden sie so überwacht, daß es zu keinem Verkehr kommen konnte . . ."[17] Der eigentliche Befehl scheint von anderer Stelle gekommen zu sein. Möglicherweise hat Höß ihn in Dachau aber erst durchgesetzt.

Höß rühmt sich auch, daß die erschwerten Lebensbedingungen der Homosexuellen auf ihn zurückzuführen seien: „sie wurden gesondert von den anderen Häftlingen zur Arbeit eingesetzt. So zogen sie lange Zeit die Straßenwalze. . . . Mit einem Schlag war die Seuche erloschen. Wenn auch ab und zu noch dieser widernatürliche Verkehr stattfand, so waren es doch vereinzelte Fälle."[18] Der Befehl hierzu wird schon in der Anweisung des Innenministeriums formuliert: „ . . . untertags werden sie ganz besonders zu körperlicher Arbeit herangezogen. In der ersten Zeit ist beabsichtigt, sie auch in der Kost etwas kürzer zu halten, so daß ein gewisser Erfolg dieser Erziehungsmaßnahmen zu erwarten ist."[19]

Der Lageralltag scheint aber doch anders ausgesehen zu haben. In diese inoffizielle, der Kommandantur verborgen gebliebenen Welt hat die Nachwelt durch Häftlingsberichte Einblick erhalten. Die Überprüfung des Wahrheitsgehalts von Häftlingsberichten ist nur schwer zu vollziehen. Dies gilt im besonderen für den Themenbereich Homosexualität. Das liegt zum einen an der geringen Anzahl der Berichte, die im Gegensatz zu anderen Themenbereichen nur geringe Vergleichsmöglichkeiten zulassen. Zum anderen ist Homosexualität ein derart sensibler gesellschaftlicher Bereich, daß Berichte aus dem Mund oder der Feder homosexueller bzw. nicht homosexueller Häftlinge nur als unter dem Eindruck von Verachtung, Selbstverachtung, dem Gefühl von Minderwertigkeit, Verfolgung, Lebensbedrohung bzw. dem trotzigen Aufbegehren gegen diese existenzielle Bedrohung zu verstehen sind. Mit Erinnerungslücken und Fehlinformationen aufgrund von Verdrängung oder Vergessen muß immer gerechnet werden.

Einer der wenigen Berichte aus erster Hand zum Lageralltag, der auch das Leben der Homosexuellen miteinschließt, stammt von Hugo Burkhard. Er steht den Homosexuellen mit einer Mischung aus Interesse und Ablehnung gegenüber. In einer teilweise übertrieben undistanzierten und geschwätzigen Art führt er uns ein Geschehen vor Augen, das den Mißerfolg der von den Nationalsozialisten geplanten Umerziehungsmaßnahmen deutlich zeigt. „Die allgemeine Sexualnot im Lager wurde natürlich durch den Zuzug der Homosexuellen noch mehr aufgepeitscht und zu einem großen und gefährlichen Problem, das einige Häftlinge sogar mit dem Leben bezahlen mußten; die Homosexuellen ließen in den Baracken ihren Gefühlen freien Lauf und fröhnten in den Betten ihrer Wollust. Bald waren es nicht mehr sie alleine, sondern die Sexualnot machte sich auch in anderen Baracken, bei sonst normalen Häftlingen, bemerkbar; . . . Die SS verhängte die schwersten Strafen, wenn sie jemand ertappten, kamen des nachts unverhofft in die Baracken zur Kontrolle, aber selten gelang es ihnen, die Häftlinge auf der Tat zu erfassen; meistens bekamen sie Kenntnis durch Verrat anderer Mithäftlinge."[20] An anderer Stelle erwähnt Burkhard, daß homosexuelle Häftlinge auch in seiner Baracke untergebracht gewesen seien und die Isolierung somit nicht konsequent durchgehalten wurde.[21]

Auch die Deutschlandberichte der SPD sprechen von einer Isolierung homosexueller Gefangener. Laut dem Dachau-Bericht vom April/Mai 1937 seien die Homosexuellen in Stube 5 der VII. Kompagnie (Block) untergebracht.[22] Diese Isolierung wurde auch nach Kriegsbeginn noch beibehalten. Die Barackengröße war nach dem Umbau des Lagers Dachau in den Jahren 1937 und 1938 aber so groß geworden, daß die Gesamtzahl der Homosexuellen sie nicht gefüllt hätte. Deshalb wurden Schwule nach 1941 in zwei einzelnen Stuben des Blocks 22 oder 24 zusammengelegt.[23]

Die im Verlauf des Zweiten Weltkriegs festzustellende Wandlung der Konzentrationslager von Umerziehungslagern zu einem Menschenreservoir zur Unterstützung der Kriegsindustrie ist auch in Dachau nachvollziehbar. Es entstand nach 1942, besonders aber nach 1944 eine Vielzahl von Außenlagern mit einem gesamten Häftlingsbestand von weit über 30 000 zum Zeitpunkt der Befreiung.[24] Die größten von ihnen – Landsberg-Kaufering, Mühldorf und München-Allach – dienten der Rüstungsproduktion. Der Rosa-Winkel-Träger Herrmann R. war im Jahr 1944 unmittelbar nach seiner Registrierung im Hauptlager Dachau zum Arbeitseinsatz im Außenlager Landsberg-Kaufering selektiert worden. In unterirdischen Bunkern der Dynamit AG wurden, wie er berichtet, Granaten fabriziert.[25] Er allerdings wurde auf dem Militärflugplatz von Landsberg zum Zuschütten von Bombentrichtern eingesetzt. Homosexuelle Häftlinge waren ebenso wie die Häftlinge mit anderen Winkelfarben den mörderischen Lebens- und Arbeitsbedingungen der Außenlager ausgesetzt. Eine Lagerstandsmeldung vom 8. April 1945 zeigt, daß von den 98 homosexuellen Häftlingen 74 im Hauptlager und 24 in den Außenkommandos eingesetzt waren.[26]

Das Leben im Lager

Bei der Beschreibung der Lebensbedingungen der Homosexuellen im KZ Dachau möchte ich mich weitgehend auf die Beschreibungen der homosexuellen Häftlinge und ihrer Mitgefangenen stützen.[27]

Die Ankunft im Lager bedeutete zumeist, ersten schikanierenden Maßnahmen ausgesetzt zu sein. Auf dem Appellplatz wurde den Häftlingen in entwürdigendem und furchteinflößendem Tonfall ihre Situation der Rechtlosigkeit und tödlichen Bedrohung nahegebracht. Ihnen wurde von ihren Mitgefangenen sämtliche Körperhaare abrasiert. Der nachfolgende Erstappell machte aus den Individuen bloße Zahlen. Homosexuelle Häftlinge waren bei diesem Erstappell einer besonders entwürdigenden Prozedur durch den jeweiligen Kommandanten unterworfen. Sie wurden oftmals gezwungen, bei der Nennung ihres Namens ein entwürdigendes schwulenfeindliches Adjektiv voranzustellen. Franz Ahrens, Häftling in Dachau von 1936 bis 1939, beschreibt eine Appellplatzszene, bei der ein neueingewiesener junger homosexueller Häftling von dem brutalen Wachmann Kantschuster gezwungen wurde, vor allen Mithäftlingen sexuelle Praktiken zuzugeben. Die daraufhin verhängte willkürliche Strafe, das sogenannte Krummschließen, war ein brutales Mittel der Einschüchterung und Erniedrigung.[28] Ein anderer Mithäftling beschreibt, wie ein neuangekommener Rosa-Winkel-Träger durch die Androhung der Kastration (die dann nur ein „fauler Witz" gewesen sein sollte) einen Nervenzusammenbruch erlitt.[29]

Ich zitiere aus der von Pater Sales Hess beschriebenen Szene auf dem Appellplatz im KZ Dachau. Sie trug sich im September 1941 zu, ist aber repräsentativ für die generell sadistische Behandlung der Homosexuellen: „Während die ersten aufgerufen wurden, fingen die rohen Kerle an, Mann für Mann auszufragen. ‚Was hast du angestellt?' ‚Warum kommst du her?' Einer kam wegen § 175. Er wurde nach allen Regeln geohrfeigt, mußte laut vor allen sein Delikt erzählen, genau beschreiben, was er gemacht und wie, dann fielen sie von neuem über ihn her und gaben ihm Ohrfeigen und Fußtritte. Man konnte ihnen Wollust und Sadismus vom Gesicht lesen."[30]

Besonders brutal behandelt wurden homosexuelle Häftlinge, wenn zu ihrer sexuellen Stigmatisierung noch die Zugehörigkeit zu einer weiteren verfolgten Minderheitengruppe hinzukam. Der homosexuelle Weinhändler Leopold Obermayer aus Würzburg war Jude. Obermayer geriet im Herbst 1934 in die Fänge des Würzburger Gestapo-Chefs Josef Gerum, der sich durch ein besonders hartes Vorgehen gegen Homosexuelle zu profilieren suchte. Dank der unversehrten Überlieferung der Würzburger Gestapo-Akten konnte der Fall dieses mutig um sein Recht kämpfenden promovierten Juristen Obermayer entdeckt und aufgearbeitet werden. Die Folter, der er während seiner Dachau-Aufenthalte vom 12. Januar 1935 bis 23. September 1935 und vom 17. Oktober 1935 bis 24. September 1936 ausgesetzt war, ist in der Literatur ausführlich geschildert worden.[31]

Die Kennzeichnung durch verschiedenfarbige Winkel auf der Häftlingskleidung ist erstmals in Dachau angewendet worden.[32] Eine einheitliche Kennzeichnung durch den Rosa Winkel hat es, zumindest in den Anfangsjahren, nicht gegeben. Wann genau der Rosa Winkel eingeführt wurde, ist nicht bekannt. In den Deutschlandberichten der SPD heißt es 1936 zu Dachau: „In der Abteilung Homosexuelle tragen alle Gefangenen in großen Ziffern die Zahl 175 auf dem Drillichrock."[33] Im Jahr darauf wird ihre Kennzeichnung folgendermaßen beschrieben: „§ 175: Rote Streifen mit schwarzen Punkten."[34] Der ehemalige Häftling Alfred Hübsch stimmt mit diesem Bericht überein.[35]

Entsprechend der schon beim Eingangszeremoniell beschriebenen Abwertung der Gruppe der Homosexuellen, ist auch ihre Stellung in der Lagerhierarchie zu bewerten. Ein Überleben war den Häftlingen oft nur dann möglich, wenn durch solidarische Handlungen von privilegierten Häftlingen Hilfe kam. Diese Hilfe wurde aber meist nur Mitgliedern innerhalb einer spezifischen Häftlingsgruppe zuteil. Schwulen gelang es nur in ganz wenigen Ausnahmen, die Stellung eines Funktionshäftlings einzunehmen. Die Durchsicht der originalen Häftlingskarteien beim Internationalen Suchdienst in Arolsen durch Prof. Lautmann in den 70er Jahren ergab mehrere Kapos und Vorarbeiter mit dem Rosa Winkel. Diese Angaben liegen der KZ-Gedenkstätte Dachau aber nicht vor.

Gelegentlich sind Homosexuelle auch ins Außenlager des KZ Dachau gekommen (vgl. Schluß des Kapitels „Die Sonderrolle der Homosexuellen im Lager"). In welchem Ausmaß dies geschehen ist, ist aufgrund des Fehlens der Angaben über den Einsatz der Häftlinge in Außenlagern nur schwer zu rekonstruieren. Das in der Polizeischule Heidenheim untergebrachte Nebenlager von Dachau weist einen (in der Häftlingsliste allerdings nicht identifizierbaren) homosexuellen Häftling aus, der in der Funktion des Friseurs (was er im Zivilleben wohl auch berufsmäßig ausübte) eingesetzt war.[36]

In einem weiteren Bericht – es ist das 1981 veröffentlichte Interview mit Herrmann R. und somit der erste veröffentlichte Bericht eines homosexuellen Dachau-Häftlings – ist von einer gezielten Aussonderung tschechischer, politischer und homosexueller Häftlinge bei ihrer Ankunft auf dem Appellplatz in Dachau die Rede. Die kleine Gruppe wurde weggeführt, mit einer Häftlingsuniform angekleidet und danach in das Außenlager Landsberg gebracht.[37]

Die von den homosexuellen Häftlingen beim Empfang im Konzentrationslager erlittenen Qualen setzten sich im Verlauf ihres Lagerlebens fort. Ihr Verhaftungsgrund wird von den Peinigern des Verfolgungsapparates innerhalb der KZ-Mauern – sei es von seiten der Aufseher oder von seiten der privilegierten Häftlinge –, aber auch von den Mithäftlingen immer wieder zum Anlaß genommen, sich lustig zu machen, zu spotten, bis hin zur Ausführung eines gnadenlosen Terrors.[38] Wer beim sexuellen Zusammensein mit einem anderen Mann entdeckt wurde, mußte mit dem Tod rechnen. Der seit Juli 1933 als jüdischer Häftling in Dachau eingesperrte Hugo Burkhard beschreibt eine solche Szene,[39] wobei unklar ist, ob es sich um Häftlinge mit dem Rosa Winkel handelt. Mithäftlinge hatten das Paar verraten.

Vereinzelt finden sich in den Häftlingsberichten aber auch Hinweise auf Akte der Solidarität der Mitgefangenen mit homosexuellen Häftlingen. Franz Ahrens gibt für das Jahr 1936 ein Beispiel für eine solche solidarische Handlung. Mitgefangene waren von einem Oberscharführer aufgefordert worden, zehn Minuten lang einen homosexuellen Häftling zusammenzuschlagen. Nach dieser Zeit wolle er wiederkommen und sich das Ergebnis ansehen. Doch von den umstehenden Häftlingen rührte keiner den Rosa-Winkel-Träger an, der sadistische Auftrag wurde ignoriert. Die bedrohliche Szene löste sich auf, als zum Antritt zum Arbeitskommando auf dem Appellplatz gerufen wurde.[40] Ein Vergleich der Lebensbedingungen der homosexuellen Häftlinge mit anderen Häftlingsgruppen ist nur schwer möglich. Nach Aussagen heute noch lebender ehemaliger Häftlinge des KZ Dachau seien einzelne Homosexuelle wohl wahrgenommen worden, aber die Gruppe der Homosexuellen in der Masse der Häftlinge nicht weiter aufgefallen.[41]

Zu den entsetzlichsten Kapiteln nationalsozialistischen Unrechts zählen die an homosexuellen Häftlingen vorgenommenen Sterilisationen und Kastrationen. Nach Stanislav Zamecnik, einem ehemaligen Helfer im Krankenrevier, sind in Dachau auch Sterilisationen und Kastrationen durchgeführt worden.[42] Zamecnik nannte aus der Erinnerung einen Österreicher, Franz S., der als Homosexueller kastriert wurde. Franz S. wurde 1943 aus der Dachauer Lagerhaft entlassen und hatte später in Österreich eine hohe öffentliche Funktion. Seine Homosexualität ist nicht bekannt geworden. Verschiedentlich werden Kastrationen in Häftlingsberichten erwähnt, vor allem für die späteren Jahre.[43]

Eugene Ost, ein luxemburgischer Häftling, der als Helfer auf der Malariastation arbeitete, schreibt über einen homosexuellen Häftling (er erwähnt nur den Vornamen Max). Max sei in Buchenwald kastriert worden. Er kam nach dem Mai 1940 nach Dachau, trug den grünen Winkel der sogenannten Berufsverbrecher und wird als „großer, stämmiger Bayer aus München-Pasing" beschrieben, der als „Mädchen für alles" für die SS-Lagerärzte tätig war. Aufgrund der Kastration stellte sich ein ständiger Urinrückstau ein. Sein Gesicht und der Körper waren aufgedunsen. Zu diesem Zweck ließ er sich von Mitgefangenen mit Quecksilberpräparaten spritzen. Er wurde im Juli 1943 entlassen, mußte aber zwangsweise in einer Fleischfabrik in Dachau arbeiten. Im Dachau-Prozeß geriet er selbst unter Anklage. Sein Gesundheitszustand verschlechterte sich beständig und Anfang der 50er Jahre starb Max an Urämie.[44]

Die statistische Auswertung des Schicksals der Homosexuellen

Unter den knapp 170 000 verzeichneten und ausgewerteten Häftlingen tragen nach der jüngsten Auswertung der Zahlen der Häftlingsliste des KZ Dachau 386 den Verhaftungsgrund „Homosexuell" oder „§ 175". Das entspricht 0,2 % der Gesamtzahl. Die auf einer größeren Basis beruhenden Auswertungen von Rainer Hoffschildt ergeben für Dachau die Zahl von 574 Häftlingen mit dem Rosa Winkel.[45] Demnach liegt die Rate bei 0,3 %. Der Häftlingsstand am 25. April 1945, also vier Tage vor der Befreiung, lag bei 67 665 Häftlingen. Davon waren 110 Häftlinge mit dem Rosa Winkel gekennzeichnet. Das ist ein Prozentsatz von 0,15. Da allerdings neben Deutschen und Österreichern nur 13 homosexuelle Häftlinge sonstiger Nationalität feststellbar sind, kann eine aussagefähige Relation der homosexuellen Häftlinge zur Gesamtzahl nur unter der Berücksichtigung bestimmter Kriterien sinnvoll sein. Verglichen mit der Gesamtzahl der deutschen und österreichischen Häftlinge beträgt die Rate der Homosexuellen im KZ Dachau 1,25 % bzw. 1,9 %.[46]

Der erste nach Paragraph 175 verurteilte und in Schutzhaft gesteckte Homosexuelle kam laut Häftlingsliste am 12. März 1934 nach Dachau. Wie die Aktenlage zeigt, muß dieses Datum aber nach vorne verschoben werden. Die späteste Einlieferung eines Homosexuellen nach Dachau war am 20. April 1945. Der erste Tod eines Homosexuellen im Lager Dachau ist für den 28. August 1937 angegeben.

Unter den Hunderten von Transporten von Gefangenen eines Konzentrationslagers in ein anderes, die meist unter entsetzlichen Lebensbedingungen stattfanden, sind vereinzelt Transporte größerer Gruppen Homosexueller auszumachen. Allerdings ist hier die Forschung noch am Anfang. Das KZ Dachau betreffend sind folgende Transporte auszumachen: eine Gruppe von 17 Homosexuellen kam am 7. Juli 1942 aus Buchenwald in Dachau an. Die Rosa-Winkel-Häftlinge wurden gemeinsam mit weiteren 334 Häftlingen in Block 24 untergebracht.[47] Bei den Transporten aus dem Männerlager Ravensbrück nach Dachau vom 23. März 1942, 25. März 1942, 20. Juli 1942 und 1. November 1942 waren in verhältnismäßig hoher Zahl Homosexuelle dabei.

Statistiken zur Gesamtzahl der homosexuellen Häftlinge und ihr weiteres Schicksal auf der Basis von 167 200 von 206 000 Häftlingen

Überlick:	Gesamtzahl der Häftlinge	Prozent	Zahl der deutschen Häftlinge	Prozent	Homosexuelle Häftlinge	Prozent
insgesamt	167 200	100	29 800	100	574	100
entlassen	14 687	8,7	6 213	20,85	99	17,2
überführt	62 082	37,0	13 407	45,00	212	36,9
Mauthausen					90	15,7
Buchenwald					65	11,3
Flossenbürg					27	4,7
Neuengamme					21	3,7
Invalidentransporte	2 496	1,5	1 089	3,65	17	3,0
gestorben	28 577	17,0	5 364	18,00	83	14,5
befreit	58 173	34,7	4 464	15,00	139	24,2

Auswertung der Aufenthaltsdauer der homosexuellen Häftlinge im KZ Dachau (aus einer Auswahl von 128):

Durchschnitt	13,7 Monate
davon die in München geborenen	17,6 Monate
die Befreiten	22,4 Monate
die Entlassenen	19,9 Monate
die Überführten	9,5 Monate
die Gestorbenen	7,1 Monate
die auf Invalidentransport geschickten	5,4 Monate

Anzahl der homosexuellen Häftlinge zu bestimmten Zeitpunkten (von 574):

1935	30. Juni	12	31. Dezember	26
1936	30. Juni	44	31. Dezember	53
1937	30. Juni	43	31. Dezember	63
1938	30. Juni	72	31. Dezember	61
1939	30. Juni	61	31. Dezember	geschlossen
1940	30. Juni	15	31. Dezember	37
1941	30. Juni	39	31. Dezember	28
1942	30. Juni	32	31. Dezember	86
1943	30. Juni	139	31. Dezember	145
1944	30. Juni	135	31. Dezember	146
1945	15. Februar	138	29. April	143

Höchststand war im September 1944 mit 174 homosexuellen Häftlingen; eine größere Anzahl von Häftlingseintragungen trug den Vermerk „Homosexuell ab 15. Februar 1945". Die jüngsten nach Dachau eingelieferten homosexuellen Häftlinge waren 18 Jahre alt. Beide wurden wieder entlassen. Der älteste nach Dachau verbrachte homosexuelle Häftling war 73 Jahre alt (als 1869 geborener auch der früheste Jahrgang). Sein Name war Theodor Schaaf. Er kam am 8. September 1942 aus dem KZ Natzweiler und ist nach neun Wochen des Aufenthalts in Dachau gestorben. Das mittlere Todesalter betrug bei den Befreiten (April 1945) 41,7 Jahre, bei den Gestorbenen und auf Invalidentransport geschickten 45,1 Jahre.

Zusammenfassung

Eine Untersuchung über das Leben homosexueller Häftlinge im KZ Dachau ist vom Autor im Dachauer Heft Nr. 14 unter dem Titel „Totgeschlagen – totgeschwiegen – Die homosexuellen Häftlinge im KZ Dachau" im Herbst 1998 veröffentlicht worden. Die Tagung „Homosexuelle in Konzentrationslagern" vom 12. bis 13. September 1997 in der Gedenkstätte Mittelbau-Dora in Nordhausen war ein notwendiger Anstoß, mit der Schließung dieser Lücke zu beginnen. Der Zeitpunkt, Überlebende ausfindig zu machen, ist fast schon überschritten. Ein von Stefan Heiß und mir in München 1992 initiiertes Zeitzeugenprojekt zur Erforschung der homosexuellen Geschichte der bayerischen Landeshauptstadt erhielt nur wenig Rücklauf, besonders in bezug auf die Verwertbarkeit für diesen Artikel.

Aus diesem Grund muß sich dieser Beitrag in erster Linie auf das aus der Feder heterosexueller Mithäftlinge und des nationalsozialistischen Verfolgungsapparats stammende Archivgut stützen. In ihm werden die mehr oder weniger grausamen Lebensbedingungen geschildert, denen besonders homosexuelle Häftlinge von der Minute ihrer Ankunft an ausgesetzt gewesen sind. Zeichen der Solidarität waren selten, aber es gab sie. Ganz überwiegend taucht in Häftlingsberichten jedoch Ablehnung ihrer schwulen Mitgefangenen auf. Von den Nationalsozialisten geschürte Vorurteile wie Geschwätzigkeit, Lügenhaftigkeit, nicht zu kontrollierender Sexualtrieb der Homosexuellen, wurden wahrscheinlich von anderen Häftlingen geglaubt. Ohne die Möglichkeit eine funktionierende Solidargemeinschaft mit Verbindung zur „Lagerprominenz" zu bilden, waren die homosexuellen Häftlinge von vielen Möglichkeiten der Überlebenssicherung abgeschnitten.

Die erste größere Gruppe homosexueller Häftlinge ist als Folge der ersten großen bayerischen Homosexuellenrazzia am 21. Oktober 1934 nach Dachau gekommen. Sie blieb nur kurze Zeit im Lager. Eine zweite große Einlieferungswelle, die im Jahr 1936 stattgefunden haben soll, ist in den Quellen nicht nachweisbar. Von Anfang an war diese Häftlingsgruppe einer Sonderbehandlung ausgesetzt, die Isolierung, lückenlose Überwachung, erschwerte Arbeitsbedingungen und verminderte Essensrationen bedeutete. Ziel der Nationalsozialisten war die sogenannte Umerziehung durch Arbeit, wie Rudolf Höß, der spätere Lagerkommandant von Auschwitz, in seinen zynischen Lebenserinnerungen sie beschreibt. Allerdings scheint es eine gezielte Vernichtung von Homosexuellen in Dachau nur in Einzelfällen, nicht aber im großen Stil gegeben zu haben.

In der späten Phase des Lagers wurden Homosexuelle ebenso wie die anderen Häftlinge verstärkt zum Arbeitseinsatz vor allem in der Rüstungsindustrie im Stammlager, aber auch in den Außenlagern eingesetzt. Ihre Anzahl im Lager ist, wie der Statistik zu entnehmen ist, nach einem Höchststand um das Jahr 1938 dann nach 1944 noch einmal sprunghaft angestiegen. Insgesamt seien sie als Häftlingsgruppe in der Masse der Häftlinge aber nicht aufgefallen. Ihr Anteil unter den deutschsprachigen Häftlingen lag wohl bei knapp 2%, verglichen mit der Gesamtzahl der Häftlinge bei etwas über 0,3%.

Erstmals ist dank der elektronischen Datenerfassung der Häftlingsliste in der KZ-Gedenkstätte Dachau seit 1997 eine statistische Auswertung nach einzelnen Häftlingsgruppen möglich geworden. Ich habe im vorletzten Kapitel versucht, einen kleinen Zahleneinblick in das Lebensschicksal homosexueller Häftlinge im KZ Dachau zu geben.

Anmerkungen

1 Im Jahr 1933 sind von ca. 4821 Häftlingen des KZ Dachau (Angabe von Jan Domagala) nur 216 überliefert; von März 1933 bis Dezember 1935 insgesamt 1261 namentlich bekannte Häftlinge, im März 1936 hat die Häftlingsnummerierung die Zahl 9365 erreicht. Also ist bis Ende 1935 von einem Überlieferungsstand von ca. 15% auszugehen.
2 z. B. der Datenabgleich mit den Ergebnissen der Forschung von Bernhard Strebel zum Männerlager Ravensbrück. Nach der jüngsten Berechnung der Gesamtzahl homosexueller Häftlinge des KZ Dachau durch Rainer Hoffschildt (Brief vom 16. September 1997) ergibt sich eine Diskrepanz von 172 Häftlingen, die nicht in der Statistik in Dachau erscheinen.
3 StA München, LRA 151016 Nr. 2535 a 9, vom 3. Juli 1934.
4 StA München, LRA 151016 Nr. 2535 a 85 vom 16. Oktober 1934.
5 HStA München, MInn 72644 Nr. 2535 a 90 vom 23. Oktober 1934.
6 ebd.
7 ebd.
8 HStA München, MInn 72644 Nr. 2535 a 89 vom 27. Oktober 1934.
9 ebd.
10 HStA München, StK 106697, S. 24.
11 HStA München, MInn 72644 Nr. 2535 a 134 vom 12. November 1934.
12 StA München, LRA 151016 Nr. 2535 a 127 vom 30. Oktober 1934.

13 Hugo Burkhard, Tanz mal Jude, Nürnberg o. J. (ca. 1966), S. 66–72.
14 HStA München, StK 106685, StK 106687, StK 106688 und StK 106697.
15 Disziplinar u. Strafordnung für das Gefangenenlager vom 1. Oktober 1933, Archiv der Gedenkstätte, Inv.-Nr. 3213.
16 HStA München, MInn 72644 Nr. 2535 a 89 vom 27. Oktober 1934.
17 Rudolf Höß, Kommandant in Auschwitz, (Hg. v. Martin Broszat, dtv 1963, S. 80.
18 ebd., S. 80; an dieser Stelle ist der handschriftliche Bericht vom Herausgeber gekürzt worden, da ein „sexuell extrem abnormaler" Einzelfall beschrieben wird; mit Sicherheit gibt diese Stelle aber doch Einblick in weitere Beispiele verachtenden Verhaltens von Höß gegenüber den Homosexuellen.
19 HStA München, MInn 72644 Nr. 2535 a 89 vom 27. Oktober 1934.
20 Hugo Burkhard, a. a. O., S. 71.
21 ebd., S. 72.
22 „. . . in der fünften Stube befinden sich die wegen eines Vergehens gegen den § 175 Inhaftierten. Die sogenannten Hundertfünfundsiebziger werden nur zu Kiesarbeiten mit den Juden zusammen verwendet". Deutschlandberichte der Sozialdemokratischen Partei Deutschlands (Sopade) 1937, Frankfurt/M. 1980, S. 685, abgedruckt in Hans-Georg Stümke, Rudi Finkler, Rosa Winkel, Rosa Listen, Hamburg 1981, S. 281.
23 mündliche Auskunft des ehemaligen Häftlings Stanislav Zamecnik vom 29. August 1997.
24 Die Statistik vom 25. April 1945 weist 29 438 Häftlinge des Stammlagers Dachau und 38 184 Häftlinge in den Außenlagern aus. Davon waren in Kaufering 9021 Männer und 1093 Frauen. in München-Allach (BMW) 8970 Männer und 1022 Frauen und in Mühldorf 4924 Männer und 295 Frauen im Einsatz. Archiv der KZ-Gedenkstätte Dachau, Inv.-Nr. 1667.
25 Hans-Georg Stümke, Rudi Finkler, a. a. O. S. 328 f.
26 Lagerstand vom 8. April 1945, KZ-Gedenkstätte Dachau, Inv.-Nr.1027.
27 Bei den wenigen Berichten homosexueller Dachau-Häftlinge handelt es sich um folgende Publikationen:
Herrmann R. (Rieger), in: Hans-Georg Stümke, Rudi Finkler, Rosa Winkel, Rosa Listen, Hamburg 1981, S. 325–330 (Herrmann Rieger, Jahrgang 1918, ist etwa Mitte der achtziger Jahre verstorben).
Rolf Tischler, in: Das Unbegreifliche berichten. Zeitzeugenberichte ehemaliger Häftlinge des Konzentrationslagers Dachau, dokumentiert von Sylva Schaeper-Wimmer, München 1997 (Rolf Tischler ist ein Pseudonym, da er noch am Leben ist; der Bericht basiert auf Interviews von Rainer Hoffschildt aus den Jahren 1989 und 1990).
Die ausführlichste Dokumentation des Lebens eines schwulen Dachau-Häftlings ist die des Leopold Obermayer (1892–1943), in: Bayern in der NS-Zeit, Hg. von Martin Broszat und Elke Fröhlich, Band 6, München 1983, S. 76–110. Ich werde im Folgenden diesen Bericht nur am Rande erwähnen.
28 Franz Ahrens, Einlieferung ins KZ Dachau, unveröff. Manuskript, 1947, Archiv der KZ-Gedenkstätte Dachau, Inv.-Nr. 14.083. Das Krummschließen beschreibt Ahrens als ein Fesseln der Arme und Beine an den Rücken. Die Häftlinge wurden derart zusammengebunden im „Bunker" (Gefängnis) auf den kalten Zementboden der Zelle geworfen. Der junge homosexuelle Häftling mußte sechs Stunden in dieser Stellung ausharren.
29 Alfred Hübsch, Die Insel des Standrechts (unveröff. Manuskript, o. J.) 1. Teil, 4. Kapitel, S. 30 (bzw. 74), Archiv der KZ-Gedenkstätte Dachau, Inv.-Nr. 9438.
30 Pater Sales Hess, Dachau – eine Welt ohne Gott, Nürnberg 1946, S. 62.
31 Bayern in der NS-Zeit, Hg. v. Martin Broszat und Elke Fröhlich, Bd. 6, München 1983, S. 76–110, hier besonders die Zitate aus dem im Ochsenfurter Untersuchungsgefängnis niedergeschriebenen Bericht, S. 82–87.
32 Internationaler Suchdienst, Arolsen, Archiv der KZ-Gedenkstätte Dachau, Inv.-Nr. 4521.
33 Sopade 1936, S. 1005 f.
34 Sopade 1937, S. 686, einschränkend heißt es hier, daß die Aufzählung aus dem Gedächtnis erfolgte und „möglicherweise nicht in allen Punkten ganz genau" sei.
35 „Seinerzeit trugen die Zugänge noch weißes Drillzeug. Die politischen Zugänge hatten lange rote Streifen an den Hosenseiten. Unter diesen sahen wir nun einen stehen, der auf den roten Streifen einen schwarzen Punkt aufgenäht hatte. So waren damals die in geringer Anzahl eingelieferten Häftlinge bezeichnet, die wegen Vergehen oder Verbrechen nach § 175 nach Verbüßung ihrer durch die ordentlichen Gerichte zudiktierten Strafe nicht auf freien Fuß belassen, sondern vom Reichskriminalamt geschnappt worden waren." Alfred Hübsch, a. a. O. S. 29 (bzw. S. 73)

36 Alfred Hoffmann, Verschwunden, aber nicht vergessen. KZ-Nebenlager in der Polizeischule Heidenheim, Heidenheim 1996 S. 41 f., (nach dem Bericht des Mithäftlings Jan Namyslak).
37 Hans-Georg Stümke, Rudi Finkler, a. a. O. S. 325 f.
38 Aus den Berichten der Mitgefangenen ist immer wieder versteckte oder offene Abneigung herauszulesen. Die im Lager gemachten Beobachtungen vermischen sich mit Vorurteilen. Aus einer Reihe von Fällen zwei Beispiele von relativ subtiler Homophobie von seiten der Lagerleitung wie auch von seiten der Mithäftlinge: Erfahrungsbericht Ludwig Bendix, Häftling in Lichtenburg und Dachau, in Dachau von Februar bis Mai 1937, Buch V, S. 56, über einen homosexuellen Prinzen aus reichem Hause: „Der verweichlichte und verweiblichte Junge von Mitte der 20er Jahre führte nämlich von den reichen Einkünften seines ererbten Vermögens ein Parasitendasein.", unveröff. Manuskript, 1938, Archiv der KZ-Gedenkstätte Dachau, Inv.-Nr. 14946; Willi Eifler, Dachau-Häftling von 1938–1945, beschreibt in einem undatierten Brief (wohl 1969) eine Szene auf dem Block 6, die wohl zu Weihnachten oder Silvester 1941 stattfand. Die Häftlinge hatten, da sie unbeaufsichtigt waren, eine Feier organisiert und auch „seidene Frauenkleider" zum Tanzen verwendet. Die Feier, ein kleiner Lichtblick im trostlosen Lebensalltag der Häftlinge, wurde verraten. Bei der Vernehmung lautete dann der Vorwurf, der dazu dienen sollte, Eifler von seiner Stellung als Funktionshäftling abzuberufen, daß wegen des Tanzens wohl Homosexualität im Spiel sein müsse. Archiv der KZ-Gedenkstätte Dachau, Inv.-Nr. 7637.
39 Hugo Burkhard, a. a. O. S. 72.
40 Franz Ahrens, Beispiel der Solidarität aus dem Konzentrationslager, unveröff. Manuskript, 1946, Archiv der KZ-Gedenkstätte Dachau, Inv.-Nr. 11698.
41 Mündliche Auskunft von Stanislav Zamecnik vom 29. August 1997, Häftling in Dachau vom 22. Februar 1941 bis zur Befreiung und Franz Brückl (ehem. Przybylski), Häftling in Dachau vom 25. April 1940 bis zur Befreiung, in der Gesprächsrunde im Dachauer Forum am 16. Januar 1997.
42 Mündliche Auskunft Stanislav Zamecnik vom 29. August 1997.
43 Hugo Burkhard, a. a. O. S. 72 und Alfred Hübsch, a. a. O. S. 30 (bzw. 74).
44 Eugene Ost, Erinnerungen an Dachau (III), in: Rappel, Revue mensuelle de la L.P.P.D. (Zeitschrift der luxemburgischen Verfolgtenorganisation), Nr. 11/12, 1979, S. 407–410.
45 Rainer Hoffschildt, Brief vom Januar 1998.
46 Die Zahl von ca. 30 000 Häftlingen mit der Nationalität „Deutscher, Österreicher, Deutsches Reich auf Widerruf, Reichsdeutscher und Sudetendeutscher" ist aber wohl zu niedrig, da noch in der zweiten Hälfte der 30er Jahre eine Angabe der Nationalität in der Häftlingsliste nicht oder nur selten erfolgte.
47 „Zu- und Abgänge Dachau 1. März 1941 bis 9. Juli 1942", Archiv der KZ-Gedenkstätte Dachau, Inv.-Nr. 26263.

Joachim Müller

Homosexuelle in den Konzentrationslagern Lichtenburg und Sachsenhausen – Werkstattberichte

Konzentrationslager Lichtenburg – Hinweise zum Ort

Im Bundesland Sachsen-Anhalt, nahe der Elbe zwischen Lutherstadt Wittenberg und Torgau, liegt das Städtchen Prettin, das derzeit rund 2500 Einwohner zählt.[1] Hier finden Touristen und zielorientierte Besucher einen Renaissance-Schloßbau vor, dessen dreiflügelige Anlage, 1581 um eine Schloßkirche erweitert, Wohn- und Witwensitz sächsischer Kurfürstinnen war. Seit 1812 diente das Schloß als Strafanstalt.[2]

Anhalt war bis 1945 ein selbständiges Land. Das Kurfürstentum Sachsen-Wittenberg bildete seit 1815/16 einen Teil der neu begründeten preußischen Provinz Sachsen; mit den Regierungsbezirken Magdeburg, Merseburg und Erfurt.

Das 1812 unter französischer Besatzung zum Zuchthaus gewandelte Schloß Lichtenburg, in dem Aufständische der Revolution von 1848 inhaftiert waren, wurde 1878/79, zur Zeit der Sozialistengesetze Bismarcks also, um einen Zellenbau erweitert. Die gesamte Haftanstalt mußte 1928 „wegen der schlimmen Zustände geschlossen werden".[3]

Skizzierung der Lagergeschichte und der Lagerstrukturen

Hierzu einige Angaben aus dem 96 Seiten umfassenden Informationsheft zu den Konzentrationslagern im Schloß Lichtenburg von Klaus Drobisch (siehe Anmerkung 3): Am 22. und 24. Mai 1933 entschied das zuständige Regierungspräsidium in Merseburg, „die Lichtenburg als Konzentrationslager zu verwenden".[4] Grundlage dieser Entscheidung war ein „Runderlaß des preußischen Ministerpräsidenten (Göring, J. M.) – Geheime Staatspolizei vom 12. März 1934". Inhaftiert wurden Personen, „deren Freiheitsbeschränkung nicht auf richterlichen Befehl, sondern auf polizeilicher Anordnung beruht".[5] Laut eines nachfolgenden Rundschreibens des Merseburger Regierungspräsidenten vom 7. Juli 1933 handelte es sich dabei ausschließlich um „Haft aus politischen Gründen". In diesem Schreiben wird die Lichtenburg genannt: „Sammellager [...] zur Unterbringung von solchen staatsfeindlichen Elementen bestimmt, die im Interesse der Erhaltung und Festigung der Staatssicherheit für einen längeren Zeitraum in Haft gehalten werden müssen". Deren Haftzeit sollte mehr als sechs Monate betragen. Bei kürzerer Haftdauer seien sie „weiter in Polizei- und Gerichtsgefängnissen unterzubringen".[6]

Zunächst wurden also im Schloß vorrangig politische Gegner eingesperrt. Im Herbst 1933 waren dann in der „Lichte" (Häftlingsjargon, J. M.), laut „8 Uhr Abendblatt" vom 29. November, 1535 Gefangene.[7] Am 6. Dezember waren das „70 % Kommunisten, 20 % Sozialdemokraten und 10 % politisch nicht organisierte Gefangene [...]. Nur einige Tage danach brachten die Nazis die ersten Kriminellen an. Das war Folge des Runderlasses vom 13. November über vorbeugende Polizeihaft von sogenannten Berufsverbrechern in Preußen." Als „Berufsverbrecher" galten (auch !, J. M.) mindestens dreimal wegen Sittlichkeitsverbrechen verurteilte Personen.[8]

Das Lager Lichtenburg war also nie ein sogenannt „wildes KZ" der SA, sondern offizielle staatliche Einrichtung. Es wurde bis in den Juni 1933 durch reguläre Polizeihundertschaften bewacht, die dann schrittweise durch 150 bis 200 SS-Leute ersetzt wurden.[9] Am 17. Mai 1934 wurde dem Merseburger Regierungspräsidenten die Dienstaufsicht über das Lager entzogen. Heydrich bzw. Himmler übertrugen die Kontrolle an Theodor Eicke, den Kommandanten von Dachau, der ab 4. Juli 1934 Inspekteur aller Konzentrationslager war. Die Dachauer Lagerordnung wurde bereits zum 1. Juni 1934 Regulativ auch für das Lager Lichtenburg.[10]

Unterschieden wurde zwischen Arbeitskommandos und Strafkommandos im Lager und Außenkommandos, die auch bei der Prettiner Bevölkerung zu Aushilfearbeiten eingesetzt wurden.[11] Die Häftlinge wurden sowohl im Zellenbau als auch im eigentlichen, entsprechend umgebauten Schloßgebäude einquartiert und zunächst zu „Stationen", dann „Kompanien" und ab Februar 1937 zu „Blöcken" gruppiert.[12]

Nach den politischen Häftlingen und den sogenannten „Berufsverbrechern/Kriminellen" im Jahre 1933 kamen später auch „Asoziale", „Emigranten", Juden und Zeugen Jehovas.[13] Häftlingskleidung waren ab „1934 ausgediente grüne Polizeiuniformen. Politische Gefangene kennzeichnete ein fünf Zentimeter breiter gelber Streifen um das linke Hosenbein und Mützen mit Schirm, bei Kriminellen ohne". Ab April 1936 trugen politische Gefangene rote Streifen; Juden einen gelben, Zeugen Jehovas einen blauen, Kriminelle einen schwarzen Kreis. Häftlingsfunktionäre kennzeichnete ein schwarzer Winkel auf weißem Grund.[14]

Aus dem Lager Oranienburg („wildes KZ" der SA) kamen nach dessen Auflösung 1934, aus den Lagern Sonnenburg (Neumark), Bögermoor/Papenburg (Emsland) und Columbiahaus (Berlin) zu verschiedenen Zeiten, Gefangene ins Lager Lichtenburg.[15]

Im Sommer 1937 wurde das Männerlager Lichtenburg schrittweise aufgelöst. Die Gefangenen kamen mehrheitlich in das Lager „Ettersberg" (Buchenwald). Schon 1936 waren 300 Gefangene aus der Lichtenburg, im März 1937 eine weitere Gruppe, von hier nach Sachsenhausen verlegt worden.[16]

Von Dezember 1937 bis März 1939 war die Lichtenburg ein Frauenlager; der Vorläufer des Frauenkonzentrationslagers Ravensbrück. Danach Standort einer SS-Totenkopfeinheit (II. Ersatzbataillon), ab 1941/42 bis 1945 ein kleines Außenlager von Sachsenhausen und gleichzeitig ein SS-Hauptzeugamt.[17]

Angaben zur Materiallage

Im Archiv der Gedenkstätte Lichtenburg, die Teil des (sehr sehenswerten) Kreismuseums Jessen ist, befinden sich nur einige wenige Kopien von Dokumenten der NS-Zeit. Sie stammen ausnahmslos, wie auch dieser und jener Bericht eines ehemaligen Häftlings, aus dem Archiv der „NMG Buchenwald".[18] Dazu kommen:

- Befragungsergebnisse der SED-Kreisleitung Jessen (Jahr 1965 f.),
- Zusendungen an das Bezirkskomitee Cottbus der Antifaschistischen Widerstandskämpfer der DDR,
- Befragungen anhand eines von der NMG Buchenwald entwickelten Fragenspiegels (Jahr 1978 f.),
- einige Notizen von Befragungen der Besucher Lichtenburgs und Zusendungen an die Gedenkstättenleitung in Prettin.[19]

Von mir gesichtet und ausgewertet wurden: die zwei existierenden Namenskarteien[20], 110 Häftligsberichte (handschriftlich/maschinenschriftlich: Berichte, Befragungsergebnisse, Zusendungen) und ein gedruckter Bericht (siehe Anmerkung 38). Die Berichte stammen ausschließlich von Männern des ehemaligen kommunistischen Widerstands.

Die Haftgruppe „Homosexuelle" im Konzentrationslager Lichtenburg im Spiegel der Quellen

Marginale Hinweise sind in einigen Veröffentlichungen zu finden.[21] Hier ist zu erfahren: Die Gruppe der Homosexuellen im Lager Lichtenberg umfaßte zwei Kompanien, „darunter sehr viele Nazis. Sie haben auf dem Oberschenkel eine gelbe Binde mit der Bezeichnung A" und wurden ständig überwacht.[22] Im Dezember 1934 waren es etwa 200, dabei auch einige Transvestiten.[23]

Nachfolgend ein Auszug aus dem bisher einzigen aufgefundenen SS-Dokument, das präzise Zahlenangaben zu dieser Haftgruppe der Lichtenburg enthält.[24]

Tab. 1: Schutzhäftlinge in Preußen* am Stichtag 10. Juni 1935 in Konzentrationslagern und sonstigen Gefängnissen[25]

	KZL Esterwegen N	%	KZL Lichtenburg N	%	KZL Moringen N	%	sonst. Gefängnisse N	%
Politische Häftlinge	12	3,73	14	1,98	4	8,16	73	10,53
Homosexuelle	**		325	46,03	**		88	12,69
nicht benannte Haftgründe	310	96,27	367***	51,98	45	91,84	532	76,77
Gesamt (n =)	322	100	706	99,99	49	100	693	99,99

* statistische Angaben für alle Provinzen und Regierungsbezirke des Landes Preußen
** Im SS-Dokument werden keine Zahlen genannt.
*** In den Häftlingsberichten des Archivs Lichtenburg werden für 1935 folgende Haftgruppen genannt: Politische, Homosexuelle, Juden (sog. Rasseschänder), Zeugen Jehovas; die Gruppe Kriminelle/Sicherungsverwahrte kann aber nicht eindeutig vollzählig dem Jahr 1935 zugeordnet werden.

Die in Anmerkung 24 benannte und nachgewiesene „Übersicht" teilt außerdem mit, daß es für die Woche vom 11. Mai 1935 bis zum 10. Juni 1935 in ganz Preußen insgesamt 2117 Schutzhäftlinge gab (100 %), von denen 124 Personen Schutzhäftlinge (5,86 %) und 513 Homosexuelle (24,23 %) waren.

Für den Stichtag 10. Juni 1935 lauten die entsprechenden Angaben für ganz Preußen: 1770 Schutzhäftlinge insgesamt (100 %), davon 103 Politische (5,82 %) und 413 Homosexuelle (23,33 %).

Unbedingt zu beachten ist aber, daß dies eine Momentaufnahme für einen Zeitraum von ca. 4 Wochen bzw. für einen Stichtag ist; weitab von jeder realen Situation für die Gesamtzeit der NS-Herrschaft. Hingewiesen sei auch auf den Zeitpunkt: unmittelbar vor Beschluß und Veröffentlichung der Neufassung des § 175 RStGB durch die NS-Regierung.[26]

Hinweise in Häftlingsberichten des Archivs der Gedenkstätte Lichtenburg[27]

1933: Gesamtzahl der Häftlinge aller Haftgruppen: im November 1535
(Drobisch; siehe Anm. 3, S. 9)

Das waren „im Sommer 1933 [...] politische, rassisch Verfolgte, religiös Verfolgte und asoziale Elemente"[28] und „ab November 1933 kamen Kriminelle dazu".[29] Berichtet wird auch von sogenannten Strafmaßnahmen der SS, die oft genug Willkürmaßnahmen waren, mit denen die Häftlinge malträtiert wurden: Prügel bzw. „Sport", nicht nur in den Strafgruppen „singende Pferde", die die großen Müllfuhrwerke ziehen mußten, um sie zur Müllkippe in Prettin zu bringen und „bellende Hunde", die in eine Hundehütte am Haupttor gesteckt wurden.[30]

Eine ausdrückliche Erwähnung von Homosexuellen für das Jahr 1933 gibt es in den mir zugänglichen Berichten des Archivs Lichtenburg nicht.

1934: Gesamtzahl der Häftlinge aller Haftgruppen[31]: „im August [...] schätzungsweise 600". (Drobisch, a. a. O., S. 35)

Am 25. Mai waren es „439, darunter 257 Kriminelle." (S. 28) „Am 4. Juli brachten Lastkraftwagen 61 SA-Funktionäre und andere Nazis in das Lager. Eicke empfing sie [...]. Die ersten kamen Anfang, die letzten am 21. August wieder frei." (S. 31) Die zweite Kompanie wurde durch „ab Dezember 1934 rund 200 Homosexuelle im Zellenbau" gebildet. (S. 35) Die Strafkompanie wurde schikaniert mit: Steine brechen, Pflüge/Walzen/Wagen ziehen, bei der Arbeit singen, „Sport" treiben, mit Kübeltragen und Latrinenarbeiten. (S. 38)

„Das Schleppen der Kotkübel war wohl eine der grausamsten Folterungen [...]: Mindestgewicht 2 Zentner [...]. Im Galopp [...] unter den Schlägen der SS [...] in einen Schlammtümpel laufen, in welchem sich der Mist des Schweineauslaufs befand, worin er (der Häftling der Strafkompanie, J. M) mindestens bis in die Knie versank. In diesem Tümpel wurde er bis zur Bewußtlosigkeit gequält. Dann mußten ihn zwei Häftlinge herausziehen".[32]

Die Prügeleien der SS bewirkten, daß 1934 einmal von 100 „Berufsverbrechern" 15 zu Tode kamen.[33] Über solche Todesfälle wird für 1934/35 auch für die Gruppe der Politischen berichtet.

„Im Juni wurden viele (Hunderte) neue Häftlinge eingeliefert. Dabei handelte es sich um hohe und höchste SA-Führer. [...] Im Juli 1934 erschienen wieder 150 bis 200 neue Häftlinge, z.T. in Frauenkleidern. Es handelte sich dabei um Angehörige des § 175, die festgenommen wurden, um den Nazis als Deckmantel für die Morde an den SA-Führern [...] zu dienen."[34]

Die Mord- und Verhaftungsaktion des 30. Juni 1934, unter der falschen Bezeichnung „Röhmputsch", wird vielfach mit nicht zutreffenden Bezügen befrachtet.[35]

Ein Häftling, der die Neuzugänge für die Häftlingskartei zu fotografieren hatte, berichtet, daß am 28. Dezember (1934, J. M.) Homosexuelle, „etwa 200 relativ gut gekleidete Männer im Alter von etwa 18 bis 50 Jahren", in die Lichtenburg eingeliefert wurden:

Der Lagerführer „ließ drei Zugänge vortreten, und ich traute meinen Augen nicht; es waren junge Männer von etwa 20 Jahren in hocheleganten Damenkostümen mit Bubikopffrisuren und ausgesprochen weibischem Gehabe. Die Lagerfriseure (Häftlinge) standen schon bereit, und die drei wurden unter dem Gejohle der SS-Männer geschoren." (S. 262 f.) „Von dem Terror, der Unmenschlichkeit, blieben die „Homos" [...] keineswegs verschont." (S. 264). Der Lagerführer „glaubte offensichtlich, das einfachste Mittel, um den „Strolchen" die Homosexualität auszutreiben, sei, sie von morgens bis abends zu jagen." Am ersten Tag gab es dabei den ersten Toten dieser zweiten Kompanie: „Es war ein Rechtsanwalt aus Berlin, schwer zuckerkrank. [...] Der Schlafsaal der 2. Kompanie blieb nachts hell beleuchtet, damit sich die Häftlinge nicht gegenseitig in den Betten besuchen konnten. [...] Sollte einer bei Selbstbefriedigung erwischt werden, wären ihm 25 Hiebe sicher." (S. 265 f.) Ihre psychologische Situation war zweifellos besonders kompliziert. Sie waren ja nicht in ideologischen Widerspruch zu dem herrschenden Naziregime geraten und konnten also keinen inneren Widerstand entwickeln [...]." (S. 275 f.)[36]

Der früheste Informant zur Gruppe der Homosexuellen in der Lichtenburg war (als Zeitzeuge) der Sänger und Schauspieler Kurt von Ruffin, der 1996 gestorben ist:

„Außer uns waren noch politische Häftlinge dort, sonst waren wir als schwule Kompanie eingeteilt. Wir wurden in Lastwagen, die mit einer Plane geschlossen waren, dorthin transportiert. [...] An die kleinen Einzelheiten kann ich mich nicht mehr erinnern. Ich weiß nur, daß wir im Dachboden bei eisiger Kälte schlafen mußten mit einer Decke. Sonst hatten wir uns in einem großen Raum aufzuhalten und mußten jeden Tag hinunter. Dort im Hof wurden wir mit Exerzieren geschunden. [...] Man wurde dann hinaufgetrieben und es gab ein entzückendes Spiel von den SS-Leuten. Die hatten Gucklöcher in den Wänden dieses Speichers, wo wir lagen, und wer greifbar war, da sind sie dann mit der Hand durch die Gucklöcher durchgekommen, haben dem Betreffenden, der da lag, an den Geschlechtsteilen herumgespielt und dann behauptet, er hätte onaniert. Dann wurde er geprügelt. [...] Unten im Hof mußte man dann erleben, daß Transvestiten, die gebracht wurden, die zwangsweise als Frauen reisen mußten, dann vor allen ausgekleidet und geprügelt wurden, gestoßen und geschunden bis sie nackt waren. Die Bonzen, die SS-Schergen, haben sich an der Verzweiflung dieser Menschen geweidet. Einer von ihnen, ich weiß nicht, wie er hieß, wurde zur Strafe in die Latrine, die unten war, wurde mit dem Kopf in die Kloake (gestoßen) und erstickte da unten. [...]"[37]

Im Bericht eines anderen Mannes ist zu lesen, daß die Schlafsäle „85 Stufen hoch" lagen, morgens um fünf Uhr aufgestanden wurde und die SS während der Nacht in diesen Sälen patrouillierte, um die Häftlinge zu belauschen. „Es gab einen Stubendienst, der auch die zwei eisernen Pißkübel zur Latrine bringen mußte." Er erwähnt auch einen nächtlichen Besuch Himmlers.[38]

Ein homosexueller/schwuler Zeitzeuge: Es seien mehrere Transvestiten „noch in Frauenkleidern" eingeliefert worden, aber mit Bartstoppeln. Diese hätten zuvor schon mehrere Tage Verhöre über sich ergehen lassen müssen. Die seien in ihren Kleidern direkt aus einer Bar, einer Gaststätte heraus verhaftet worden.[39]

1935: Gesamtzahl der Häftlinge aller Haftgruppen: „im Juni [...] 706"[40]

„Es gab zwei Kompanien Homosexuelle, genannt 175er. Sie trugen eine gelbe Binde auf dem rechten Knie mit der Aufschrift AF. [...] In der Wäscherei arbeiteten zum größten Teil die 175er. [...] Juden mußten Asche und Unrat transportieren. Auch mußten sie die Fäkaliengruben säubern. Auch die 175er wurden dazu hinzugezogen. Die Asche und Fäkalien wurden in einen Pferdewagen geladen, der von Juden oder 175ern durch Prettin gezogen wurde bis zur Müllkippe."[41] „Nach 1934 war die 3. Häftlingskompanie den

Homosexuellen vorbehalten, die [...] in der Wäscherei beschäftigt wurden. [...] Die 3. und 4. Schutzhaftkompanie lag in Strafseilen."[42]

„Man konnte keine Briefe bekommen, noch Briefe wegschicken. Das war unmöglich, weil die Angehörigen ja gar nicht wußten, wo man war. [...] Der Himmler hat uns einmal besucht im KZ und sah mich mit den langen Haaren (Sondergenehmigung für den arrivierten Schauspieler, J. M.). [...] Während er mir die Hand geben wollte, hat er gemerkt, daß man einem schwulen Schwein die Hand nicht gibt: ‚Sehen Sie, daß Sie wieder auf den richtigen Weg kommen.' [...] Wir hatten [...] um das Bein herum [...] eine gelbe Binde, auf der ‚A' stand. [...] Daß sie damals nicht so rigoros wie bei den Juden waren, lag vielleicht auch daran, daß sie damals ja erst im Begriff waren, diese KZs zu entwickeln."[43]

Aus dem Brief eines schwulen Mannes, am 12. Juni 1935 anonym aus der Lichtenburg an Reichsbischof Ludwig Müller gerichtet; zur Kenntnisnahme auch an General Keitel adressiert:

„Schrecklich für alle Insassen sind aber die öffentlich stattfindenden Strafen durch Stockschläge [...] mit 50 bis 100 Stockschlägen [...]. (Das Schreien, das Blut fließen sehen, sind für die Zuschauer entsetzliche Erlebnisse!) [...] Ganz schlimm ist Dunkelhaft im sogenannten „Bunker". Dort sind schon einige Menschen irre geworden! [...] Kein einziger von ihnen aber war vor einem ordentlichen Richter! [...] Die meisten von ihnen haben ihre Stellungen verloren, obwohl man ihnen keine strafbaren Handlungen nachweisen konnte. [...] Heil Hitler! Einer, der schwer unter diesen Zuständen leidet."[44]

Für die Wintermonate 1935/36 sind drei Männer namentlich belegt, die wegen strafbarer Handlungen mit homosexuellem Hintergrund nach §§ 175, 176-3 und §§ 180, 181-2 RStGB in der Lichtenburg einsaßen. Bei Prozeßbeginn am 28. Februar 1936 war einer von ihnen „bereits im KZ Lichtenburg zu Tode gekommen".[45]

Homosexuelle, die eindeutig gemäß sog. Analogieparagraph (Neufassung des § 2 RStGB[46]) in dieses Lager eingewiesen wurden, werden in den Berichten nicht erwähnt. Ein ehemaliger Politischer notiert aber, es gebe einen „Annahmeparagraph". Nach diesem „konnte, entsprechend der Vergangenheit des Angeklagten, z. B. bei Vorstrafen einschlägiger Natur, früherer politischer Tätigkeit usw. ‚angenommen' werden, daß er eine ihm nicht nachgewiesene Tat begangen habe."[47]

1936: Gesamtzahl der Häftlinge aller Haftgruppen: „im August 1936 rund 650",[48] mit den Haftgruppen Politische (200), Rückfällige (ca. 150), Homosexuelle (60 bis 70), Zeugen Jehovas (60 bis 70) und Juden (40 bis 50)[49]

„Nach meinem Wissen [...] u. a. auch Homosexuelle [...] besonders Zugang nach der Olympiade 1936 in Berlin."[50] „Die kriminellen Häftlinge waren unter uns. Die Homosexuellen waren isoliert untergebracht." [...] Der Schlafsaal unter dem Dach war durch einen Gitterzaun von den Homos abgeteilt (der andere Teil war dauernd beleuchtet). Homos haben vor allem als Flickschneider gearbeitet.[51] Berichtet wird auch, daß nur die Neuankömmlinge geschoren wurden. Die SS habe so an der Haarlänge erkennen können, ob der Betreffende schon längere Zeit auf der Lichtenburg ist oder nicht. „Der ausgeprägte Sadismus der SS" habe sich besonders gegen die Neuen gerichtet, „um diese zu brechen und einzuschüchtern". Der Begriff „Singende Pferde" sei von der Prettiner Bevölkerung erfunden oder zumindest verwendet worden.[52]

Zum Aufbau des Lagers Sachsenhausen waren am 19. Oktober 1936 auch 300 Häftlinge aus der Lichtenburg nach dort transportiert worden.[53]

1937: Gesamtzahl der Häftlinge aller Haftgruppen: „im April 1937 dann 1155 Häftlinge" und damit „völlig überbelegt". Deshalb war im März 1937 erneut eine Gruppe aus dem Lager Lichtenburg in das KZ Sachsenhausen überführt worden. Ab Juli 1937, mit dem Aufbau des Lagers auf dem Ettersberg bei Weimar, wird das Lager Lichtenburg allmählich aufgelöst. Mehrere große Häftlingstransporte gehen ins neue Lager Buchenwald. Für den 7. August 1937 wird dabei „ein Homosexueller" nachgewiesen.[54]

Keine weiteren Hinweise auf die Haftgruppe „Homosexuelle" in den Berichten des Archivs Lichtenburg für das Jahr 1937. Über den Verbleib der SS-Dokumente des KZ Lichtenburg ist in den Archiven der Gedenkstätten Buchenwald, Lichtenburg und Sachsenhausen nichts bekannt. Suche und ggf. Einsichtnahmen in vielleicht noch existierende SS-Unterlagen des Konzentrationslagers Lichtenburg in den Archiven der Bundesländer Sachsen-Anhalt und Thüringen stehen noch aus.

Konzentrationslager Sachsenhausen – Ortsangaben

Oranienburg, ca. 50 km nordöstlich von Berlin gelegen, S-Bahn-Station, war der Ansiedlungsort für zwei sehr verschiedenartige Konzentrationlager, die gelegentlich miteinander verknüpft und deshalb auch verwechselt werden.

Von Februar 1933 bis Juli 1934 betrieb die SA das Konzentrationslager Oranienburg, ein sogenannt „wildes KZ". Es lag südlich des Stadtkerns, in der sogenannten Alten Brauerei an der Straße nach Berlin, auf dem Gelände des heutigen Polizeipräsidiums. Nach der sogenannten Röhmaktion wurde dieses SA-Lager aufgelöst und dann schrittweise geschlossen. Die Gefangenen brachte die, nunmehr tonangebende, SS in das staatliche Lager Lichtenburg[55]. Zu Homosexuellen in diesem Lager gibt es nur wenige, zum Transport zur Lichtenburg keine eindeutigen Nachrichten.

1936, zur Zeit der Olympiade, wurde das Konzentrationslager Sachsenhausen installiert, das von Häftlingen erbaut werden mußte; überwiegend aus den Emslandlagern hierher transportiert. Ab Oktober 1936 gehörten auch Gefangene des Lagers Lichtenburg dazu. Das Konzentrationslager Sachsenhausen existierte bis zum 22. April 1945. In diesen neun Jahren waren hier ca. 200 000 Gefangene, von denen ca. 100 000 Gefangenschaft und Terror nicht überlebt haben.

Forschungsmöglichkeiten und Materiallage

Die Gedenkstätte Sachsenhausen wurde am 23. April 1961 eröffnet. Seit 1976 existieren dort ein Archiv und die Bibliothek. Im Archiv, das derzeit einige Veränderungen erfährt, sind mehr als 1700 Berichte ehemaliger Häftlinge zu finden. Den Grundstock dieser archivierten Berichtesammlung bilden die Zusendungen an die „Lagerarbeitsgemeinschaft Sachsenhausen" und an das „Komitee der Antifaschistischen Widerstandskämpfer der Deutschen Demokratischen Republik". Ergänzend kamen Berichte und Dokumente aus dem „Institut Marxismus-Leninismus (IML)", dem „Dokumentationszentrum der Staatlichen Archivverwaltung der DDR" und dem „Staatsarchiv Potsdam" ins Archiv Sachsenhausen. Die ebenfalls etwa 1976 eingerichtete Forschungsabteilung der Gedenkstätte führte Befragungen ehemaliger Häftlinge durch (z.T. Tonbandprotokolle).

Bis zur Auflösung der Forschungsabteilung der NMG-Sachsenhausen im Jahre 1990 waren allerdings ausschließlich die Mitteilungen der Männer des kommunistischen Widerstands von Interesse. Diese berichteten aber gelegentlich auch, wenn auch meist marginal, dies und das von anderen Haftgruppen; wenn dies die Schreckensherrschaft der SS illustrieren konnte. Diese Anmerkungen waren und sind wertvolle Anhaltspunkte und Hinweise. Ob es auch Zusendungen ehemaliger Häftlinge der Haftgruppe „Homosexuelle" gegeben hat, ist unbekannt. Archiviert wurden derartige Berichte nicht. Vorstellbar, daß derartige Berichte weder zugesandt noch geschrieben worden sind. Mein Antrag zur Archivarbeit in der Gedenkstätte zum Thema Homosexuelle wurde 1984 von der damaligen Gedenkstättenleitung abgewiesen.

Im Frühjahr 1945 hatte die SS damit begonnen, die Lagerdokumente zu vernichten. Die am Tag der Befreiung des Lagers noch erhaltenen Schriftstücke waren Beweismittel für den Sachsenhausen-Prozeß des Jahres 1947 in Berlin-Pankow und wurden in Moskau archiviert. Dort befinden sie sich noch heute. In den Jahren 1986 und 1988 kamen insgesamt 12 113 Kopien dieser Sammlung in das Archiv Sachsenhausen; vielfach schwer lesbar und unvollständig kopiert. Diese Blätter konnte ich zwischen Januar und April 1990, also nach Öffnung der Mauer, auswerten. Die seit etwa 1995 eintreffenden weiteren Kopien wurden und werden in Zeitabständen von mir durchgesehen, die Informationen entsprechend ergänzt.

Erste Informationen aus diesen Recherchen waren Bestandteil der Wanderausstellung „Die Geschichte des § 175", erarbeitet vom Schwulen Museum Berlin; erstmals gezeigt 1990 im „Rathaus Schöneberg von Berlin". Eine im März 1993 angeregte und seither konzipierte Ausstellung „Die Verfolgung der Homosexuellen 1933–1945 und das KZ Sachsenhausen" konnte bisher nicht finanziert werden.

Mitteilungen zur Haftgruppe „Homosexuelle" in Häftlingsberichten und SS-Dokumenten – Zur Problematik von Häftlingsberichten

Die Berichte ehemaliger Häftlinge in den Gedenkstätten ehemaliger Konzentrationslager können wertvolle Quellen sein. Sie sind, insbesondere auch zu den kleineren Haftgruppen, die zunächst am einfachsten erreichbaren Informationsquellen. Zu berücksichtigen ist aber, daß in diesen Berichten subjektive Wahrnehmungen zu lesen sind, die selektiv entstanden und nicht selten politische oder moralische Wertungen enthalten.

- Die Wertungen werden von der Gruppenzugehörigkeit des Berichtetenden und ggf. auch von subjektiven bzw. gruppenspezifischen Wertmaßstäben bestimmt.
- Die Berichte wurden oft mit großem Zeitabstand geschrieben. Deshalb sind im Detail auch Erinnerungsfehler möglich (Angaben zu Zeit, Ort, beteiligten Personen, Anzahl usw.).
- Verwechslungen mit Vorfällen in anderen Lagern sind nicht auszuschließen.
- Auch sind zu den Angaben Unterscheidungen zwischen selbst beobachteten Vorfällen und von Mithäftlingen übernommenen Mitteilungen fast nie erkennbar.

Die Verifizierung bedarf deshalb großer Sorgfalt, ist manchmal nicht eindeutig möglich. Zeitzeugenberichte können aber als „Zwischenergebnis" gelten, Vermutung oder fortführender Auftrag sein. Hilfreich und notwendig ist deshalb die Suche nach Informationen, zum z. B. gleichen Vorfall, in Berichten anderer Häftlinge, deren „Spiegelung" in SS-Dokumenten (die allein auch nicht „die Wahrheit" sind), die Auswertung von Strafprozessen aus der Nachkriegszeit u. v. a. m.

Die Berichte der sogenannten Zeitzeugen sind aber grundsätzlich außerordentlich wertvolle Hinweisgeber, nicht selten sowohl erster als auch einziger Anhaltspunkt. Die oben beschriebenen „Einschränkungen" sind deshalb keine Negativaussage.

Formen der Kennzeichnung – Wohnblocks der Haftgruppe „Homosexuelle" – statistische Angaben

In den für das Lager Sachsenhausen einsehbaren SS-Dokumenten sind für Männer mit dem Einweisungs- oder Gruppen-Zuweisungsgrund „homosexuell" folgende Kennzeichnungen zu finden:

„BV 175, § 175, Homo, Sch 175, J 175, SS-SK 175, Aso 175, Aso-J 175, BV-J 175, SV 175" u. a.[56]

Bei Männern mit der Kennzeichnung „§ 176" ist in den Namenlisten nicht erkennbar, ob es sich um eine heterosexuelle oder um eine homosexuelle Straftat handelte. Diese Personen wurden deshalb zwar in die Statistik aufgenommen. Die weiterreichende Berücksichtigung in der folgenden Darstellung mußte aber, wegen dieser Undeutlichkeit, vorerst unterbleiben.

Tab. 2: Haftgruppe „Homosexuelle" im KZ Sachsenhausen – Gesamtübersicht* –

	statistische Gesamtzahl (N)	Name bekannt (N)	Name und „Wohnblock" bekannt (N)	Verstorbene (N)	Verstorbene, Name bekannt
ermittelt aus dem Gesamtbestand an SS-Dokument-Kopien und Parallelabgleich mit Häftlingsberichten[57]		596	163	606**	195
Hochrechnung/geschätzt (n =)	1000				

* Das Aktenmaterial 1936–1945 ist unvollständig und für die vorliegenden Jahrgänge nur fragmentarisch.
** Informationen für die Aussage „verstorben" sind bisher nur für den Zeitraum 1940–1943 belegbar.

Tab. 2a: Haftgruppe „Homosexuelle" im KZ Sachsenhausen, spezifizierte Kennzeichnungen in SS-Dokumenten und Nennungen in Häftlingsberichten (als Beispiel für „Größenordnungen")*

BV 175 (N)	§ 175 (N)	Homo (N)	Sch 175 (N)	Jude 175 (N)	SS-SK 175 (N)	Aso 175 (N)	SV 175 (N)	(175er**) (N)
158	74	35	28	13	8	8	4	(106**)

* statistische Zuordnung für 434 namentlich in SS-Dokumenten genannte Häftlinge; dazu noch: Bf. (Bibelforscher) = 2 und „rosa Winkel" = 1; = 437 Personen
** namentliche Nennungen im Häftlingsbericht Emil Büges; im weiterführenden Text heißt es dort aber: „175er" mit einigen „176ern", wobei dann undeutlich bleibt, ob die „176er" Homosexuelle oder Heterosexuelle waren. (Büge, siehe Anmerkung 57, Fassung 1, S. 88)

Die Kennzeichnung „§ 175" ist bei namentlichen Nennungen in SS-Dokumenten schon 1936, also in der Aufbauphase des Lagers, zu finden. Bis Anfang Mai 1937 und im Juni 1939 werden diese Männer der Haftgruppe „Homosexuelle" zwar in den Namenslisten mit dieser Ziffernfolge gekennzeichnet, in den Tagesstatistiken aber rechnerisch generell den Schutzhäftlingen zugeordnet.

Danach sind sie, auch in den Tagesstatistiken, eine eigenständige Gruppe. Eine Begründung oder eine Anweisung ist dazu bisher nicht auffindbar. Ab etwa Juni 1941 wird den Ziffern 1-7-5 und deren weiteren Differenzierungen (s. o.) fast ausnahmslos die Kennzeichnung „B.V." (Befristeter Vorbeugehäftling/Berufsverbrecher) vorangestellt. Ob dies mit dem Himmler-Erlaß[58] in Verbindung steht, bzw. ob so ab einem bestimmten Zeitpunkt verfahren wurde, kann im fragmentarischen Bestand der Aktenkopien nicht eindeutig festgestellt werden.

Tab. 2b: Haftgruppe „Homosexuelle" im KZ Sachsenhausen. Eindeutig (nahezu eindeutig) nach § 175 eingruppierte Männer und Angaben zu zwei ausgegliederten* Kennzeichnungsgruppen mit der

Kennzeichnung „175" in o. a. Differenzierungen (N)	Kennzeichnung „BV 176" (N)	Kennzeichnung „BV Sittl." (N)
331 (437)**	25	14

* ausgegliedert, wenn in den zugänglichen SS-Dokumenten nicht erkennbar ist, ob es sich um homosexuelle oder um heterosexuelle Straftaten handelte.
** für die zur Gesamtzahl von 596 Namen (siehe Tabelle 2) fehlende Gruppe von 120 bis 159 Männern fehlen die Angaben zu Untergruppierungen; auch, weil die Auswertung des Materials noch nicht abgeschlossen werden konnte.

Tab. 3: Männer der Haftgruppe „Homosexuelle" im Sonderbereich „Isolierung/Strafkompanie"[59]

	Männer mit der Kennzeichnung „175"
Name und Wohnblock bekannt	163
Davon in der „Isolierung"	139
von 139 der „Isolierung" im Block der „Strafkompanie"	31

„Homosexuelle" und „homosexuelles Verhalten" in der Lagerordnung und im Lageralltag

Die „Allgemeine Lagerordnung KL Sachsenhausen", erlassen „Oranienburg, den 6. November 1942"[60] bestimmt auf Seite 7 im Abschnitt 17:

> „Verstöße gegen die Lagerordnung
>
> Verstöße gegen die Lagerordnung sind sofort zu melden, insbesonders, wer von Vorbereitungen oder Verabredungen zu Fluchtversuchen [...] Kenntnis erhält, ebenso von Diebstählen, Unterschlagungen, Betrügereien, Alkoholschmuggel, Glücksspielen, Verstößen gegen § 175.
> Wer diese Meldung unterläßt, wird genau so bestraft, wie der Täter selbst."

Seit jeher haben sich u. U. heterosexuelle Menschen in Gefangenschaft auch homosexuell verhalten, ohne deshalb ihre sexuelle Identität zu ändern oder auch nur in Zweifel zu ziehen. Gerade, weil es diesen gar nicht in den Sinn kam, ihr Tun oder gar sich selbst homosexuell zu definieren, konnte diese Bestimmung, für sie überraschend, bedeutsam werden. Nach ihrer Meldung bei der SS gemäß Lagerordnung zu „Verstößen gegen § 175" fanden sie sich, mehrfach nachweisbar, im „Sonderkommando Schuhläufer" (SK) wieder. So z. B. der 34jährige Kurt K. und der 18jährige Roman N., deren Zuweisung, wie bei allen Heterosexuellen, allerdings eine Fristangabe (hier: 3 Monate) enthält. Dies wird so auch bei nicht sexuell interpretierbaren Verstößen gehandhabt.

„Tatbestand: (wann, wo, was, wie?)
K [. . .] steht im Versacht, sich mit dem Häftling N [. . .] auf seinem Arbeitskommando ‚Heinkel' homosexuell betätigt zu haben.
SK vom 12. 11. 43 bis 11. 2. 44 (Schuhläufer)
gez.
Kaindl
SS-Standartenführer u. Lagerkommandant."[61]

Ganz anders dagegen wird gegen eindeutig homosexuelle Männer verfahren. Für sie wird kein Entlassungstermin aus dieser „SK Schuhläufer" festgesetzt. Darüber hinaus: Nach Strafverbüßung wegen homosexueller Straftaten verurteilte Männer, die von der Gestapo oder Kripo willkürlich in das KZ Sachsenhausen „überstellt" worden waren, konnten sofort unbefristet in die „SK Schuhläufer" eingewiesen werden.

Hier eines von vielen Beispielen:

„Personalien des Täters:
(Zu= und Vorname):   In[. . .], Rolf (78895) [. . .]
Grund der Schutzhaft   homosexuell (DR)
Tatbestand: (Wann, wo, was, wie?) hat § 175
                                  nach Strafverbüßung wegen
                                  widernatürlicher Unzucht mit Männern

SK vom 14. 7. 44 bis auf Weiters (Schuhläufer)
gez. Kaindl [. . .]"[62]

Auswertbar waren 422 Zuweisungen in die „SK Schuhläufer". Darin auch Verstöße gegen die Lagerordnung; Zuweisung wegen Diebstahls, Briefschreibeversuchs an Angehörige, Tauschgeschäften, aber auch wegen Onanie in Gegenwart anderer Häftlinge und wegen eindeutig homosexueller Handlungen. Die Kennzeichnungen „175" und „homosexuell" wurden 38mal, die Kennzeichnung „§ 176" wurde neunmal gefunden. Nicht immer ist klar erkennbar, ob die homosexuelle Handlung im Lager bzw. Gefängnis stattfand oder ob diese der KZ-Einweisungsgrund war. Die sofortige Einweisung aus einer zivilen Haftanstalt in das KZ Sachsenhausen, und hier sofort in die SK Schuhläufer, ist für 22 Männer erkennbar oder auch eindeutig benannt.[63]

Medizinische und „erzieherische" Maßnahmen; Kastration

Eine der in Sachsenhausen praktizierten Maßnahmen an Homosexuellen war die Kastration. Für die juristische Regelung von Sterilisationen und Kastrationen für Delikte nach §§ 174 bis 176 RStGB wurden in der Zeit zwischen 1933 und 1945 eine Vielzahl von Erlassen und einige Gesetze geschaffen, deren zunächst einschränkende Voraussetzungen schrittweise verringert, deren mögliche willkürliche Handhabung entsprechend erweitert wurden. Erwähnt sei hier nur das „Gesetz zur Änderung des Gesetzes zur Verhütung erbkranken Nachwuchses" vom 26. Juni 1935. Ferner Himmlers Erlaß vom 20. Mai 1939 („Freiwillige Entmannung von Vorbeugehäftlingen") und das geheime

„Rundschreiben der Amtsgruppe D, Konzentrationslager, des Wirtschafts-Verwaltungshauptamtes vom 14. November 1942": ein Schreiben an alle Lagerkommandanten der Konzentrationslager, Anordnung „Unfruchtbarmachung von Häftlingen [...] in besonderen, nicht gesetzlich geregelten Fällen [...]. Eine rechtskräftige Entscheidung des Erbgesundheits-Gerichts ist in diesen Fällen nicht erforderlich."[64] Diese „Amtsgruppe D" ist seit 1942 identisch mit der „Inspektion der Konzentrationslager (IKL)".[65] Nachfolgend eines von mehreren Beispielen für die Anwendung im „K. L. Sachsenhausen": Auszüge aus einer, anonymisiert veröffentlichten[66], weitgehend erhaltenen, ungeordneten Krankenbauakte des in Sachsenhausen inhaftierten Anton V., 28 Jahre alt, katholisch, Metallarbeiter, vom Dezember 1943:

„Ärztlicher Bericht, zur Frage   Oranienburg, den 1. Dezember 1943
der Entmannung [...]

Vorgeschichte: Eltern erbgesund, [...] Geschwister gesund [...] Vorstrafen 5. Zechprellerei (4 Wochen Gef.), Betrug (3 Wochen Gef.), Diebstahl, öffentl. Ärgernis, § 175 (3 Jahre, 8 Monate Gef.)

Das Vergehen gegen § 175 war: homos. – Verkehr mit verschiedenen (8 Fälle) Männern im Alter von 18–40 Lebensjahr.
Gegenseitige Onanie. Nach Strafverb. hierher [...]

Sexuelle Entwicklung:
Mit 10 Jahren angefangen zu onanieren. Ca. wöchentl. 1 x – 1. G.V. mit 17 Jahren mit einer 17jährigen Frau – Dann noch einmal G.V. mit einer gleichaltrigen Frau. – Ständig onaniert. – Vom 18. Lebensjahr nie mehr G.V. mit Frauen. Kein Interesse. – Suchte Verkehr mit gleichaltrigen Männern. – Gegenseitige Onanie, Küsse, Umarmungen. – Ekelt sich vor G.V. mit Frauen. [...]"
                                              Dr. *Gaberle* SS-HScha"[67]

„Niederschrift   Oranienburg, den 3. Dezember 1943

„Es erscheint vor dem unterzeichneten 1. Lagerarzt des K. L. Sachsenhausen, SS-Hauptsturmführer Dr. med. Baumkötter, heute der B.V. 67 854 V. [...] Anton, geboren am 20. Januar 1915 [...].

Am 8. September 1943 stellte ich einen freiwilligen Antrag auf meine Entmannung [...] bitte um nunmehrige baldige Ausführung [...] um von meinem krankhaften Geschlechtstrieb befreit zu werden. [...] Ich bin ausdrücklich darauf hingewiesen worden, dass ich durch die freiwillige Entmannung kein Recht auf Entlassung aus der polizeilichen Vorbeugehaft erlange. [...]

V. [...] Anton   Dr. med. *Baumkötter*"[68]

„Ärztlicher Bericht

[...] Operationsbericht: Scrotale Incision. [...] Abtrennung des Hodens [...]. Die gleiche Operation wurde links ausgeführt. [...] Gründe, die zur Entmannung Veranlassung gaben:

Form der Entartung des Geschlechtstriebes: Wiederholte homosexuelle Betätigung. 2 Vorstrafen wegen Straffälligkeit gem. § 175 RSTGB.

Oranienburg bei Berlin, den 30. April 1944
Der 1. Lagerarzt K. L. Shn. als Amtsarzt im K. L. Shn."[69]

Textauszug aus dem Formularvordruck, in dem dieser Bericht niedergelegt wurde:
„Ärztlicher Bericht (gem. Art. 8 der Verordnung zur Ausführung des Gesetzes zur Verhütung erbkranken Nachwuchses vom 5. 12. 1933 [. . .] und § 14 Abs. 2 des Gesetzes zur Verhütung erbkranken Nachwuchses vom 14. 7. 1933 [. . .] in der Fassung des Gesetzes zur Änderung des Gesetzes zur Verhütung erbkranken Nachwuchses vom 26. 6. 1935 [. . .]"

„Erzieherische" Maßnahme: „sexuelle Umorientierung"

Ursprünglich galt grundsätzlich, daß Homosexuelle (Männer) zur Heterosexualität umerzogen werden sollten. Nach den Vorstellungen der SS von der Homosexualität bot sich dazu das „Erziehungsmittel harte Arbeit" an. So wurde denn zunächst auch verfahren. Nach gewisser Zeit war dann eine Überprüfung des Umerziehungserfolges erforderlich. Zur Erfolgskontrolle wurden diese Männer deshalb in das Frauen-Konzentrationslagers Ravensbrück gebracht, wo es, in einem Lagerbereich, auch ein Männerlager gab.

Eine bisher nicht bekannte Anzahl homosexueller Männer wurde nun dort „mit Dirnen bei der Arbeit zusammengebracht und beobachtet. Die Dirnen hatten den Auftrag, [. . .] sie geschlechtlich zu reizen." Diese „Abkehr-Prüfungen" erfolgten, ab 1944, auf Anweisung Himmlers.[70]

„Homosexuelle" in den Bereichen des „Strafkommandos Außenlager Klinkerwerk" („SK Klinker"):

Dieser, unter den Begriffen „Klinkergelände" und „Klinker" zum Mordgelände gewordene großflächige Bereich umfaßt, neben dem eigentlichen Produktionsort „Klinkerwerk" auch noch das Gelände „SS-Schießplatz an der Lehnitzschleuse" und die ca. 10 km entfernt liegende Tongrube. Das „Großziegelwerk Oranienburg" (bis 1942 offizieller Name „Klinkerwerk") war von den Häftlingen des Hauptlagers des KZ Sachsenhausen errichtet worden. „Zur Zielsetzung der Klinkerwerke (auch des in Berlstedt bei Weimar und später in Neuengamme bei Hamburg)" gehörte, neben der Produktion von Ziegelsteinen für die „Neugestaltung der Reichshauptstadt", für die seit der Annexion Österreichs sehr viel größer gewordene Anzahl von Häftlingen eine „Beschäftigung zu beschaffen. [. . .] Während des Krieges wurde das Klinkerwerk in die Rüstungsproduktion einbezogen. Im „Zielsetzungsstreit", auch in der Person Himmlers, zwischen: Erziehung zur Arbeit / Produktionssteigerung und: Vernichtung durch Arbeit / Vernichtung durch Sonderaktionen, entstand bei der SS organisatorisches Chaos mit sich ständig ändernde Arbeits- und Lebenssituation für die Häftlinge.[71]

„Das Arbeitskommando Klinkerwerk galt von Anbeginn generell als ‚Strafkompanie'." Seit April 1941 war das Klinkerwerk selbständiges Außenlager, mit eigenem Lagerführer und Häftlingslager. „Im Straflager Klinkerwerk gibt es außerdem eine Strafkolonne in einer Art Isolierung. Diese wird in der Tongrube eingesetzt." [. . .] „ Aus vielen Berichten ehemaliger Häftlinge [. . .] wird deutlich, daß Mordaktionen im Klinkerwerk an Einzelpersonen und kleinen Gruppen von der SS organisiert wurden."[72]

Der SS-Schießplatz, direkt dem Häftlingslager „Klinker" benachbart, wurde von den SS-Wachmannschaften als Übungsplatz genutzt. Der Platz war im November 1938 fertiggestellt, war aber schon im Februar 1936 der „SS-Wachtruppe Brandenburg" in Pacht gegeben worden. (Also vor der Errichtung des Konzentrationslagers Sachsenhausen.) „In diesem Jahr beginnt auch die Nutzung zu Schießübungen, obwohl der Platz noch nicht ausgebaut ist." Im Januar–März 1938 wird der Kugelfang durch Häftlinge weiter aufgeschüttet und fertiggestellt. „Beim Bau werden Häftlinge über die Postenkette gelockt und auch getrieben und dann unter Vorwand ‚auf der Flucht erschossen'."[73]

Die Tongrube, Rohstofflieferant für das Klinkerwerk, lag, etwa 10 km vom Werkgelände entfernt, außerhalb der Gemeinde Zehlendorf (Kreis Niederbarnim). Die Grube wurde speziell für diese Produktionsstätte angelegt und von Häftlingen des KZ Sachsenhausen gegraben. Das Gelände war weiträumig eingezäunt und, wie auch das Klinkerwerk, von der Bevölkerung nicht einsehbar. Für Klinkerwerk und Tongrube galt gleichermaßen, daß auch SS-Leute dieses Gelände nur betreten durften, wenn sie dazu dienstlich beauftragt waren.

Die Tongrube, die heute ein Anglerparadies ist, war ursprünglich 27 Meter tief, hatte einen Kleinbahnanschluß zum Werkgelände und eine Reparaturschmiede für die Tonbahn-Waggons und -Weichen. Ein Gebäude am Grubenrand beherbergte, getrennt in den Gebäudehälften, je eine Kantine für die Häftlinge und die SS-Wachmannschaften. Bei den Häftlingen waren viele Winkelfarben zu sehen. Von der letzten Häftlingskolonne des Jahres 1945 erlebten nur drei Männer die Befreiung.[74]

Mordaktion und Morde an Homosexuellen in der „SK Klinker"

Die wohl knappste Beschreibung des Außenkommandos Klinkerwerk in einem Häftlingsbericht lautet: „Lagerstufe III – Vernichtungslager für bestimmte Häftlingskategorien. Erbaut im Herbst 1938. Kommandostärke 2000. Durchschnittliche Tagessterblichkeit: 20 bis 30 Häftlinge. Dort waren Juden, § 175, krim., Polit.-, BV."[75] Andere Überlebende berichten:

„Die größte Schweinerei jedoch, eine richtige Abschlachterei [...], die der Klinker je gesehen hat, ist im Juli und August 42, wo bestimmt auf Anregung von oben, eine Mordwelle täglich ihre Opfer holt. [...] Alle diejenigen, die wegen § 175 und Amtsanmaßung ins Lager gekommen sind", werden „zum Klinker geschickt, wo selbst in den ersten 18 Tagen schon 53 ‚fertiggemacht' werden." [...] Genannt werden dann „Namen und Nummern von 89 Häftlingen, die zumeist gegen § 175 verstoßen haben (einige wenige auch § 176). [...] Unter das Klinkerkapitel gehören noch extra einige Fälle von ‚Amtsanmaßung' und ‚Rotspanienkämpfern' vermerkt [...]."[76]

„Auf dem Klinkerwerk wurde ein Sonderkommando von diesen Leuten zusammengestellt. [...] Die Postenkette stand unmittelbar an einem Abhang [...]. War diese Stelle erreicht, stieß ein Vorarbeiter die Häftlinge den Abhang hinunter und der Posten schoß. Meistens Kopfschuß aus nächster Nähe. So wurden etwa 200 Mann in kürzester Zeit ermordet."[77]

Im Krankenbau, „im letzten Viertel des August 42 [...] war ich Augenzeuge über die Auswirkungen eines Vernichtungskurses gegen Homosexuelle und Häftlinge, die wegen Amtsanmaßung (fälschliche Angabe, Kriminal- oder Gestapo-Beamte zu sein) war. [...] Sämtliche Häftlinge dieser Kategorie (Homosexuelle und Amtsanmaßer, J. M.) kamen bei der Einlieferung automatisch in die SK." Jeden Abend seien 5 – 6 – 8 vollkommen zerfetzte Leichen aus dem Klinkerwerk ins Hauptlager gebracht worden.[78]

„Vom Juli bis September 1942 wurden in dieser Strafkompanie (Klinker, J. M.) 430 Häftlinge auf Anordnung aus Berlin ermordet. [...] Die Amtsanmaßer und 175er des K. L. Sachsenhausen waren liquidiert. [...] Der Berliner Befehl ging an die SS-Offiziere der Politischen Abteilung."[79]

Im November 1943 wurde auch das Klinkerwerk in die Rüstungsproduktion einbezogen; hier wurden nun auch Granaten produziert. Für manche Häftlinge besserten sich die Bedingungen, weil ihre Arbeitskraft gebraucht wurde. Auszug aus einem der raren Berichte eines Homosexuellen aus dem Hauptlager des KZ Sachsenhausen: „Es wurde von Ende 1943 an alles getan, um Todesfälle durch Verhungern oder Schlagen zu vermeiden. [...] Von dieser Zeit an waren die Lagerverhältnisse für mich ganz ohne Lebensgefahr, da von dem Vergasen, Erschießen und Aufhängen fast nur noch Ausländer betroffen wurden, vorwiegend Russen aus politischen Gründen. An manchen Tagen bis zu 300 Todesfälle."[80]

Zum SS-Schießplatz wird durch einen österreichischen Häftling berichtet: „Wieder waren [...] nur Homosexuelle eingesetzt, tageweise einzelne Juden, die abends nie lebend ins Lager zurückkamen. [...] Wir mußten [...] einen Erdhügel für den Kugelfang der Schießstatt aufschütten [...]. Nun pfiffen die Kugeln durch die Reihen, und viele meiner Leidensgenossen sanken zusammen, manche nur verletzt, aber manche auch zu Tode getroffen. Wir hatten bald herausgefunden, daß die SS-Männer weniger gern auf die Zielscheiben schossen, sondern viel lieber uns Arbeitshäftlinge als Ziel benutzten und direkt auf einzelne Schubkarrenfahrer Jagd machten."[81]

Dieser Zeuge war nur einige Tage dorthin kommandiert. Aus Prozeßakten ist über einen längeren Zeitraum zu erfahren, welche Haftgruppen insgesamt zum Schießplatzbau kommandiert wurden:

„Im März 1938 begannen die Arbeiten am sogenannten Schießstand [...]. Dort arbeiteten vornehmlich die Angehörigen der Isolierung, nämlich vor allem die Strafkompanie, „Bibelforscher" und Juden. Fast täglich gab es als Opfer von Übergriffen und Mißhandlungen Tote."[82] „In der Isolierung waren die sogenannte Strafkompanie, die „Bibelforscher", sogenannt politisch Rückfällige, sogenannte Amtsanmaßer, Homosexuelle, zeitweise auch sogenannte Wilddiebe sowie von den jüdischen Häftlingen diejenigen untergebracht, die von den Nationalsozialisten als sogenannte Rassenschänder angesehen wurden."[83] In der Isolierung „waren untergebracht: die Bibelforscher, die „Rückfälligen" (politische Häftlinge, die zum zweiten Male ins KZ kamen, also vorwiegend Kommunisten) und die Strafkompanie (Häftlinge aller Kategorien, die gegen die Lagerordnung verstoßen hatten), wie auch die 175er."[84]

Im Sachsenhausenprozeß eines sowjetischen Militärtribunals „räumt der ehemalige Blockführer der Isolierung, der auch Kommandos im Außenlager Klinker und am Schießplatz befehligte, ein, daß Menschen als Zielscheiben benutzt wurden."[85] Auszug aus dem Verhör des damaligen Blockführers Fritz Ficker durch Staatsanwalt Beljaew: „Kam es vor, daß Häftlinge als lebende Ziele an die Wand gestellt wurden und daß auf sie geschossen wurde? Jawohl, das war der Fall. Das heißt, daß lebende Menschen als Zielscheiben verwendet wurden? Jawohl."[86]

In der Tongrube arbeiteten die Häftlinge der Strafkompanie des Hauptlagers. Als 1941 das vom Hauptlager nahezu völlig isolierte, eigenständige Häftlingslager der „SK Klinker" fertiggestellt war, wurde im SK-Lager „Klinker" eine eigenständige Strafkompanie eingerichtet.

In der „SK Klinker" gab es „noch eine besondere Strafkolonne, von der man nur erlöst wurde durch Krankheit oder Tod. Das Material zur Ziegelherstellung erhielt das Werk aus der sogenannten Tongrube." Wer die geforderte Arbeit in der vorgegebenen Zeit nicht schaffte, der „konnte gleich von der Lore weggehen und sein Grab schaufeln".[87]

„Der härteste und gefürchtetste Arbeitsplatz der Strafkompanie (des Klinkerwerks, J. M.) ist die Tongrube." Hier arbeiten ständig „50 bis 70 Häftlinge".[88]

„Diese Tongrube, die bei uns Häftlingen die Todesgrube hieß, war als Menschenvernichtungsfabrik in allen anderen KZ ebenso bekannt wie gefürchtet und bis zum Jahre 1942 das ‚Auschwitz der Homosexuellen'. [...] Doch bis heute hat sich noch kein Mensch gefunden, der dies aufgezeigt, bedauert und gewürdigt hätte. Über verreckte KZler zu reden, noch dazu, wenn sie Homosexuelle waren, verbietet wahrscheinlich der „gute Ton und Takt" in der heutigen Gesellschaft."[89]

„Auschwitz der Homosexuellen. Diese Feststellung [...] trifft – glücklicherweise – sachlich nicht zu, verrät jedoch die Selbstwahrnehmung dieser Gruppe, ihrer Lebenssituation. [...] Ein ‚Auschwitz der Homosexuellen' hat es nicht gegeben. Wohl aber den psychischen Totschlag der Generation dieser Männer und nachfolgender Generationen: durch Fortgeltung des Straftatbestandes ‚Homosexualität' bis 1994; durch aktuelle Gewalt, die weitgehend unbeachtet bleibt; durch juristische Diskriminierung. Daß dies für Generationen bis heute traumatisierend gewirkt hat, kann feststellen, wer wahrnehmen will."[90]

Mitteilungen, Meinungen und Stellungnahmen:

Rudolf Höß, 1940–1943 Lagerkommandant von Auschwitz, machte in Dachau und in Sachsenhausen privat „aufschlußreiche Beobachtungen"[91]: „In Sachsenhausen waren die Homosexuellen von vornherein in einem gesonderten Block untergebracht. Ebenso wurden sie von den anderen Häftlingen getrennt zur Arbeit eingesetzt. Sie arbeiteten in der Tongrube des Großklinkerwerkes."

Als Ergebnis seiner Wahrnehmungen stellte er fest, daß es sehr verschiedene Homosexuelle gebe:

- Strichjungen: „Sie waren keinesfalls als homosexuell anzusprechen, es war dies nur ihr Gewerbe."
- Ferner die „durch Neigung homosexuell Gewordenen, die durch zu reichlichen Genuß von Frauen überdrüssig, die in ihrem Parasitenleben neue Lebensreize suchten". Einige von diesen konnten, so Höß, wie generell auch die Strichjungen, „nun durch das strenge Lagerleben und die harte Arbeit schnell erzogen" werden.
- Es gab aber auch die „wirklichen Homosexuellen aus Veranlagung, die es aber nur in wenigen Exemplaren gab [...] Bei diesen half keine noch so schwere Arbeit. [...] Sie waren leicht herauszukennen. Von einer weichen mädchenhaften Zimperlichkeit [...] gingen (sie) langsam, je nach Konstitution, physisch zugrunde."

Sein Resümee: „Das ganze Leben und Treiben der Homosexuellen aller Arten, ihre Psyche zu beobachten in Verbindung mit der Haft, war jedenfalls für mich sehr aufschlußreich."

Die individuelle Einstellung der Mithäftlinge zu den „Kameraden mit dem rosa Winkel" ist schwer verifizierbar. Eindeutige Positionierung wird in den Berichten Nichthomosexueller eher vermieden. Für die Realität mitbestimmend waren sicher auch: die grundsätzliche zeittypische Bewertung der Homosexualität, angestrebter Selbstschutz vor Verdächtigungen der eigenen Person, persönliches Verhalten des einzelnen Homosexuellen (vermutet oder wahrgenommen) und die schlußfolgernde Übertragung zur Beurteilung und Bewertung der gesamten Haftgruppe. Auch ideologisch tangierte Grundhaltungen u. v. a. m. mögen eine Rolle gespielt haben.

Zudem unterliegen die schriftlichen Aussagen natürlich auch der subjektiven Interpretation des Lesers solcher Feststellungen, Berichte und Aussagen.

Zur Mordaktion von 1942 im Außenlager Klinkerwerk notierte ein ehemaliger politische Häftling am 5. Juli 1945: „Wenn von diesem Vernichtungskurs auch mindestens 80 % Nazis und ehemalige Nazis betroffen wurden, denn die meisten Homosexuellen waren Mitglieder der NSDAP, SA, SS, HJ, genau wie bei den Amtsanmaßern. Trotzdem will ich es berichten, weil der ganze Kurs derart ausgeklügelt und brutal war, daß er nicht in Vergessenheit geraten darf."[92]

Grundhaltungen können bei Stellungnahmen zur Vermengung von vorhandenen sicheren Kenntnissen mit eigenen oder übernommenen Wahrnehmungen führen:

Der „Sekretär des Sachsenhausen-Komitees für die Bundesrepublik Deutschland" wandte sich als Zeitzeuge in Leserbriefen an überregionale Zeitungen und im Mitteilungsblatt seines Verbandes „Der Appell" gegen maßlose Übertreibungen bei den Homosexuellen-Opferzahlen. Zur Erläuterung teilte dann ergänzend u. a. mit:

„Die Gesamtzahl der im KZ Sachsenhausen [...] getöteten Häftlinge mit dem rosa Winkel [...] kommt gerade über Hundert hinaus." 1941/42 seien in einem Zeitraum von 13 Monaten unter den 242 Ermordeten „17 mit dem rosa Winkel" gewesen. Er beruft sich dabei auf „eine ziemlich genaue Häftlingsaufzeichnung, gestützt durch SS-Statistiken. [...] Die als „175er Geführten waren zum Teil keine echten Homosexuellen. [...] Auch waren die mit dem rosa Winkel keine Gegner des Naziregimes [...]".[93] „Die Mehrheit war völlig unpolitisch und befaßte sich nur mit ihrem ‚Problem'. Viele waren allerdings Nazis [...] und verhielten sich im Lager entweder zurückhaltend oder waren direkte Handlanger der SS [...]."[94] „Auch im KZ wurden ‚die mit dem rosa Winkel' weder von der SS noch von den Häftlingen ‚Schwule' genannt. [...] Was sich heute so bezeichnet, tut dies in exhibitionistischer Prahlerei. [...] Ich frage mich, warum berufen sich die ‚Schwulen' auf die mit dem rosa Winkel im KZ? Was verbindet sie eigentlich damit? Könnten sie sich nicht mit dem gleichen Recht auf den Stabschef der SA, Ernst Röhm, berufen? [...] Ich empöre mich dagegen, wenn Leute mit den KZ-Toten heute Schindluder treiben wollen, den rosa Winkel als ihr Zeichen zur Schau tragen, um spezifische Interessen durchzusetzen."[95]

Private Grundhaltungen, verknüpft mit zeittypischer Bewertung, vereint mit ideologisch beeinflußter Beurteilung, können zu bemerkenswerten Denk-Ergebnissen und Mitteilungen führen. Sämtliche Zahlenangaben des prominenten Zeitzeugen und (seit 1994 ehemaligen) „Sekretärs des Sachsenhausen-Komitees für die Bundesrepublik Deutschland, Dortmund", Heinz Junge, sind falsch. Sein ehemaliger Lagerältester Harry Naujoks hätte ihm die Zahlen nennen können, die, trotz aller erklärbaren Auswertungsdefizite, der Realität grundsätzlich entsprochen hätten. Ansonsten: siehe voranstehende Ausführungen in diesem Werkstattbericht.

Nach der „Einführung der Strafbarkeit von Homosexualität" für das Gebiet der UdSSR am 7. März 1934 erschien ein Aufsatz Maxim Gorkis. In erkennbarer Anspielung auf die Nachrichten zu Röhm und die Gerüchte über „Zustände" in dessen SA, begrüßte Gorki darin, daß nunmehr in der Sowjetunion „die die Jugend verderbende Homosexualität als sozial-verbrecherisch und strafbar angesehen wird", und fügt hinzu: „Es ist schon die sarkastische Redensart aufgekommen: Rottet die Homosexuellen aus und der Faschismus wird verschwinden."[96]

Es ist kaum verwunderlich, daß Ergebnisse wissenschaftlicher Forschung und so manche Aussage eines Zeitzeugen nicht selten völlig konträre Einschätzungen ergeben können. Insbesondere zur Stellung der Haftgruppe „Homosexuelle" in der, ebenfalls oft bestrittenen, Hierarchie der Opfer- und Verfolgtengruppen in den Konzentrationslagern blieben divergierende Aussagen manifest: Teil der „Gemeinschaft der Häftlinge" versus „unterste Stufe der Lagerhierarchie":

Alle KZ-Häftlinge hatten das gleiche Schicksal und die gleichen Überlebenschancen. „Die Einfügung in diese solidarische Gemeinschaft [...] mußte von jedem selbst entschieden werden."[97] Und: „Als gesellschaftliche Außenseiter [...] verharrten (die machtlosen Homosexuellen) am unteren Ende der lagerinternen Chancenstruktur, und diese soziale Lage erklärt ihr Sterben."[98]

Anmerkungen:

1 Kreisverwaltung Lutherstadt Wittenberg (Hrsg.): Daten–Fakten–Zahlen; Landkreis Wittenberg 1996, Luth. Wittenberg 1995, S. 26.
2 Schwineköper, Berent (Hrsg.): Handbuch Der Historischen Stätten Deutschlands. Bd. 11. Provinz Sachsen-Anhalt. S. 372.
3 Kommission zur Erforschung der Geschichte der örtlichen Arbeiterbewegung der Bezirksleitung Cottbus der SED (Hrsg.): Dr. sc. Klaus Drobisch, Zentralinstitut für Geschichte der Akademie der Wissenschaften der DDR: Konzentrationslager im Schloß Lichtenburg, Cottbus 1987, S. 5–7.
4 Drobisch (s. Anm. 3), S. 8.
5 Regierungsbezirk Merseburg: Liste über alle in Haft befindlichen Personen [...] gemäß Runderlaß des Herrn Ministerpräsidenten – Geheime Staatspolizei vom 12. März 1934 – Insp. 19 46 – 15 Stichtag 13. 3. 1934. Archiv Lichtenburg: Kopien (Fotos), Inv. 68–85.
6 Der Regierungspräsident. N° P.Pol./Haft – Merseburg, den 7. Juli 1933, Betr.: Haft aus politischen Gründen. Faks. in: Drobisch (s. Anm. 3), S. 9.
7 Drobisch (s. Anm. 3), S. 9.
8 Drobisch, a. a. O., S. 10.
9 Drobisch, a. a. O., S. 10 f.
10 Drobisch, a. a. O., S. 28 f.
11 Drobisch, a. a. O., S. 14 f.
12 Drobisch, a. a. O., S.12 (Stationen) und S. 35 (Strafkompanie, Kompanie, Block).
13 Gedenkstätte Lichtenburg: Ständige Ausstellung: Übersicht über die Haftgruppen und deren Kennzeichng. – Die Haftgruppe Homosexuelle wird hier, wie auch in anderen Teilen der Ausstellung, nicht erwähnt (Stand: Juli 1996, Nachfrage September 1997). – Für die nahe Zukunft ist aber eine eigenständig neue Ausstellung geplant.
14 Drobisch (s. Anm. 3) S. 36.
15 dies wird mehrfach in Berichten ehemaliger Häftlinge mitgeteilt, die sich im Archiv Lichtenburg befinden.
16 Drobisch (s. Anm. 3), S. 62, S. 35.
17 Drobisch (s. Anm. 3), S. 64 f., S. 83.
18 NMG: der in der DDR übliche Titel „Nationale Mahn- und Gedenkstätte". Diese Kopien wurden nach Einrichtung der Gedenkstätte Lichtenburg (1965) und deren Erweiterung (1978) als kollegiale Hilfeleistung nach hier gegeben.
19 Kreisleitung Jessen und das Bezirkskomitee interessierten sich lediglich für die Themen: „Angaben zur Person und zur politischen Arbeit vor der Verhaftung und nach der Befreiung", „Widerstand im Lager", „Solidarität im Lager", „Haft in anderen Lagern und Gefängnissen der Faschisten". – Der Fragenspiegel der NMG Buchenwald, der in der Gedenkstätte Lichtenburg nicht vorliegt und nur teilweise aus den Antwortschreiben rekonstruierbar ist, muß sehr viel umfangreicher gewesen sein. So gibt es bei dessen Beantwortung auch Aussagen zu: Lagerstrukturen, Häftlingsalltag, SS im Lager. Diejenigen Zusendungen, die ohne Aufforderung kamen, geben auch Hinweise auf die Haftgruppe „Homosexuelle". Oft nur ein bis zwei Sätze, ausnahmslos ohne abwertende Anmerkungen.
20 Die Namenskarteien wurden 1978 und 1991 f. von der Gedenkstätte aus den erwähnten SS-Dokumenten (einige Transportlisten) und aus aus den Berichten ermittelt und enthalten, soweit

dort mitgeteilt, auch die Haftgrundkennzeichnung. (920 Namen, davon: mehrere hundert Politische, 241 „Berufsverbrecher", 45 Zeugen Jehovas, 1 Jude; die Karteikarten ohne Angaben wurden von mir nicht ausgezählt). – Hinweise auf Homosexuelle gibt es in den Namenskarteien und in den SS-Dokumenten nicht. Mir vorab bekannte Namen waren weder in den Karteien, noch in den Berichten wiederzufinden. – Es existiert außerdem eine Namenskartei zu 30 SS-Leuten des Lagers Lichtenburg. Ein Schlagwortverzeichnis soll entstehen.

21 Stümke, Hans-Georg/Finkler, Rudi: Rosa Winkel, Rosa Listen Reinbek bei Hamburg, 1981, S. 279: Knapper Hinweis aus: Deutschlandberichte der SPD (Sopade) 1936; – Bayerischer Rundfunk: Hörfunkbericht (1983?) von Weishaupt, Joseph: Wir hatten ein großes A am Bein. Ausgestrahlt von RIAS Berlin, 13. 11. 83, 17.30 Uhr: Ausschnitte aus den Zeitzeugen-Interviews mit Kurt Müller recte Kurt von Ruffin und Martin Meier recte Heinz Pohle; – Drobisch, Klaus (s. Anm. 3), S. 35: in einer Aufzählung die Zahlenangaben zur Gesamtzahl der Lichtenburg-Häftlinge der Jahre 1933–1937; – Norddeutscher Rundfunk (1991): TV-Bericht Weishaupt, Joseph/Jeanrond, Elke: Wir hatten ein großes A am Bein. Darin: Kurt von Ruffin besucht die Gedenkstätte lichtenburg (s. a. Kuhn 1992. S. Anm. 37); – Grau, Günter: Homosexualität in der NS-Zeit, Frankfurt am Main 1993, S. 83–86: Anonymer Brief eines schwulen Mannes an den Reichsbischof; und S. 86 f. Anonymer Brief an General Keitel; – Heydrich, Geheimes Staatspolizeiamt: Übersicht über die in der Zeit vom 11. 5. bis 10. 6. 1935 über 7 Tage einsitzenden Schutzhäftlinge. In: Bezirksamt Tempelhof von Berlin (Hrsg.): Schilde, Kurt/Tuchel, Johannes: Columbiahaus. Berliner Konzentrationslager 1933–1936. Berlin 1990, S. 134 f. – Nachfolgend veröffentlicht in „Capri" Nr. 13 (3/1991/92), Berlin 1992, S. 32.
22 Stümke, Hans-Georg / Finkler, Rudi: Rosa Winkel, Rosa Listen Reinbek bei Hamburg, 1981, S. 279.
23 In mehreren Quellen (s. Anm. 21) erwähnt.
24 Heydrich, Geheimes Staatspolizeiamt, Brief an Himmler vom 2. Juli 1935: „Übersicht über die in der Zeit vom 11. 5. bis 10. 6. 1935 über 7 Tage einsitzenden Schutzhäftlinge". Veröffentlicht in: Bezirksamt Tempelhof von Berlin (Hrsg.): Schilde, Kurt / Tuchel, Johannes: Columbiahaus. Berliner Konzentrationslager 1933–1936. Berlin 1990, S. 134 f. – Nachfolgend veröffentlicht in: „Capri" Nr. 13 (3/1991/92), Berlin 1992, S. 32; und in: Grau (s. Anm. 21),S. 88 f.
25 Diese Statistik-Tabelle wurde von mir aus den Angaben der „Übersicht über die in der Zeit vom 11. 5. bis 10. 6. 1935 über 7 Tage einsitzenden Schutzhäftlinge" auszugsweise übernommen und fortentwickelt. Fundstellen: s. Anm. 24.
26 Beschluß der Reichsregierung vom 28. Juni 1935: Gesetz zur Änderung des Strafgesetzbuches, Artikel 6. – Laut Artikel 14: Inkraft am 1. September 1935; verkündet im Reichsgesetzblatt Teil I Nr. 70, ausgegeben zu Berlin, den 5. Juli 1935, S. 839, 841, 843.
27 ergänzt durch Zitate und Hinweise aus drei bereits veröffentlichten Quellen.
28 Volkmann, Hans (1933 im KZ Lichtenburg), Archiv Lichtenburg 45 G.
29 Böhme, Walter (ab Juni 33), Archiv Lichtenburg 288 G und 31/434; Langhoff, Wofgang u. a.; siehe auch Drobisch (Anm. 3), S. 10.
30 Schmidt, Kurt (Sommer 33 – 23. 12. 1933 im KZ Lichtenburg), Archiv Lichtenburg 658 G.
31 Drobisch (Anm. 3), S. 9, 28, 31, 35 und 38.
32 Kittler, Karl (1933/1934 im KZ Lichtenburg), Archiv Lichtenburg 39 G.
33 Franke, Hermann / Winkler Wilhelm (ab ca. August 1933), Archiv Lichtenburg 200 G.
34 Behnke, Erich (Juli 1933 bis Februar 1935), Archiv Lichtenburg 721 G; Anmerkung: Solche Razzien, die als Beleg für „durchgreifende Maßnahmen gegen, eine angeblich bei SA-Leuten weit verbreitete, Homosexualität dienen sollte, hat es wahrscheinlich erst ab Dezember 34 und im Frühjahr 1935 gegeben. – Andere Häftlinge berichten von Transvestiten für Dezember 1934, aber nicht in so großer Zahl.
35 Die Ermordung und Verhaftung von SA-Leuten (Röhm-Aktion am 30. Juni 1934) war de facto der Schlußpunkt politisch bestimmter Machtkämpfe innerhalb der NSDAP und Antwort auf politische Drohungen der Reichswehr. – Die Homosexualität Röhms, die seit Jahren auch der Öffentlichkeit bekannt war, und die einiger anderer SA-Chargen, war lediglich Teil-Instrument einer nachträglichen Rechtfertigungsstrategie. – Nachfolgend diente diese Mord- und Verhaftungsaktion als Vorwand für die Intensivierung der Verfolgung männlicher Homosexueller; kurze Zeit später und in nachfolgenden Jahren. Mehr oder weniger deutlich auch als Rechtfertigung für die Neufassung des § 175 RStGB.
36 Kramer, Walter (Juli 1934 bis 31. Januar 1935), Archiv Lichtenburg 831 G (unvollständig; nur die Seiten 201–286), S. 261–266, S. 275.
37 Kurt Freiherr von Ruffin (Ende 1934, nach Weihnachten für ca. 8 Monate), Als schwuler Häftling in den KZ Columbiahaus und Lichtenburg... – (Interview: Winfried Kuhn, 1978) in: Capri

- Zeitschrift für schwule Geschichte, Nr. 13, Berlin 1991/92, S. 6 f. Anmerkung: die Zeitangabe 1935/36 in der Überschrift zum Interview-Abdruck in Capri Nr. 13 ist falsch. Richtig: 1934/35.
38 Hirsch, Raimund (Februar 1934 bis Januar 1935) in: Neumann, Wolfgang / Kahle, Hans-Jürgen Hrsg.: Im KZ Lichtenburg, Cuxhaven 1989, Seiten 17 und 21.
39 Heinz Pohle (Pseudonym: Martin Meier; 1934/35 für 6 Monate im Lager Lichtenburg) in: Joseph Weishaupt: Wir hatten ein großes A am Bein, Sendung des Bayerischen Rundfunks, Übernahme und Ausstrahlung durch RIAS Berlin am 13.11.1983.
40 Drobisch (s. Anm. 3), S. 35; siehe auch Tabelle 1.
41 Philipp, Kurt (1935 und 1936 im KZ Lichtenburg), Archiv Lichtenburg 285 G, Blatt 1.
42 Kaul, Friedrich Karl (1934 bis Ende 1936 im KZ Lichtenburg), Archiv Lichtenburg 289 G (Antwort vom 3.9.1976 und Bericht 2. Mai 1977; in zwei Mappen mit gleicher Signatur).
43 Kurt Freiherr von Ruffin (s. Anm. 37), S. 7–10.
44 Grau, Günter (Hrsg.): Homosexualität in der NS-Zeit. Dokumente einer Diskriminierung und Verfolgung. Frankfurt am Main 1993, S. 83 bis 87. Hervorhebungen im Original. – Anmerkung: Im Lager Lichtenburg mußten alle Häftlinge die SS-Wachen mit „Heil Hitler" grüßen.
45 Sternweiler, Andreas: Und alles wegen der Jungs, Berlin 1994, S. 67–70.
46 Reichsgesetzblatt Teil 1 Nr. 70-1935, S. 839: Gesetz zur Änderung des Strafgesetzbuchs. Vom 28. Juni 1935. Artikel 1: „Rechtschöpfung durch entsprechende Anwendung der Strafgesetze". Mit Inkrafttreten zum 1. September 1935 kann auch eine Handlung bestraft werden, „die nach dem Grundgedanken eines Strafgesetzes und nach dem gesunden Volksempfinden Bestrafung verdient".
47 Kramer (s. Anm. 36) S. 283. Herr Kramer vermerkt diese Änderung für das Jahr 1934. Zum Zeitpunkt der Neufassung des § 2 RStGB im Jahr 1935(!) (s. Anm. 46) war Herr Kramer auch nicht mehr im Lager Lichtenburg, sondern in Torgau eingesperrt.
48 Drobisch (s. Anm. 3), S. 35.
49 Günther, Bruno (April 1936 bis Ende Dezember 1936), Archiv Lichtenburg 837 G.
50 Solbrig, Rudolf (keine Angaben zur Haftzeit), Archiv Lichtenburg 836 G, S. 1.
51 Vornberger, Franz (von November 1935 bis zur Auflösung des Männerlagers Lichtenburg 1937) (Brief 1977; – Befragung 1978) 231 G.
52 Reichert, Franz (um Dezember 1936 im KZ Lichtenburg) Archiv 267 G.
53 Drobisch (s. Anm. 3), S. 62. – Dies sollen ausschließlich Politische gewesen sein: Bericht Puder, Erich. Archiv Sachsenhausen R 40/17.
54 Drobisch (s. Anm. 3), S. 35 und 62. – Zum Transport nach Sachsenhausen vom März 1937 gibt es im Archiv Sachsenhausen keine Hinweise. – In den Transporten aus der Lichtenburg nach Buchenwald können weitere Homosexuelle „vermutet werden. Aber diese „dürften unter anderer Kategorie verzeichnet sein, weil sie ja vielfach ‚vorbestraft' waren". (Auskunft Wolfgang Röll, Gedenkstätte Buchenwald; auf meine Anfrage vom 27.10.1996.)
55 Ausführliche Informationen in: Morsch, Günter (Hrsg.): Konzentrationslager Oranienburg. Schriftenreihe der Stiftung Brandenburgische Gedenkstätten. Nr. 3. Berlin 1994.
56 Ergebnis der der vorläufigen Gesamtauswertung. Schlüssel zu den SS-Termini: Aso = Gruppe der sogenannt Asozialen; BV = offizielle Kennzeichnung für sogenannt „Kriminelle": ursprünglich „Befristete Vorbeugungshäftlinge"; SS-typischer Tarnbegriff, im Häftlings- und SS-Jargon: „Berufsverbrecher", später auch in den offiziellen Dokumenten gebräuchlich; im und für das Lager Lichtenburg wurde der Begriff „BV = Berufsverbrecher" von Anbeginn, auch in Schriftstücken offiziell so gebraucht. J = Jude; Sch 175 = homosexueller Schutzhäftling; SS-SK = ehemaliger SS-Angehöriger im Sonderkommando / „Srafkompanie"; Aso-J = „jüdischer Asozialer" BV-J = „jüdischer Krimineller" SV = Sicherungsverwahrter / „Sittlichkeitsverbrecher".
57 Bericht Emil Büge: Die Hölle von Sachsenhausen, Archiv Sachsenhausen (AS), I/3 (Fassung 1 und Fassung 2) und: Bericht Harry Naujoks: Einige Tatsachen aus dem KZ Sachsenhausen; darin: Brief vom 4.10.1976 an Dr. R. Bollmus, Universität Trier, Archiv Harry Naujoks I/1 im Archiv Sachsenhausen (AS), R 90/1, unpaginiert. Alle Signaturangaben zum Archiv Sachsenhausen und Fotoarchiv Sachsenhausen gemäß Stand 1990, 1993, 1996, Frühjahr 1997; eine teilweise Veränderung der Archivstrukturen ist vorgesehen bzw. in Arbeit.
58 Die Kriminalpolizei hatte nun „in Zukunft alle Homosexuellen, die mehr als einen Partner verführt haben, nach ihrer Entlassung aus dem Gefängnis in polizeiliche Vorbeugehaft zu nehmen". Die Justiz wurde dabei übergangen. Rundcrlaß Reichssicherheitshauptamt vom 12. Juli 1940 in: Jellonek, Burkhard: Homosexuelle unter dem Hakenkreuz. Paderborn 1990, S. 139; Siehe auch: Grau, Günter: Homosexualität in der NS-Zeit. Frankfurt am Main 1993, Seite 311 Orte der Vorbeugehaft waren Konzentrationslager. „Verführung" galt auch bei einvernehmlichem Handeln zwischen erwachsenen Männern.

59 Auswertungsstand: 10/96. – Die namentlich bekannten Männer sind für die Jahre 1936–39, 1940 – Oktober 41, Oktober 1941 bis 1945 überwiegend in den Blöcken 11, 36 und 14 nachweisbar, die im jeweiligen Zeitraum Teil des Sonderbereichs „Isolierung" waren.
60 Fotoarchiv des Archivs Sachsenhausen, ohne Signatur. Hervorhebungen (unterstrichen) im Original.
61 Kopie der Durchschrift in ein originales Zuweisungsformular (Sammlung Joachim Müller, 1997). Durchschrift in: AS (Archiv Sachsenhausen), R 214, M 53, Blatt 56; R 214, M 53, Blatt 94. – SK = Sonderkommando (SS-offizieller Tarnbegriff) / „Strafkompanie" (bei den Häftlingen gebräuchlicher Begriff, der den wahren Charakter dieses Kommandos deutlich kennzeichnet.)
62 Müller, Joachim: Kopie der Durchschrift in originales Zuweisungsformular in: Schwules Museum Berlin, Ausstellung „Die Geschichte des § 175", Berlin 1990. Stellwand Konzentrationslager Sachsenhausen. – Die Ausstellung wurde zwischen 1990 und 1995 u. a. gezeigt im Rathaus Schöneberg von Berlin, in der Paulskirche Frankfurt am Main, in Kassel, München, Schloß Oranienburg, Magdeburg. – Die bloße Durchschrift zur Einweisung in die SK trägt den handschriftlichen Eintrag der SS: „eingew. 13/7. 44". AS (Archiv Sachsenhausen), R 214, M. 54, Blatt 69.
63 Statistische Auswertung der Abschriften und Notizen des Autors von 1990.
64 Grau, Günter: a. a. O. (s. Anm. ...), S. 305–310. S. 310, S. 323.
65 Tuchel, Johannes: Die Inspektion der Konzentrationslager 1938–1945, Berlin 1994, S. 20.
66 Müller, Joachim: Lesemappe Sachsenhausen, 117 Seiten, unpaginiert. Berlin 1990. In: Geschichte des § 175 (s. Anm. 62, 67, 68, 69).
67 Aktenblatt-Konvolut V(...), Anton: Ärztlicher Bericht zur Frage der Entmannung vom 1. Dezember 1943. In: s. Anm. 66. AS, R 215, M 61, Bl. 155, 156, 161.
68 Aktenblatt-Konvolut V.(...), Anton: Niederschrift vom 3. Dezember 1943. AS, R 215, M 61, Blatt 143 – Auf anderen Bättern dieses Aktenvorgangs lautet die Kennzeichnung: BV Homosex.
69 Aktenblatt-Konvolut V.(...), Anton: Ärztlicher Bericht – Operationsbericht vom 30. April 1944. In: s. Anm. 62. AS, R 215, M 61, Blatt 139.
70 Broszat, Martin (Hrsg.): Höß, Rudolf: Kommandant in Auschwitz. Autobiographische Aufzeichnungen. München 1992, S. 81.
71 Müller, Joachim: Das künftige Gewerbegebiet Klinkerhafen. Recherche und Gutachten für die Landesregierung Brandenburg, Ministerium für Wissenschaft, Forschung und Kultur. Berlin 1992. AS, R 8915, S. 6–8.
72 Müller, Joachim: Der Bereich Oder-Havel-Kanal Oranienburg. Recherche und Stellungnahme zum Gelände-Denkmalschutz. Auftragsarbeit für Gedenkstätte und Museum Sachsenhausen. Berlin 1994. Bibliothek der Gedenkstätte Sachsenhausen, S. 33, 35, 45.
73 s. Anm. 71, S. 30.
74 Befragung von Zehlendorfer Einwohnern, die als Kinder das Gelände „ausspioniert" und ab Mai 1945 dort gespielt hatten. Unveröffentlichte Befragungsnotizen des Autors, April 1990.
75 Chronik und Bericht über Sachsenhausen. Um 1950. Sepp Hahn zugeschrieben. AS, LAG I/4, S. 81 – (Sepp Hahn: politischer Häftling. Mitglied der KPD. In Sachsenhausen ab 1936).
76 Büge, Emilio: Die Hölle von Sachsenhausen. Buch-Manuskript, Donauwörth-Berg., 1945/46. Archiv der sozialen Demokratie der Friedrich-Ebert-Stiftung, Bonn, ohne Signatur, S. 105–109. Der originale Bericht liegt beim ITS in Arolsen. – Emil Büge war als politischer Häftling in der Politischen Abteilung des KZ Sachsenhausen und konnte umfangreich Abschriften von SS-Dokumenten aus dem Lager schnuggeln. – Von den bei ihm namentlich genannten Mordopfern des Jahres 1942 waren 1990 bereits 9 in SS-Dokumenten aufgefunden: Name, Vorname und Häftlingsnummer stimmten mit Büges Bericht exakt überein. – Emil Büge, nannte sich selbst „Emilio"; im Lager Sachsenhausen von Dezember 1939 bis April 1943 – Die „Politische Abteilung" entsprach der zentralen Registratur und war eine Nebenstelle der Gestapo im Lager.
77 Naujoks, Harry (ehemaliger Lagerältester): Einige Tatsachen aus dem KZ Sachsenhausen. Bericht vom 28. Oktober 1945. AS, I/1, Seite 14. Den Schluß der Mordaktion im Klinkerweg legt Naujoks auf den 13. September 1942 (Brief an R. Bollmus vom 4. Oktober 1976) – AS R 90/1-I, Teil 5 Naujoks, Harry: Mein Leben im KZ Sachsenhausen 1936–1942, Berlin (DDR) 1989: „Am 1. Juli 1942 muß das neue Kommando in das Außenlager Klinkerwerk übersiedeln, wo es in der dortigen Strafkompanie untergebracht wird. [...] Die meisten (werden) beim Ausbau des Hafenbeckens des Klinkerwerkes eingesetzt." (S. 311) „Wir wissen nicht genau, wie viele Menschen in diesem Kommando ihr Leben lassen mußten. Erfaßt hatten wir 180 ‚175er' und ‚Amtsanmaßer'". (S. 313).

78 Wunderlich, Rudi: KZ Sachsenhausen 1939–1944. Bericht vom 5. Juli 1945 AS, III/21, S. 16 f. (Rudi Wunderlich, politischer Häftling des kommunistischen Widerstands. In Sachsenhausen Funktionshäftling: Läufer).
79 Harter, Ernst: Selbstmord eines Massenmörders. AS, LAG XXXV/15; (Ernst Harter, polit. Häftling des kommunist. Widerstands).
80 Krappe, Rolf: Einiges von meinen Eindrücken aus dem KZ. In: Capri Nr. 24, Berlin, Oktober 1997, S. 42. Hervorhebung im Original. (Rolf Krappe, als schwuler Häftling, § 176, im Frühjahr 1940 und von Oktober 1943 bis April 1945 im Lager Sachsenhausen.).
81 Heger, Heinz (Pseudonym): Die Männer mit dem rosa Winkel. Hamburg 1989, S. 51 f. – Auch andere ehemalige Häftlinge berichten vom Bau des Schießplatzes 1938. In diesen Berichten werden ausschließlich Juden genannt. Die Zielscheiben-Aktion berichten sie nicht. (Heinz Heger. Unter diesem Pseudonym schrieb ein „Ghostwrighter" die Erinnerungen eines österreichischen schwulen Studenten auf. Seine Haftzeit im Lager Sachsenhausen wird im erstmals 1972 veröffentlichten Bericht in die Zeit Frühjahr 1940 gelegt. Diese Zeitangabe könnte Teil seiner Anonymisierung sein. Der Bericht Hegers zum Schießplatzbau bezieht sich ggf. auf eine Nachschüttung oder u. U. auf Erfahrungen eines Mithäftlings, die er aber – so, wie Vergleichbares in vielen Berichten anderer feststellbar ist – als eigenes Erleben berichtet.).
82 Urteilsschrift des zweiten Verfahrens gegen Otto Kaiser u. andere vor dem Landgericht Köln 40-2/68 – 24 Ks 2/68 (Z) vom 20. April 1970, S. 28 f. Staatsanwaltschaft Köln – (Otto Kaiser, 1939 – 1942 Blockführer in der Isolierung des Konzentrationslagers Sachsenhausen).
83 „Otto Kaiser und andere" (s. Anm. 82), a. a. O., S. 18 f.
84 Harry Naujoks, Brief an Dr. R. Bollmus, Universität Trier, vom 4. Oktober 1976, S. 2. AS, R 90/1-I, Teil 5.
85 Müller, Joachim: Der Bereich Oder-Havel-Kanal. s. Anm. 18. a. a. O., S. 28.
86 Sigl, Fritz (Hrsg.): Todeslager Sachsenhausen. Ein Dokumentarbericht vom Sachsenhausenprozeß. Berlin, 1948, S. 111.
87 Feuerlein, Theodor: Bericht der letzten Häftlinge vom 31. Mai 1945 (5 Autoren). AS, LAG I/6, S. 19.
88 Naujoks, Harry: Mein Leben im KZ Sachsenhausen (s. Anm. 77), S. 311.
89 Heger, Heinz: (s. Anm. 88) a. a. O., S. 41.
90 Müller, Joachim: Kein Auschwitz der Homosexuellen. Zur Geschichte der Strafkompanie von Sachsenhausen. In: Der Tagesspiegel, Berlin, 21. Juli 1997, S. 29.
91 Höß, Rudolf: Kommandant in Auschwitz. Autobiographische Aufzeichnunge. In Broszat, Martin (s. Anm. 16), S. 80 f. Rudolf Höß war in Dachau 1934–1938 Block- und Rapportführer; in Sachsenhausen 1938–1940 Adjutant des Kommandanten, ab Winter 1939 „Schutzhaftlagerführer".
92 Wunderlich, Rudi: „KZ Sachsenhausen 1939–1944", S. 16. AS, III/21.
93 Junge, Heinz: Die mit dem „rosa Winkel". Leserbrief in der „Frankfurter Rundschau" vom 27. Mai 1981. Zitiert nach: s. Anm. 95. Die von Herrn Junge angeführte Quelle ist der Bericht Emil Büges (s. Anm. 57). Die Zahl 17 ist dort allein für den November 1941 notiert. Für den Zeitraum von 13 Monaten (Juni 1942 zurück bis einschließlich Juni 1941) hat Emil Büge 196 Tote der Haftgruppe „175er" in den SS-Dokumenten ermittelt.
94 Junge, Heinz: Rosa Winkel verdrängt? Leserbrief in „die tat" vom 4. Dezember 1981, S. 14. Zitiert nach: s. Anm. 95.
95 Junge, Heinz: Antwort auf eine Zuschrift. In: „Der Appell", MITTEILUNGSBLATT der ehemaligen Häftlinge der Konzentrationslager Sachsenhausen/Oranienburg. GESELLSCHAFT ZUR FÖRDERUNG DEMOKRATISCHER ANTIFASCHISTISCHER STAATSBÜRGERLICHER BILDUNG (FÖRDERER-GESELLSCHAF) e.V. (Hrsg.), Nr. 97. Dortmund, April 1982, S. 5 f.
96 Gorki, Maxim: Proletarischer Humanismus, in: Rundschau über Politik, Wirtschaft und Arbeiterbewegung 3 (1934), Nr. 34, S. 1297–1299. Nachgedruckt in sowjetischen Tageszeitungen. Zitiert nach: Tornow, Siegfried: Männliche Homosexualität und Politik in Sowjet-Rußland. In: Schwulenreferat im AStA der FU (Hrsg.): Homosexualität und Wissenschaft II. Dokumentation der Vortragsreihe. Berlin 1992, S. 281.
97 Naujoks, Harry (in Sachsenhausen 1936–1942; Lagerältester der sogenannten Häftlingsselbstverwaltung): Brief an Dr. Reinhard Bollmus, Universität Trier, vom 4. Oktober 1976, S. 1. AS, R 90/1-I „Verschiedene Bereiche A–Z", Themenbereich 5.
98 Lautmann, Rüdiger: Seminar: Gesellschaft und Homosexualität. Frankfurt am Main, 1977. S. 358 f. Eine vergleichbare Einschätzung bei Sofsky, Wolfgang: Die Ordnung des Terrors – Das Konzentrationslager. Frankfurt am Main, 1993.

Wolfgang Röll,
geb. 1948, 1966–1970 Studium Geschichte/Deutsch an der Universität Jena, seit 1983 wissenschaftlicher Mitarbeiter der Gedenkstätte Buchenwald, Veröffentlichungen zur Geschichte der homosexuellen Häftlinge im KZ Buchenwald, an verschiedenen Ausstellungsprojekten der Gedenkstätten beteiligt.

Homosexuelle Häftlinge im Konzentrationslager Buchenwald 1937 bis 1945

„Homosexuelle Häftlinge in den Konzentrationslagern" bleibt nach wie vor ein wichtiger Forschungsgegenstand im Zusammenhang mit der Verfolgung von Homosexuellen in der Zeit des Nationalsozialismus. Obwohl in den letzten Jahren in bezug auf die Verfolgung Homosexueller im „Dritten Reich" nicht unbedeutende Fortschritte vor allem durch regionalbezogene, differenzierte Studien[1] erreicht wurden, gibt es hier noch weiteren Klärungsbedarf. Auch bei der Untersuchung der Situation homosexueller Häftlinge in den Konzentrationslagern ist die Forschung – wenn auch mühsam, teilweise durch die schwierige Quellenlage bedingt – vorangekommen. Von herausragender Bedeutung sind dabei nach wie vor Einzelstudien zu den verschiedenen Lagern, um sowohl Gemeinsamkeiten als auch Unterschiede der Lage der Schwulen zu erforschen. Es besteht aber ebenso die Notwendigkeit einer historischen Gesamtdarstellung, die die verdienstvolle Studie über die Rosa-Winkel-Häftlinge in den NS-Konzentrationslagern aus dem Jahr 1977[2] (sic!) aufgrund der neuen Ergebnisse der Forschung gewissermaßen fortschreibt, präzisiert, erweitert und vertieft.

Die Ergebnisse meiner Forschung zu homosexuellen Häftlingen in Buchenwald liegen seit 1992/93 im wesentlichen vor.[3] Seither war ich als Mitglied der Arbeitsgruppen zu den zwei großen neuen Ausstellungen in der Gedenkstätte (Konzentrations- und Speziallager) gebunden. Deshalb konnte ich meine Arbeit zu diesem Thema – auch für eine zu überarbeitende und zu ergänzende neue Auflage der Veröffentlichung – nicht fortsetzen. Da ich hier aber nicht die Ergebnisse der Broschüre summarisch referieren möchte, will ich versuchen, einige spezifische Fragestellungen anzusprechen.

Zur zahlenmäßigen Erfassung von homosexuellen Häftlingen in den Lagern

Durch die Auswertung der unterschiedlichen, z. T. auch komplizierten und mehr oder weniger bruchstückhaften Quellen sowie die Tatsache, daß es Zwei- oder Mehrfachzählungen bei Häftlingen geben kann, die durch mehrere Lager gehen mußten, sind Abweichungen bei der Gesamtzahl der homosexuellen Insassen der Lager nicht auszuschließen. Für Buchenwald konnte ich nach Auswertung der alphabetisch geordneten Nummernkartei und anderer Dokumente (Transportlisten, Änderungsmeldungen u. ä.), die sich im Archiv der Gedenkstätte Buchenwald und im Thüringischen Hauptstaatsarchiv in Weimar befinden, bisher ca. 500 in der SS-Statistik des Lagers der Kategorie „Homosexuelle" zugeordnete Häftlinge namentlich erfassen.[4] Rainer Hoffschildt hat in einem mir übersandten statistischen Material, welches sich auf verschiedene Quellen stützt, insgesamt 644 namentlich erfaßte homosexuelle Häftlinge ermittelt. Die letztgenannte Zahl beruht in erster Linie auf der Auswertung der Unterlagen des Archivs des Internationalen Suchdienstes des Roten Kreuzes in Arolsen/Hessen.[5] Die im Thüringischen Hauptstaatsarchiv Weimar befindlichen Bestände des KZ Buchenwald[6] sowie das Archiv der

Gedenkstätte selbst bieten gute, aber eben nicht vollständige quellenmäßige Möglichkeiten zur diesbezüglichen Forschungsarbeit. Deshalb würden die von Rainer Hoffschildt zusammengetragenen Angaben mein personenbezogenes Datenmaterial erweitern.[7]

Insgesamt bewegen sich die Zahlen jedoch, sowohl was meine Recherchen, als auch die von Lautmann/Hoffschildt betreffen, im Bereich der gleichen Dimension, so daß die in der 1977er Studie geäußerte Hypothese, die Gesamtzahl der in den KZ inhaftierten homosexuellen Häftlinge habe „eine Größenordnung von 10 000 (es können 5000, aber auch an die 15 000 gewesen sein)"[8] sich immer mehr präzisiert. Das Pendel bewegt sich hier aber eher in Richtung 5000. Dabei handelt es sich – und dies ist besonders zu betonen – um Häftlinge, die in der Lagerstatistik in der Kategorie „Homosexuelle" erfaßt sind.

In diesem Zusammenhang möchte ich auf Probleme aufmerksam machen, die die Schwierigkeiten der Erfassung Homosexueller in den Lagern betreffen.

Da ist erstens die Tatsache zu nennen, daß die spezifische und erweiterte Kategorisierung der Häftlinge in den Lagern erst 1938 (in Buchenwald im Mai 1938) erfolgte, zeitlich etwa verbunden mit der Einführung der je nach Häftlingskategorie verschiedenfarbigen Dreiecke (Winkel). Zwar gab es von Beginn des KZ-Systems an für die Homosexuellen eine Kennzeichnung, aber diese war nicht einheitlich und wechselte in den Symbolen (gelber Streifen mit einem „A", große schwarze runde Punkte; Zahl „175" auf dem Rücken). Es wurden auch Homosexuelle unter der Bezeichnung BVer („Befristeter Vorbeugungshäftling") bzw. SVer („Sicherheitsverwahrter") eingewiesen. So ergibt sich beispielsweise ein „Phänomen" aus folgender Tatsache: Aus einer für den Reichsführer SS zusammengestellten Übersicht vom 2. Juli 1935[9] über sogenannte Schutzhaftfälle geht hervor, daß am 10. Juni 1935 413 Schutzhäftlinge als Homosexuelle eingestuft wurden, davon die weitaus überwiegende Mehrheit, nämlich 325 (das sind 78,8 Prozent aller Genannten) allein für das Lager Lichtenburg. Im Juli/August 1937, also zwei Jahre später, bei Errichtung des KZ Buchenwald, wurden alle Häftlinge des Lagers Lichtenburg, welches noch von 1937 bis 1939 als Frauenkonzentrationslager eingerichtet wird, in mehreren Transporten auf den Etterberg bei Weimar „überstellt". Das sind insgesamt fast 1300 Häftlinge. In den jeweiligen Transportlisten ist jedoch kein einziger als Homosexueller verzeichnet. Dies läßt nur zwei Schlußfolgerungen zu:

Erstens, es wurden innerhalb von zwei Jahren alle Homosexuellen aus dem Lager Lichtenburg entlassen. Das scheint zwar möglich, wenn man bedenkt, daß damals häufig auch kurzzeitige Einweisungen erfolgen konnten. Zum Beispiel ist aus der Übersicht vom 2. Juli 1935 zu entnehmen, daß in der Zeit vom 11. Mai bis 10. Juni, also innerhalb eines Monats, 100 Homosexuelle entlassen wurden.[10]

Die zweite Schlußfolgerung lautet, sie wurden anders, d. h. nicht unter der Kategorie „Homosexuelle", registriert.

Jedenfalls haben wir den Sachverhalt zu verzeichnen, daß in den Unterlagen (Stärkemeldungen und Schutzhaftlagerrapporte) des KZ Buchenwald 1937 nur ein einziger als homosexuell kategorisierter Häftling auftaucht. Der erste „175er" ist in der Stärkemeldung vom 28. Januar 1938 vermerkt, der zweite dann am 6. März 1938. Durch weitere Einzeleinlieferungen erhöhte sich deren Zahl bis Ende 1938 auf insgesamt 30. Im Zusammenhang mit der erweiterten und spezifizierten Häftlingskategorisierung vom Mai 1938 wurde auch in der SS-Lagerstatistik eine Differenzierung vorgenommen, die die Gruppe der als „Homosexuelle" gekennzeichneten Insassen in „einfache" und

„rückfällige" Homosexuelle sowie „homosexuelle Juden" unterteilte (in analoger Weise geschah dies auch bei anderen Häftlingskategorien).

Das zweite Problem hängt mit der Einweisungspraxis in die Konzentrationslager zusammen.

Einweisungen Homosexueller wurden sowohl von der Gestapo als auch von der Kriminalpolizei vorgenommen, wobei dann der strafrechtliche Weg von der Justiz eingeleitet werden konnte (Untersuchungshaft – Gerichtsverfahren – Verurteilung – Gefängnis) und auch nach Verbüßung von Strafen durch Schutzhaftbefehl der Gestapo die Möglichkeit der Einweisung in die Konzentrationslager gegeben war.

Erst ab Anfang 1938 erfolgte auf Anweisung des Reichsinnenministers Frick eine weitere Vereinheitlichung der Einweisungspraxis bzw. -verantwortlichkeit. Durch den Schutzhafterlaß vom Januar 1938[11], der am 1. Februar 1938 in Kraft gesetzt wurde, war ausschließlich das Geheime Staatspolizeiamt in Berlin für die Einweisung zuständig, d. h. Anträge regionaler Gestapoleit- bzw. Gestapostellen gingen zur Bestätigung über Berlin. Demzufolge mußte das Geheime Staatspolizeiamt Anträge der Kriminalpolizei auf Einweisungen in die Lager genehmigen. Vor diesem Zeitraum waren in „Preußen das Geheime Staatspolizeiamt, die Oberpräsidenten, die Regierungspräsidenten, der Polizeipräsident in Berlin und die Staatspolizeistellen" sowie in den „übrigen Ländern die entsprechenden, von der Landesregierung zu bestimmenden Behörden"[12] für die Verhängung der Schutzhaft zuständig.

Außerdem wurden – wie es scheint – Homosexuelle in weitaus größerem Maße von der Kriminalpolizei als von der Geheimen Staatspolizei in KZ-Haft eingewiesen.[13] Die Autoren der KZ-Studie von 1977 verweisen darauf, daß 12 % der Homosexuellen von der Gestapo, 55 % von der Kriminalpolizei in ein Konzentrationslager eingewiesen wurden. Das restliche Drittel entfällt auf direkt aus der Strafhaft (nach Verbüßung einer Gefängnis- oder Zuchthausstrafe) vorgenommene Einweisungen in ein KZ[14], was seit dem Schutzhafterlaß Fricks vom Januar 1938 in der Regel nur mit der Genehmigung des Geheimen Staatspolizeiamtes möglich war.

Durch das Gesetz über sogenannte Gewohnheitsverbrecher vom November 1933 bestand auch bei der Kriminalpolizei die Möglichkeit, „Sicherungsverwahrung" in den KZ anzuordnen. Neben den „Berufsverbrechern", die schon zweimal wegen krimineller Delikte verurteilt worden waren, konnten auch sogenannte „gefährliche Sittlichkeitsverbrecher"[15] in Vorbeugehaft genommen werden. Ein Erlaß des preußischen Innenministeriums dehnte die Verhängung von Vorbeugehaft wegen Gemeingefährlichkeit ausdrücklich auf Personen aus, die als Volljährige „Jugendliche bis zum vollendeten 16. Lebensjahr sittlich gefährden" sowie auf Personen, „die gewohnheitsgemäß als Exhibitionisten öffentlich Ärgernis erregen", soweit sie eine einschlägige Vorstrafe aufwiesen.[16] So kamen Homosexuelle auch unter einer anderen Kategorie, vornehmlich unter der sogenannten „grünen" oder „schwarzen" Kennzeichnung, in die Lager. Man wies sie unter „vorbeugenden Gesichtspunkten zur Vermeidung weiterer Straftaten" ein.

Ein Beispiel, was das Lager Buchenwald betrifft, ist der Häftling Gerhard L., der am 9. März 1937 von der Polizei als „Sittlichkeitsverbrecher" in Vorbeugungshaft genommen, einen Tag später in das KZ Sachsenburg „überstellt" und im Juli 1937 mit einem Aufbaukommando auf den Ettersberg bei Weimar gebracht wurde. In Buchenwald ist er nicht als „Homosexueller", sondern als „Vorbeugungshäftling" registriert.[17]

Ebenso waren unter den im Frühjahr 1938 im Rahmen der Aktion „Arbeitsscheu Reich" nach Buchenwald eingelieferten insgesamt 4500 „asozialen" Häftlingen eine Reihe Homosexueller.[18] Sie hatten aber als „Asoziale" einen schwarzen Winkel.

Als weiteres Beispiel seien in diesem Zusammenhang die Hormonversuche des dänischen SS-Arztes Dr. Vaernet an Homosexuellen in Buchenwald im Jahre 1944 angeführt, über deren Hintergründe, Umstände und Verlauf schon verschiedentlich geschrieben worden ist.[19] Mir geht es hier um die für die Operationsserien ausgesuchten Häftlinge. Unter ihnen waren einige, die unter der Kategorie „BVer" bzw. „SVer" registriert waren, vor allem bei der zweiten Serie am 8. Dezember 1944, als sieben, darunter sechs sogenannte Kastraten, von Vaernet operiert wurden.[20]

Drittens sind Häftlinge nicht erfaßt, die zwar homosexuell waren, aber aus anderen Gründen in die Lager eingewiesen wurden, zum Beispiel politischen oder nach der Verurteilung wegen strafrechtlicher Delikte, die nichts mit ihrer Homosexualität zu tun haben mußten bzw. ohne, daß sie bekannt war. Deren Anteil dürfte allerdings ziemlich gering gewesen sein. So sind beispielsweise Berichte von anderen, meist politischen Häftlingen über Brutalitäten von Kapos überliefert, die als homosexuell bzw. als kriminell und gleichzeitig homosexuell bezeichnet werden. Sieht man diese Einzelbeispiele nach, ergibt sich, daß sie unter der Kategorie „BVer" registriert sind. Dies kann einerseits bedeuten, daß kriminelle Kapos aufgrund von Gerüchten, Unterstellungen oder wegen Beziehungen zu sogenannten Puppenjungen gleichzeitig als homosexuell diskreditiert werden sollten, andererseits vorbestrafte Homosexuelle unter der Kategorie „BVer" oder „SVer" eingeliefert wurden.

Betrachtet man diese von mir genannten Unwägbarkeiten bei der zahlenmäßigen Erfassung homosexueller Häftlinge, die letztendlich nicht oder nur in Einzelfällen auszuschließen sind,[21] so läßt sich zusammenfassend sagen, daß die unter einer anderen Häftlingskategorie eingewiesenen Homosexuellen trotz allem das zahlenmäßige Gesamtbild nicht entscheidend verändern dürften. Rechnet man die in der Stichprobe der Studie von 1977 anhand der Einweisungsinstitutionen vorgenommenen prozentualen Daten, was nicht unproblematisch ist, auf die Gesamtzahl um, so würde dies allerdings eine Verdoppelung der homosexuellen Häftlinge (auch derer, die unter anderer Kategorisierung eingeliefert wurden), also ein Anstieg auf insgesamt ca. 10 000 Schwule bedeuten.

„Einweisungsgebiete" in das KZ Buchenwald

Am 20. September 1937, kurz nach der Entstehung des Lagers, teilt Dr. Best, der damals innerhalb der Gestapoführung für die Organisation der Konzentrationslager zuständig war[22], im Auftrage Himmlers dem Reichsstatthalter von Thüringen, Fritz Sauckel, mit, daß in Abgrenzung zu den anderen zentralen Lagern Sachsenhausen und Dachau in das KZ Buchenwald „die Schutzhaftgefangenen aus den westlichen und nordwestlichen Gebieten des Reichs, ferner aus Sachsen, Thüringen, Hessen und den nördlichen Teilen Bayerns, etwa nördlich der Linie Würzburg–Bamberg–Bayreuth"[23] eingewiesen werden sollten. Eine genaue Abgrenzung der Einweisungsbezirke sei jedoch nicht beabsichtigt. Außerdem müsse man berücksichtigen, daß sich Veränderungen in den Zuweisungen bei Überbelegung des einen oder anderen Lagers, z. B. bei Sonderaktionen, nicht vermeiden ließen. Mit diesem Schreiben hat Best das Haupteinzugsgebiet der deutschen Häftlinge in der Vorkriegszeit, aber auch während des Krieges ziemlich genau skizziert.

Betrachtet man nun die Gebiete, aus denen homosexuelle Häftlinge nach Buchenwald gebracht wurden[24], so ergibt sich zwar eine Übereinstimmung mit den von Best genannten geographischen Bezirken, bis auf zwei nicht unwesentliche Ausnahmen: Berlin und Hamburg. Herausragend, aber nicht verwunderlich ist die Tatsache, daß die überwiegende Mehrheit der sogenannten „175er" aus den Großstädten West- und Mitteldeutschlands stammt.

Durch die Auswertung verschiedener Quellen, vor allem der Nummernkartei des KZ Buchenwald im Thüringischen Hauptstaatsarchiv Weimar[25], war es möglich, die Geburtsorte von 439 Homosexuellen im Lager Buchenwald zu ermitteln. Relativ viele, insgesamt 46, d. h. 10,5 Prozent der Insassen stammen aus Berlin, es folgen – schon mit einem gewissen Abstand – Leipzig (16, d. h. 3,6 %), Hamburg (12, d. h. 2,5 %). Faßt man die Städte des Ruhrgebiets zusammen, kommt man auf etwa 7 Prozent der im Lager inhaftierten Homosexuellen, die dort geboren wurden. In einem weiteren Abstand folgen Chemnitz, Dresden, Köln und Magdeburg (jeweils 7, d. h. jeweils 1,6 %). Sehr gering ist die Zahl der aus Thüringen und Nordbayern Eingewiesenen (jeweils ca. 2 %).

Zu ähnlichen Ergebnissen, was die Angaben bezüglich der Einweisungsgebiete Buchenwalds betrifft, gelangt Rainer Hoffschildt in seinem statistischen Material.

Altersmäßige Zusammensetzung

Hierbei standen mir Angaben von 463 Häftlingen als Grundlage meiner Recherche zur Verfügung.[26]

Der älteste homosexuelle Häftling war danach der am 15. April 1874 geborene Adolf Wilhemi, der Mitte 1942 mit 68 Jahren nach Buchenwald deportiert wurde. Er verblieb nur wenige Wochen in diesem Lager. Am 6. Juli 1942 wurde er in einem Transport von 351 Häftlingen, davon 17 Homosexuelle, in das Konzentrationslager Dachau „überstellt". Dort kam er bereits wenige Wochen später, am 26. August 1942, ums Leben.[27]

Der jüngste homosexuelle Häftling war der am 18. Dezember 1922 geborenene Hans Kraft. Er kam wahrscheinlich Ende 1944, Anfang 1945 nach Buchenwald. Anhand der Dokumente ist sein genaues Einlieferungsdatum leider nicht mehr festzustellen. In Buchenwald war er in einer Quarantänebaracke (Block 60) des sogenannten Kleinen Lagers untergebracht, das ursprünglich Ende 1942 als Durchgangs- und Quarantänebereich für die zur Zwangsarbeit in den Außenkommandos vorgesehenen Häftlinge erbaut worden war. In den letzten Monaten vor Ende des Krieges wurde es jedoch zu einem Seuchen- und Sterbelager für Tausende Häftlinge aus den „geräumten" Lagern des Ostens. Hans Kraft verstarb im Kleinen Lager des KZ Buchenwald im Februar 1945 im Alter von 22 Jahren.

Die Mehrheit der in das KZ Buchenwald eingewiesenen homosexuellen Häftlinge, etwa 55 Prozent, hatte ein Alter zwischen 25 und 40 Jahren. Der Anteil der 40 bis 50jährigen betrug ca. 25, der der über 50jährigen etwa 14 Prozent. Bei den jüngeren Jahrgängen (unter 25 Jahren) blieb mit 6 Prozent der homosexuellen Lagerinsassen der Anteil verhältnismäßig gering.

Von Mord- und Vernichtungsaktionen betroffene homosexuelle Häftlinge

Die Homosexuellen gehörten in Buchenwald – wie auch in den anderen Lagern – zu den Häftlingsgruppen, die in der von der SS praktizierten Lagerhierarchie mit am unteren Ende standen. Man muß sich zwar – und hier ist den Autoren der KZ-Studie von 1977 zuzustimmen – vor der Verallgemeinerung hüten, „alle Rosa-Winkel-Häftlinge seien zu jeder Zeit schlechter als sämtliche Mithäftlinge behandelt worden"[28], aber die Homosexuellen nahmen mit den Juden, den Sinti und Roma sowie den sogenannten Fremdvölkischen aus dem Osten einen Sonderstatus ein. Sie wurden dem Terror der SS, dem Prinzip „Vernichtung durch Arbeit" im Lager, das sich in Buchenwald vor allem im Arbeitseinsatz im Steinbruch und ab 1943/44 in schweren, meist Untertagekommandos der Rüstungsindustrie widerspiegelte, in besonderem Maße unterworfen. Dies fand auch in der Stigmatisierung als gesellschaftliche Außenseiter seinen Ausdruck. Bis Anfang der 40er Jahre galt in Buchenwald – im Unterschied zu anderen Häftlingsgruppen – die unbefristete Einweisung in die Strafkompanie für jeden Homosexuellen. Ab Anfang 1944 wurden viele von ihnen zum Arbeitseinsatz in das Außenkommando Dora „überstellt", das in dieser Zeit wegen seiner katastrophalen Arbeits- und Lebensbedingungen sehr gefürchtet war. Im Kontingent der deutschen Häftlinge waren die Homosexuellen dort überproportional vertreten. Allerdings darf man bei allen Berichten über die Zuweisung in besonders gefährliche oder schwere Arbeitskommandos nicht übersehen, daß auch andere Häftlingsgruppen zu solchen Arbeiten herangezogen wurden. Sie stellten in derartigen Kommandos, in absoluten Zahlen gesehen, die weitaus überwiegende Mehrheit. Dora galt als „Grab der Franzosen", Russen, Polen und jüdische Häftlinge waren dort massenhaft eingesetzt. Sie kamen in großer Zahl ums Leben.

Ob es spezifische Mord- und Vernichtungsaktionen, die sich ausschließlich gegen Homosexuelle im Lager richteten, gegeben hat, ist noch weiter zu untersuchen. Sicher scheint, daß es zu bestimmten Mordaktionen gegen Schwule gekommen ist, jedoch keine systematische Ausrottung der gesamten Häftlingsgruppe betrieben wurde. Homosexuelle Häftlinge wurden auch in andere Mordaktionen gewissermaßen miteinbezogen. Dies trifft beispielsweise auf den Exzeß gegen jüdische Häftlinge am 9. November 1939[29] zu, als die Buchenwalder SS das Attentat Johann Georg Elsners im Münchener Bürgerbräukeller – obwohl über dessen Hintergründe noch nichts bekannt war – zum Anlaß nahm, 21 willkürlich ausgewählte jüdische Häftlinge im Steinbruch zu ermorden. Darunter waren zwei homosexuelle Juden im Alter von 25 und 36 Jahren: Herbert Adam und Kurt Wolffberg. Diesem antisemitisch motivierten Exzeß fielen in diesem Fall die beiden homosexuellen Häftlinge zum Opfer, nicht weil sie Homosexuelle, sondern weil sie Juden waren.

Eine gewisse „Häufung" von Todesfällen homosexueller Häftlinge trat im Sommer 1942 ein. Von Ende Juni bis Mitte August dieses Jahres wurden 21 von ihnen, das sind 20 Prozent der damals in Buchenwald inhaftierten 107 Homosexuellen (Schutzhaftlagerrapport v. 20. 6.) als „verstorben" registriert.[30] Fast alle Verstorbenen waren erst einige Monate, z. T. erst wenige Wochen im Lager. Ihr Alter reichte von 31 bis 60 Jahren. Die Sterbedaten sind dabei großenteils „schubweise" angegeben, d.h. das Sterbedatum mehrerer fällt auf einen Tag: zwei „starben" am 11. Juli, drei am 22. Juli, vier am 25. Juli, zwei am 26. Juli. Es ist sehr ungewöhnlich, daß bei einer so kleinen Population Homosexueller Todesfälle derart gehäuft auftreten, bei einer damaligen Häftlingszahl von fast 10 000. Die Indizien deuten darauf hin, daß diese Häftlinge im Häftlingskrankenbau mittels Injektion ermordet wurden. Diese Form der Tötung von Häftlingen gab es latent schon seit 1938 in Buchenwald. Sie hatte seit der zweiten Jahreshälfte 1941 mit der Tätigkeit des SS-Arztes Dr. Eisele systematischen und massenhaften Charakter angenommen.[31] Die erste deratige Massentötung begann mit der Einlieferung von zwei Transporten überwiegend kranker und z. T. invalider Männer aus Dachau im Juli 1941. Dazu sagte der seit 1940 im Häftlingskrankenbau als Arztschreiber beschäftigte Häftling Ferdinand Römhild im Nürnberger Ärzteprozeß als Zeuge aus: „Die Häftlinge, bei denen man dem Aussehen nach (Hervorhebung – W.R.) auf Tuberkulose schloß, wurden, [...], durch

Evipan-Spritzen getötet. Zweifellos war der Prozentsatz an Tuberkulosekranken im Lager hoch, aber die weitaus größte Zahl dieser Menschen war einfach heruntergekommen, unterernährt und abgetrieben und wäre in besseren Verhältnissen durchaus zu retten gewesen.[32] Nach Eiseles Weggang im September 1941 setzten andere SS-Ärzte den Mord mit der Spritze fort. Im Zusammenhang damit ermordeten sie auch andere „unliebsame" Häftlinge mittels Injektionen. Die wahre Todesursache wurde in den Sterbebüchern des Häftlingskrankenbaus verschleiert bzw. gefälscht. Die Hypothese, die im Sommer 1942 zu Tode gekommenen 21 homosexuellen Häftlinge könnten Opfer der TB-Aktion geworden sein, erscheint deshalb durch die Begleitumstände und die Häufung der Todesfälle in einem kurzen Zeitraum gerechtfertigt. Es gibt allerdings keinen Bericht oder keine Aussage eines im HKB (Häftlingskrankenbau) tätigen Pflegers, der im Zusammenhang mit der TB-Aktion ausdrücklich die Tötung von Homosexuellen erwähnen würde, zumal danach in der Vergangenheit auch nicht gezielt gefragt worden ist und heute meines Wissens keiner der damals Tätigen noch lebt. Ferdinand Römhild schreibt allerdings 1945 in dem von ihm verfaßten Bericht zur Situation der Homosexuellen im KZ Buchenwald[33], von Ermordungen Homosexueller im Bunker (Arrestzellenbau) des Lagers. Auf diese Weise seien bis Anfang 1942 die meisten Homosexuellen umgebracht worden. In der Politischen Abteilung habe man eine Sortierung der homosexuellen Neuzugänge vorgenommen: „Die Leute, vor allem Homosexuelle mit § 176, wurden wenige Tage nach ihrer Ankunft zum Tor bestellt und wanderten in den Bunker. Einige Tage später kam die Todesmeldung." Seit Frühjahr 1942 hätten diese Bunkermorde aufgehört und es sei nunmehr vorwiegend im Steinbruch getötet worden. Die Aussage über die Morde in den Bunkern bis Frühjahr 1942 bedarf noch der näheren Untersuchung. Zeitlich stimmt sie nicht mit den Eintragungen in den Totenbüchern des Häftlingskrankenbaus vom Sommer 1942 überein.

Im Zusammenhang mit den „Todesfällen" vom Sommer 1942 sei auf einen aktuellen Sachverhalt verwiesen: Mitte der 90er Jahre wurden die Gräber des sogenannten Ehrenhains in der Nähe des Mahnmals am Südhang des Ettersberges neugestaltet. Dabei konnten bei der Sichtung von Dokumenten des Warschauer Archivs der Polnischen Hauptkommission zur Verfolgung von Nazi- und Kriegsverbrechen, die sich als Filmkopien im Archiv der Gedenkstätte befinden, Unterlagen entdeckt werden, die von einem ehemaligen polnischen Häftling stammen. Sie enthielten die Namen und die Liegeplätze der Toten des Friedhofs am Bismarckturm, in erster Linie nach der Befreiung an den unmittelbaren Folgen der Lagerhaft Verstorbene, dort von April bis Juli 1945 beigesetzt. Außerdem wurden am 20. Juni 1945 – als das Lager nach der Befreiung noch unter amerikanischer Besetzung stand – in einem ökumenischen Gottesdienst 1286 (während der KZ-Zeit im Turmgewölbe des Bismarckturmes „abgestellte") Ascheurnen in einem gesonderten Grab beigesetzt. Anhand der auf den Urnendeckeln festgehaltenen Namen, Geburts- und Sterbedaten sowie der Einäscherungsnummern ließen die Amerikaner eine Liste der Toten zusammenstellen. Im Vergleich mit Lagerdokumenten konnte ermittelt werden, daß unter diesen 1286 Ascheurnen sich auch jene 21 befanden, die die sterblichen Überreste der im Juli/August 1942 „verstorbenen" homosexuellen Häftlinge enthalten. Somit eröffnet sich bei Ehrungen der Möglichkeit, der homosexuellen Opfer an diesem Urnengrab zu gedenken.

Zu den erhöhten Gefährdungen homosexueller Häftlinge gehört auch die Deportation in andere Lager. Diese Transporte spielen im Rahmen der lebensbedrohenden Mechanismen, denen Häftlinge ausgesetzt waren, eine nicht unwesentliche Rolle. Generell läßt sich die Tendenz erkennen, Homosexuelle aus Buchenwald in andere Lager „abzuschieben". Viele Gefangene hatten Angst vor Transporten, mußten sie doch einen Ort verlassen, wo sie sich – wie auch immer – meist gerade erst „zurechtzufinden" begonnen hatten. Sie gingen einer für sie ungewissen Zukunft entgegen. Die manchmal tagelang dauernden, strapaziösen Transporte in Güterwaggons bedeuteten vor allem bei schlechten Witterungbedingungen in den Wintermonaten enorme Risiken für Gesundheit und Leben des einzelnen. Neben sogenannten Kriminellen und Asozialen waren Homosexuelle im Verhältnis zu anderen deutschen Häftlingsgruppen in starkem Maße von solchen Deportationen betroffen. Im Juli und September 1942 gingen beispielsweise Transporte, zu denen homosexuelle Häftlinge gehörten, von Buchenwald in die Lager Dachau und Groß Rosen (insgesamt 35 Homosexuelle, d. h. ca. ein Drittel der damaligen Homosexuellenpopulation im Lager). Eugen Kogon schreibt, in Buchenwald habe die „verständliche Tendenz vorgeherrscht, weniger wichtige und wertvolle oder als nicht wertvoll angesehene Teile der Häftlingsgesellschaft in andere Lager abzuschieben"[34], darunter in solche wie Mauthausen und Natzweiler, die selbst nach Einstufungen der SS als Lager für „schwer belastete, insbesondere auch gleichzeitig kriminell vorbestrafte und asoziale, d. h. kaum noch erziehbare"[35], Schutzhäftlinge galten. Insgesamt konnten – obwohl die Transportlisten nicht vollständig sind – 228 Homosexuelle ermittelt werden, die von Buchenwald in andere Lager oder in Außenkommandos wie Dora „überstellt" wurden, d. h., fast die Hälfte der in meiner Kartei bisher erfaßten homosexuellen Buchenwaldhäftlinge wurde wieder „auf Transport" geschickt.[36]

Ein besonders tragisches Kapitel, das auch in der Forschungsliteratur schon angesprochen worden ist, ereignete sich im Winter/Frühjahr 1945.[37] Im Februar dieses letzten Kriegsjahres, wenige Wochen vor dem Ende des Krieges, traten im Zusammenhang mit dem Schicksal der Homosexuellen im Lager Geschehnisse ein, die noch nicht geklärt werden konnten und deren Aufklärung angesichts der sehr fragmentarischen Quellenlage und der Tatsache, daß kein Zeitzeuge mehr leben dürfte, wahrscheinlich auch nicht mehr vollständig erfolgen kann. Am 8. Februar 1945 ist sowohl in den Stärkemeldungen als auch in einem Dokument der Schreibstube, dem sogenannten Tagebuch (durch ein Kreuz hinter der Zahl 40), der Tod von 40 homosexuellen Häftlingen verzeichnet. Zwischen dem 8. und 13. Februar werden 96, bis zum 1. April 119 Homosexuelle als „Abgänge"[38] registriert. In dieser Zeit erfolgten keine Entlassungen mehr. Allerdings gab es – entgegen bisherigen Annahmen – noch Transporte von Buchenwald, vor allem aus den Außenkommandos, in andere Lager[39], so unter anderem drei Transporte am 14. und 25. Februar sowie am 28. März 1945 mit insgesamt 2884 kranken und arbeitsunfähigen Häftlingen aus dem Außenkommando S III[40] nach Bergen-Belsen. Andererseits wurden in diesen Wochen, bedingt durch die immer näher rückenden alliierten Truppen, Tausende Häftlinge in das Stammlager „zurückgeführt" oder noch in Außenkommandos von Buchenwald geschickt, vorwiegend in solche, die der Untertageverlagerung der Rüstungsproduktion dienten. Die Evakuierungen im Stammlager begannen aber erst Anfang April 1945.

Durchaus möglich ist, daß als „Abgänge" verzeichnete Rosa-Winkel-Häftlinge noch in andere Lager deportiert wurden. Hier kämen wohl vor allem die Transporte nach Bergen-Belsen näher in Betracht. Dies würde aber den vorherigen Einsatz Homosexueller im Außenkommando S III voraussetzen.[41] Was die am 8. Februar als „verstorben" registrierten 40 homosexuellen Häftlinge betrifft, so ist die Hypothese in Erwägung zu ziehen, daß sie im sogenannten Kleinen Lager mittels Injektion getötet worden sein könnten. Diese Hypothese muß jedoch vorerst im Bereich der Spekulation bleiben. Damals, in den letzten Monaten vor der Befreiung des Lagers, ging die SS dazu über, alte, entkräftete, meist ruhrkranke Häftlinge zu liquidieren. Dr. Louis Gymnich, Blockältester im Block 61 des Kleinen Lagers, dem „Block des Todes", schrieb in einem unmittelbar nach der Befreiung verfaßten Bericht, die „Massenabspritzungen" hätten im Januar 1945 begonnen, weil die SS der „das Lager überflutenden" Häftlingstransporte nicht mehr Herr geworden sei, die vor allem aus den KZ des Ostens kamen.[42] Es ist aber auch nicht auszuschließen, daß angesichts des Massensterbens und der dadurch für die Lagerbürokratie unübersichtlich werdenden Totenzahlen die verstorbenen homosexuellen Häftlinge der vorhergehenden Wochen oder Tage summarisch mit dem Sterbedatum 8. Februar zusammengefaßt worden sind.

Rechnet man zu den namentlich in Buchenwald erfaßten Todesfällen (ca. ein Drittel der homosexuellen Häftlinge) die 40 Toten vom 8. Februar 1945 hinzu, so ergibt sich, daß zwei Fünftel der Häftlinge mit dem rosa Winkel im Stammlager und dessen Außenkommandos ums Leben kamen. Am 11. April 1945, dem Tag der Befreiung, sind in der Buchenwalder Lagerstatistik noch 81 Homosexuelle erfaßt.

Anmerkungen

1 Vgl. u. a. Jellonnek, Burkard, Homosexuelle unter dem Hakenkreuz. Die Verfolgung von Homosexuellen im Dritten Reich, Paderborn: Ferdinand Schöningh 1990; Limprecht, Cornelia/ Müller, Jürgen/ Oxenius, Nina (Hrsg.), „Verführte" Männer. Das Leben der Kölner Homosexuellen im Dritten Reich, Köln: Volksblatt Verlag 1991; Sparing, Frank, „... wegen Vergehen nach § 175 verhaftet". Die Verfolgung der Düsseldorfer Homosexuellen während des Nationalsozialismus, Düsseldorf: Grupello Verlag 1997.
2 Lautmann, Rüdiger/ Grikschat, Winfried/ Schmidt, Egbert, Der rosa Winkel in den nationalsozialistischen Konzentrationslagern, in: Seminar Gesellschaft und Homosexualität von Rüdiger Lautmann, Frankfurt a. M.: Suhrkamp Verlag 1977, S. 325 ff.
3 Vgl. Röll, Wolfgang, Homosexuelle Häftlinge im Konzentrationslager Buchenwald 1937–1945, hrsg. v. d. Gedenkstätte Buchenwald, Weimar (1992).
4 Der Autor hat seit 1990 aus dem ihm zugänglichen Quellenmaterial eine Kartei von homosexuellen Häftlingen des KZ Buchenwald zusammengestellt, die Namen, Vornamen, Geburtsdaten, Geburtsorte, Einlieferungsdaten nach Buchenwald, Sterbe-, Überstellungs- oder Entlassungszeitpunkte und – soweit möglich – weitere Angaben enthält. Diese Kartei wird laufend ergänzt. Vgl. Archiv der Gedenkstätte Buchenwald (BwA), Kartei homosexueller Häftlinge des KZ Buchenwald.
5 Hierbei konnte er das von Rüdiger Lautmann zur Verfügung gestellte Material aus den 70er Jahren nutzen, als die Möglichkeit des Zugangs zu Arolsen noch bestand. Leider wird der Zugang zu diesem Archiv seit den 80er Jahren Historikern einerseits mit datenschutzrechtlichen Argumenten verwehrt, andererseits damit, daß die immer noch andauernde und seit dem Zusammenbruch des politischen Systems im Osten Europas wieder enorm gestiegene Auskunftstätigkeit für ehemalige Häftlinge und deren Angehörige (bes. im Zusammenhang mit Entschädigungsleistungen) nicht behindert werden dürfe. Man kann sich dabei nur der Forderung von Historikern bzw. Gedenkstättendirektoren anschließen, hier wieder eine vernünftige, der Forschung dienende Lösung zu finden, zumal diese ja vor Jahrzehnten gegeben war.
6 Die Buchenwaldbestände des Thüringischen Hauptstaatsarchivs setzen sich aus den jeweiligen Beständen des Bundesarchivs in Koblenz, die 1987 im Rahmen des damaligen deutsch-deutschen Kulturabkommens nach Weimar kamen, und denen der Staatlichen Archivverwaltung der DDR zusammen, die Anfang der 90er Jahre von Berlin ins Thüringische Hauptstaatsarchiv gebracht wurden.
7 Hier gibt es inzwischen einen wissenschaftlichen Rücklauf beim Austausch von Daten.
8 Lautmann, Rüdiger u. a., Der rosa Winkel in den nationalsozialistischen Konzentrationslagern..., S. 333.
9 Bundesarchiv – Zentrales Parteiarchiv der SED (BA – ZPA), Pst 3 – 271, fol. 51, Schreiben Reinhard Heydrichs an Heinrich Himmler, 2. 7. 1935, zit. nach: Homosexualität in der NS-Zeit. Dokumente einer Diskriminierung und Verfolgung. Hrsg. v. Günter Grau, Frankfurt a. M.: Fischer Taschenbuch Verlag 1993, S. 89.
10 Ebenda.

11 Schutzhafterlaß des Reichsministers des Innern, Wilhelm Frick, 25.1.1938, in: Buchenwald. Mahnung und Verpflichtung, 4. Aufl., Berlin (Ost): Deutscher Verlag der Wissenschaften 1983, S. 37f.
12 Schutzhafterlaß des Reichsministers des Innern, Wilhelm Frick, 12./16.4.1934, in: Ebenda, S. 36f.
13 Vgl. Sparing, Frank, „... wegen Vergehen nach § 175 verhaftet"..., S. 178.
14 Lautmann u. a., Der rosa Winkel in den nationalsozialistischen Konzentrationslagern..., S. 364.
15 Vgl. Reichsgesetzblatt. Teil I, Jg. 1933, S. 995 ff.
16 Zur Vorbeugehaft vgl. Terhorst, Karl-Leo, Polizeiliche planmäßige Überwachung und polizeiliche Vorbeugungshaft im Dritten Reich, Heidelberg 1985.
17 Die Angaben stützen sich auf Informationen von Jürgen Müller, Köln und auf die Nummern- bzw. Geldkarte des KZ Buchenwald. Gerhard L. kam im Oktober 1938 in das KZ Mauthausen.
18 Vgl. auch Jellonek, Burkard, Homosexuelle unter dem Hakenkreuz..., S. 318.
19 Vgl. Stümke, Hans Georg, Vom „unausgeglichenen Geschlechtshaushalt". Zur Verfolgung Homosexueller, in: Verachtet – verfolgt – vernichtet. Zu den „vergessenen" Opfern des NS-Regimes, Hamburg 1988, S. 62 ff.; Röll, Wolfgang, Homosexuelle Häftlinge im Konzentrationslager Buchenwald..., S. 35 ff.
20 Vgl. Thüringisches Hauptstaatsarchiv (ThHStaA) Weimar, Bestand NS Bu 4, Akte Vaernet.
21 Eine systematische Erfassung der unter anderer Kategorie eingewiesenen Homosexuellen vorzunehmen, würde bedeuten, biographisch vorgehen zu müssen, d. h. die Lebenswege mehrerer tausend Häftlinge respektive ihrer Verfolgungsgeschichte müßten im einzelnen erforscht werden, was unter den gegenwärtigen Bedingungen nicht zu leisten sein dürfte.
22 Vgl. Herbert, Ulrich, Best. Biographische Studien über Radikalismus, Weltanschauung und Vernunft. 1903–1989, Bonn: Dietz Verlag 1996, S. 157 f.
23 Schreiben von Werner Best an Fritz Sauckel, 20.9.1937, in: Buchenwald. Mahnung und Verpflichtung..., S. 64.
24 Allerdings muß hier einschränkend bemerkt werden, daß ich meinen Vergleich bisher nur nach Geburtsorten vornehmen kann, da in den mir vorliegenden KZ-Dokumenten zumeist nur der Geburtsort, nicht aber der unmittelbare Verhaftungsort bzw. die entsprechende einweisende Gestapostelle genannt sind und sich die dies ausweisenden Häftlingspersonalkarten – gegenwärtig nicht zugänglich – im Archiv des Internationalen Suchdienstes des Roten Kreuzes in Arolsen befinden.
25 ThHStaA Weimar, Nummernkartei des KZ Buchenwald, alphabetisch geordnet.
26 BwA, vgl. die vom Autor erstellte Kartei homosexueller Häftlinge des KZ Buchenwald.
27 Mitteilung der Gedenkstätte Dachau, 10.9.1997.
28 Lautmann, Rüdiger u.a., Der rosa Winkel in den nationalsozialistischen Konzentrationslagern..., S. 336.
29 Vgl. Wolfgang Röll, Homosexuelle Häftlinge im Konzentrationslager Buchenwald..., S. 18.
30 Vgl. ThHStaA, KZ Bu 5 Bd.7, Totenbuch; Sterbebücher Standesamt Weimar II (Zweitschriften) 1942.
31 Vgl. dazu auch Stein, Harry, Juden in Buchenwald 1937–1942, hrsg. v. der Gedenkstätte Buchenwald, Weimar 1992, S. 110 ff.
32 Zeugenaussage Ferdinand Römhild, Nürnberger Nachfolgeprozesse, Fall Nr. 1 (Ärzteprozeß), NO 2636, zit. nach: BwA, 82 14–10.
33 Die in DDR-Zeiten zugänglichen Durchschriften des Berichts waren ohne Unterschrift des Verfassers im Archiv der Gedenkstätte Buchenwald in der Sammlung von Stefan Heymann zu finden. Deshalb wurde lange Zeit von der Wahrscheinlichkeit ausgegangen, dieser sei auch dessen Autor. Durch die Veröffentlichung der im US-Nationalarchiv befindlichen und von den Verfassern signierten Orginalberichte in der von David A. Hackett 1995 in den USA herausgegebenen Publikation „Buchenwald Report" wurde Ferdinand Römhild als Verfasser offenbart.
Ferdinand Römhild, geb. 1903, stammte aus Frankfurt am Main. Seit 1935 war er in Haft, von 1938 bis 1945 als politischer Häftling im KZ Buchenwald. Dort seit 1940 als Arztschreiber tätig, wurde er ab 1943 Sekretär der Lagerärzte Waldemar Hoven und Gerhard Schiedlausky. Nach 1945 übte er eine Tätigkeit in der Frankfurter Betreuungsstelle der Opfer des Faschismus aus. Kogon bezeichnet ihn in der Einleitung seines „SS-Staates" als guten Freund und Sozialisten in der Häftlingsfunktion „1. Sekretär des Häftlingskrankenbaus". Er sei ihm einer der engeren Mitarbeiter bei der Erstellung seines 400seitigen Berichts für ein Team der Psychological Warfare Division nach der Befreiung des Lagers gewesen. Vgl. Kogon, Eugen, Der SS-Staat. Das System der deutschen Konzentrationslager, München: Verlag Karl Alber 1946, S. XII f.

34 Kogon, Eugen, Der SS-Staat..., S. 210. Vgl. dazu auch Bericht „Die Situation der Homosexuellen im Konzentrationslager Buchenwald", BwA, 56 14–16 bzw. dessen deutsche Veröffentlichung in: Der Buchenwaldreport. Bericht über das Konzentrationslager Buchenwald bei Weimar. Hrsg. v. David A. Hackett, München: Verlag C. H. Beck 1996, S. 206 ff. (amerikanische Orginalausgabe: The Buchenwald Report, San Francisco/Oxford: Westview Press 1995).
35 Schreiben Reinhard Heydrichs über die Einstufung der Konzentrationslager, 2.1.1941, in: Internationaler Militärgerichtshof (IMG), Bd. XXVI, Nürnberg 1949, S. 696.
36 Vgl. Röll, Wolfgang, Homosexuelle Häftlinge im Konzentrationslager Buchenwald..., S. 20.
37 Vgl. BwA, unverzeichnet, Stärkemeldungen des KZ Buchenwald Januar bis März/April 1945; ThHStaA Weimar, KL Bu 143, Tagebuch des KZ Buchenwald sowie Stärkemeldungen; siehe auch: Die Situation der Homosexuellen im Konzentrationslager Buchenwald. Dokumentation. Kommentiert von Günter Grau, in: Zeitschrift für Sexualforschung 2/1989; Röll, Wolfgang, Homosexuelle Häftlinge im Konzentrationslager Buchenwald..., S. 18 ff.
38 „Abgänge" war ein Begriff in der bürokratischen Sprache der SS-Täter. Er konnte „Überstellungen" in andere Lager, Verstorbene oder Entlassungen beinhalten.
39 Vgl. BwA, Verzeichnis der abgehenden Transporte, S. 17 f. Dieses Verzeichnis enthält das Datum, die Zielorte und die Anzahl der Deportierten der jeweiligen Transporte. Transportlisten aus diesem Zeitraum (Frühjahr 1945), aus denen die Zusammensetzung der Häftlingstransporte hervorgehen würde, sind leider nicht mehr vorhanden.
40 Das Kommando S III wurde im Herbst 1944 in der Nähe von Ohrdruf errichtet. In den letzten Monaten des Krieges sollte in Thüringen noch ein Führerhauptquartier entstehen. Häftlinge mußten in den Wintermonaten 1944/45 Stollen in einen Berg im Jonastal bei Arnstadt treiben. Dabei kamen bedingt durch die katastrophalen Arbeits- und Lebensdingungen mehr als 4000 von ihnen ums Leben.
41 Hierzu wäre noch weitere Forschungsarbeit zu leisten, auch in Kooperation mit der Gedenkstätte Bergen-Belsen.
42 BwA 55–12, Bericht Louis Gymnich „Der Block des Todes", 1945.

Bernhard Strebel,
M. A., geb. 1962, Historiker, wiss. Mitarbeiter an der Universität Hannover, Veröffentlichungen zu verschiedenen Aspekten der Geschichte des KZ Ravensbrück: Selbstbehauptung und Widerstand, System der Funktionshäftlinge, Lagergeschichte.

Die „Rosa-Winkel-Häftlinge" im Männerlager des KZ Ravensbrück

Das Männerlager des KZ Ravensbrück stand über 50 Jahre im Schatten des zentralen und – neben dem in Auschwitz-Birkenau – größten Frauenkonzentrationslager des NS-Regimes, so daß darüber bislang kaum etwas bekannt war[1]. Dies ist um so erstaunlicher, als der polnische Häftling und letzte Lagerschreiber Józef Kwietniewski im Zuge der Evakuierung des Lagers Ende April 1945 eine in vielerlei Hinsicht außerordentlich wertvolle Quelle vor der Vernichtung durch die Lager-SS retten konnten: die vom 8. April 1941 bis 15. April 1945 geführten sogenannten Nummernbücher des Männerlagers[2], deren Aufbau der Chronologie der vergebenen Häftlingsnummern folgt. Sie enthalten die Namen von etwas über 20 000 Häftlingen sowie Angaben zu deren Nationalität, dem Haftgrund, zum Geburtsdatum und dem weiteren Verbleib der Häftlinge (Tod, Verlegung in ein anderes KZ, Entlassung, Flucht o. ä.).[3] Zwar ist auch diese weitgehend geschlossene Quelle (ca. 19 600 Einträge sind lesbar) nur begrenzt aussagefähig, läßt aber quantitative Aussagen zur Altersstruktur, Todesrate etc. zu und bietet somit die Möglichkeit, die lagerübergreifende Studie von Rüdiger Lautmann über die „Rosa-Winkel-Häftlinge"[4] um eine Fallstudie zu einem Konzentrationslager zu ergänzen. Hinzu kommen zwei ausführliche Erinnerungsberichte über das Männerlager in Ravensbrück von ehemaligen politischen Häftlingen[5] – die einzigen, in denen die homosexuellen Häftlinge mit mehr als einem Satz erwähnt werden – sowie Unterlagen mehrerer Gerichts- und Ermittlungsverfahren, die Hinweise auf das Schicksal einzelner homosexueller Häftlinge enthalten.

Das Männerlager des KZ Ravensbrück

Die hauptsächliche Funktion des im April 1941 eingerichteten Männerlagers bestand darin, ein Arbeitskräftereservoir an männlichen KZ-Häftlingen (darunter zahlreiche Handwerker) für den ständigen Ausbau des großen Frauenlagers und des sich mit dem Industriehof, dem Jugend-KZ Uckermark, den Siemens-Werkshallen und dem „Siemens-Lager" zu einem Lagerkomplex entwickelnden KZ Ravensbrück bereitzuhalten. Bis Ende 1944 wurden die Häftlinge des Männerlagers bis auf vereinzelte Ausnahmen aus Buchenwald, Dachau, Sachsenhausen, Flossenbürg, Neuengamme, Natzweiler, Niederhagen (Wewelsburg) und Auschwitz überstellt. Bis zu diesem Zeitpunkt blieb auch die Zahl der Häftlinge im Männerlager verhältnismäßig konstant (1500–2000). In der Aufstellung des Wirtschafts-Verwaltungshauptamtes (WVHA) vom 15. Januar 1945 finden sich für das Männerlager Ravensbrück und seine Außenlager 7848 Häftlinge verzeichnet, von denen sich schätzungsweise 2500 bis 3000 im Stammlager befanden.[6] Tote oder Geschwächte wurden in regelmäßigen Abständen durch Transporte aus den genannten Lagern „ersetzt". Die „Krankentransporte" kamen in den ersten Jahren nach Dachau, später (ab 1944) nach Bergen-Belsen, wo die Mehrzahl der Häftlinge nach wenigen Tagen oder Wochen starb oder (in Dachau) für Vernichtungstransporte selektiert wurde. Bis Ende 1942 besaß das aus fünf Wohnbaracken und einer Wirtschaftsbaracke (in der sich unter anderem die Küche, das Revier und eine Arrestzelle befanden) bestehende Männerlager den Charakter eines Straflagers, in dem alle Arbeiten im Laufschritt erledigt werden mußten und ein großer Teil der Häftlinge zu Tode geschunden wurde. Folgendermaßen faßt der Kommunist Karl Gerber, der im April 1941 mit dem ersten Transport aus der Strafkompanie von Dachau gekommen war, die Zustände im Männerlager von Ravensbrück in dieser Phase zusammen: „Wer in diesem Hetzjagen an Dachau zurückdachte [...] verspürte Heimweh."[7]

Ab Frühjahr 1943 entwickelte sich das Männerlager zunehmend zum Stammlager für die im Nordosten des „Reichsgebietes" in direkter Nachbarschaft von Rüstungsbetrieben errichteten Außenlager. Zu den größten zählten Barth (Heinkel-Flugzeugwerke, insg. über 2500 Häftlinge) und Karlshagen I und II auf der Insel Usedom (Erprobungsstelle des Reichsluftfahrtministeriums und Versuchsserienwerk des Heereswaffenamtes zur Entwicklung und Herstellung der V2-Raketen, insgesamt über 2000 Häftlinge). Anfang März 1945 wurde der Großteil der Häftlinge des Männerlagers (2100) vorzeitig nach Sachsenhausen „evakuiert". Mitte April 1945 erreichten Ravensbrück dann noch „Evakuierungstransporte" mit insgesamt über 6000 männlichen Häftlingen aus Mittelbau-Dora und dem Neuengammer Außenlager Watenstedt („Reichswerke Hermann Göring"). Sowohl während des Transportes als auch in Ravensbrück blieben diese Häftlinge weitgehend unversorgt, was eine große Anzahl Todesopfer zur Folge hatte.

Von April 1941 bis Mitte 1945 wurden offiziell in den Nummernbüchern 1742 Todesfälle offiziell registriert. Hinzu kommen die ca. 300 im Verlauf der Mordaktion „14 f 13" – der Fortführung der „Euthanasie" in den Konzentrationslagern – im Frühjahr 1942 und die mindestens 104 in der Gaskammer von Ravensbrück Ende März/Anfang April 1945 getöteten männlichen Häftlinge.[8]

Die homosexuellen Häftlinge

Insgesamt finden sich in den Nummernbüchern des Männerlagers 146 Häftlinge mit dem Haftgrund „§ 175" verzeichnet. Bei 22 weiteren Häftlingen ließ sich anhand darüber hinausgehender Unterlagen feststellen, daß ihre Einweisung ins Konzentrationslager im Anschluß an verbüßte Haftstrafen wegen Verstößen gegen den von den Nationalsozialisten 1935 erheblich verschärften § 175 erfolgt war, auch wenn 19 von ihnen in Ravensbrück als „Befristete Vorbeugehäftlinge" mit dem grünen Winkel, zwei als (politische) Schutzhäftlinge mit einem roten und einer mit dem schwarzen Winkel als „asozial/arbeitsscheu" gekennzeichnet wurden.[9] Die folgenden Angaben beziehen sich deshalb auf eine Gesamtzahl von 168 homosexuellen Häftlingen, die 0,8 % aller Häftlinge im Männerlager Ravensbrück ausmachten.

Die ersten neun homosexuellen Häftlinge kamen mit dem ersten Transport aus der Dachauer Strafkompanie (insg. 300 Häftlinge) am 8. April 1941 nach Ravensbrück. Mit einem weiteren großen Transport (insg. 800 Häftlinge) gelangten 33 Homosexuelle am 13. März 1942 aus Buchenwald nach Ravensbrück. Den größten Anteil an homosexuellen Häftlingen (27 Männer) hatte ein Transport mit 400 Häftlingen aus Flossenbürg, der Ravensbrück am 18. Juli 1942 erreichte. Weitere elf „Rosa-Winkel-Häftlinge" kamen am 3. November 1943 mit einem 252 umfassenden Transport von Natzweiler ins Außenlager Karlshagen I. Auch für das Außenlager Barth läßt sich die Überstellung von insgesamt sechs homosexuellen Häftlingen aus Buchenwald und Neuengamme im November

1943 bzw. März 1944 nachweisen. Die Tatsache, daß der Großteil der übrigen homosexuellen Häftlinge keinem der ansonsten in der Mehrzahl rekonstruierbaren Transporte aus anderen Lagern zugeordnet werden kann, läßt vermuten, daß sie – was im Männerlager Ravensbrück die Ausnahme war – einzeln nach Verbüßung einer Zuchthaus- bzw. Gefängnisstrafe nach Ravensbrück überstellt worden sind.[10]

Eine Auswertung der Nummernbücher nach Jahrgängen zeigt, daß unter den homosexuellen Häftlingen die Jahrgänge 1899 bis 1905 am stärksten vertreten waren, während insgesamt im Männerlager die Jahrgänge 1921 bis 1925 deutlich dominierten. Damit lag das durchschnittliche Alter der homosexuellen Häftlinge in etwa 20 Jahre über dem allgemeinen Altersdurchschnitt aller Häftlinge. Der älteste in den Nummernbüchern verzeichnete „Rosa-Winkel-Häftling" war der Anfang Januar 1943 eingelieferte 69jährige Gustav H., der einem Nachtrag zufolge wenige Tage danach am 14. Januar 1943 starb. Die beiden Jüngsten waren der zum gleichen Zeitpunkt eingelieferte 21jährige Willi T., der am 15. April 1945 in Bergen-Belsen befreit wurde[11], und der im Januar 1945 nach Ravensbrück verbrachte ebenfalls 21jährige Klemens F., der Anfang März 1945 zusammen mit den meisten anderen Häftlingen des Männerlagers nach Sachsenhausen „evakuiert" wurde. Sein weiteres Schicksal ist unbekannt.

Informationen zur sozialen Herkunft oder zum beruflichen Status sind den Nummernbüchern nur in Einzelfällen zu entnehmen. Rainer Hoffschildt macht in seiner Statistik über die § 175-Häftlinge in Ravensbrück – die unter anderem auf einer Auswertung umfangreicher, in Yad Vashem in Kopien zugänglicher Unterlagen des Internationalen Suchdienstes Arolsen basiert – Angaben zum Beruf von 68 Homosexuellen in Ravensbrück, von denen 45 Arbeiter und Handwerker und 23 Angestellte und Kaufleute waren.[12]

Dem Bericht des Sozialdemokraten Conrad Finkelmeier (Häftling in Ravensbrück von März 1942 bis April 1945 und zeitweise als Lager- später als Revierschreiber eingesetzt) zufolge handelte es sich bei den „Rosa-Winkel-Häftlingen" meist um „ehemalige SS- und SA-Angehörige und Pgs [Parteigenossen der NSDAP, B.S.] und Führer aus der Hitlerjugend".[13] Da es keine Selbstzeugnisse von in Ravensbrück inhaftierten Homosexuellen gibt, muß offen bleiben, inwieweit das von Finkelmeier gezeichnete Bild nicht auch zu einem Teil die widersprüchliche Haltung der beiden großen Arbeiterparteien KPD und SPD in der Weimarer Republik zum Problem der Homosexualität widerspiegelt; eine Haltung, die vom Einsatz für die Abschaffung des § 175 auf der einen und einer Wertung von Homosexualität als „unproletarische Erscheinung"[14] und Auswuchs bürgerlicher Dekadenz auf der anderen Seite gekennzeichnet war. Darüber hinaus gilt es quellenkritisch zu bedenken, daß der Vorwurf der Homosexualität im Kampf zwischen Rechts und Links – nicht erst seit der „Röhm-Affäre" – beiden Seiten als ein Mittel diente, den politischen Gegner zu verunglimpfen.[15]

Differenzierter als bei Finkelmeier finden die homosexuellen Häftlinge bei Karl Gerber Erwähnung, der sich bis Januar 1945 in Ravensbrück befand und zeitweilig als Blockältester und Revierhelfer eingesetzt war. Auf die Frage: „Wer waren die rosaroten Winkelträger?" führt er aus: „Selten Proletarier und meist gefühlsverirrte Söhne des Kleinbürgertums, Bannführer der Hitlerjugend, Offiziere und Schauspieler, aber auch gereifte Menschen, die der Denunziation eines Heimtückers zum Opfer gefallen waren. Manche wurden bei ersten Übertretungen erwischt und aus der Volksgemeinschaft verstoßen. Am ersten Tage ihrer Einlieferung in ein Lager begann das ‚Katz-und-Maus-Spiel' und es endete meist mit dem Tod des Opfers. Man überschüttete die armen Geschöpfe mit Ekel. Sie waren keine kriegerischen Naturen und wichen bei der ersten Lästerung, ihrer natürlichen Schwäche wohl bewußt, zurück. Wenn die Mißhandlung begann, konnten Feigheit, Schuldempfinden oder Scham nicht mehr unterschieden werden".[16]

Gerbers Bericht ist auch der einzige, der mit seinen Beschreibungen einzelne Homosexuelle aus dem anonymen Schatten des rosa Winkels hervortreten läßt:

„M[...]., ein ehemaliger Buchhändler, fühlte sich bewußt ‚der besonderen Varietät des dritten Geschlechts' zugehörig. Mit Beispielen aus der Historie und Literatur versuchte er, seine ‚ethische Auffassung' zu begründen. Er war kein schlechter Mensch und stapfte mit zähem Willen durch den gelben ausgemergelten Sand. [...] Drei Monate später spülte das Lager auch diesen Sünder mit einem Invalidentransport in die Ungewißheit"[17] (Karl M., geb. 1896, zuvor seit August 1937 in den Konzentrationslagern Dachau und Mauthausen inhaftiert, wurde Ende März 1942 im Rahmen der Aktion „14 f 13" ermordet).

„K[...]., der verschämte Junge, wirbelte auf dem Barackenboden [der im Aufbau befindlichen Wirtschaftsbaracke, B.S.] herum wie eine Ballerina des Germain Degas und schwenkte sein Tüllröckchen, das aus der Lagerhalle stammte. Die Seele einer koketten selbstbewußten Persönlichkeit. Ich erblickte einen veränderten Menschen. War dies der schüchterne Arbeiter, klug und ohne Hinterhältigkeit? Die vielen Jahre hernach blieb er das Arbeitstier, schlug sich durch, wie es gerade ging. Nach seinem ersten Spiel auf der Schaubühne Ravensbrück wurde er in der Küche als Kartoffelschäler beschäftigt und unauffällig hatte er sich zurückgezogen"[18] (Die Spur von Rudolf K., geb. 1913, zuvor seit Dezember 1940 in Dachau inhaftiert, verliert sich ab Januar 1944 in Ravensbrück).

Mit der eigenwilligen, teilweise schonungslosen Ironie, die seinen gesamten Bericht durchzieht, schildert Gerber außerdem eine für Ravensbrück außergewöhnliche Begebenheit, eine „Tingeltangelstunde", bei der eine Gruppe Zigeuner, denen die SS ihre Instrumente nicht abgenommen hatte, in seinem Block aufspielte: „Die ‚Trude', ein Wiener Homosexueller, sang. Dann tanzte die ‚Mona Lisa', ein Hamburger Junge; sein Auftreten in der Badehose und sein Lied verrieten ein liebeshungriges Mädchen. Was war dies plötzlich für eine verwandelte Welt? [...] Die ‚Zintys' spielten ungarische Tänze von Brahms, Weisen ihres Primas Sarasate und die ‚Mona Lisa' parodierte das grausame Mädchen Carmen."[19]

Die Situation der homosexuellen Häftlinge in Ravensbrück

„Es gab Zeiten, wo die SS den Homosexuellen besondere Aufmerksamkeit schenkte und deren Vernichtung systematisch organisierte"[20], schrieb Conrad Finkelmeier 1947 in seinem Erlebnisbericht über Buchenwald und Ravensbrück. In ähnlicher Weise charakterisiert auch Karl Gerber die Situation der „Rosa-Winkel-Häftlinge": „Zu Beginn des Krieges mußten zeitweilig die mit der verhängnisvollen Abweichung die erbärmlichste Behandlung ertragen. Wie die Juden endeten sie in der Qual überschwerer Arbeitsleistungen, ‚gingen ein' oder wurden ‚fertiggemacht'."[21] Ihre Bestätigung finden beide Schilderungen in den Nummernbüchern, aus denen hervorgeht, daß es vor allem das Jahr 1942 war, in dem die Zahl der Todesopfer unter den Homosexuellen (24 Männer) und den jüdischen Häftlingen (74 Männer) am größten war. Nicht enthalten in dieser Zahl sind die im Rahmen der Mordaktion „14 f 13" im Frühjahr 1942 in Ravensbrück selektierten und direkt danach ermordeten sieben homosexuellen und 139 jüdischen Häftlinge. Das bedeutet, daß Ende 1942 von den bis dahin nach Ravensbrück verbrachten 78 Homosexuellen 32 umgekommen oder ermordet worden waren, das heißt 41 %. Bei den „reichsdeutschen" jüdischen Häftlingen betrug dieser Prozentsatz 67 %, bei den

Bibelforschern 40 % und bei den „reichsdeutschen" politischen Häftlingen 15 %, während er insgesamt bei 27 % lag. Was die Zahlen nur erahnen lassen, verdeutlicht ein Vorfall, der als Bestandteil der Anklage gegen den Schutzhaftlagerführer des Männerlagers, SS-Obersturmführer Rudolf Beer (Oktober 1941 – Juli 1944), vor einem Schwurgericht in Stuttgart 1949/50 aktenkundig wurde: „Im Juli oder August 1942 konnte ein jüngerer deutscher Häftling, der als Homosexueller einen rosa Winkel trug, vor Schwäche nicht mehr arbeiten. Er wurde deshalb beim Abendappell zur Strafe zu einem Strafarbeitskommando, das sogleich nach Beendigung des Appells ohne Essensempfang ausrücken mußte, abgestellt. Beim Abmarsch des Kommandos sank der Häftling aber vor Schwäche um. Der Angeklagte [Rudolf Beer, B.S.] und einige andere SS-Leute versuchten nun, ihn mit Fußtritten hoch zu bekommen. Als das nichts nützte, stopften sie dem bewußtlos Gewordenen Schnupftabak in den Mund, aber erst, als er auf den Befehl des Angeklagten mit mehreren Eimern kalten Wassers übergossen wurde, kam er wieder zur Besinnung. Der Angeklagte befahl, ihn ins Bad zu bringen, und die auf dem Appellplatz stehenden Häftlinge hörten das Aufklatschen von Schlägen und die Schreie des Mißhandelten. Nach einigen Minuten brachten SS-Leute den Häftling, der nicht mehr laufen konnte, heraus und schleppten ihn zu dem am Tor wartenden Strafkommando. Dort lag der erneut bewußtlos Gewordene auf dem Boden; ihm wurden auf Befehl des Angeklagten die Füße mit Draht umwickelt, und von dort mußten ihn Mithäftlinge so zum Arbeitsplatz schleppen, so daß sein Kopf auf der Erde schleifte. Abends gegen 23 Uhr erfuhr der Zeuge Fi., daß der Häftling gestorben sei, und später bekam er als Lagerschreiber auch noch die offizielle Mitteilung vom Tode des Häftlings mit der üblichen Angabe von der Todesursache als Herz- und Kreislaufschwäche".[22]

Nicht berücksichtigt in den obengenannten Zahlen sind die sogenannten „Krankentransporte", mit denen sich die Lagerleitung des Männerlagers Ravensbrück in regelmäßigen Abständen der ausgezehrten und schwerkranken Häftlinge entledigte.[23] In dem „Krankentransport" nach Dachau vom 20. Juli 1942 befanden sich unter den 300 Gefangenen auch zehn Homosexuelle. Nur einer von ihnen überlebte die kommenden Wochen und Monate und wurde im Juni 1943 entlassen.[24] Ein weiterer Homosexueller wurde Ende 1942 nach Auschwitz überstellt, wo er im Januar 1943 starb. Von den restlichen kamen vier wenige Wochen nach ihrer Ankunft in Dachau um und vier wurden für „Invalidentransporte" selektiert, was deren Ermordung in den Gaskammern der „Heil- und Pflegeanstalt" Hartheim bei Linz bedeutete. Ein weiterer „Krankentransport" Richtung Dachau verließ Ravensbrück am 1. November 1942; mit ihm auch elf homosexuelle Häftlinge. Nur drei von ihnen erlebten die Befreiung; vier starben in Dachau kurze Zeit später, die Mehrzahl noch im November; zwei kamen nach einer Odyssee durch weitere Lager 1944 in Auschwitz bzw. Majdanek um; zwei Schicksale ließen sich nicht restlos klären: die eine Spur verliert sich in Dachau, die andere im Januar 1944 im Konzentrations- und Vernichtungslager Majdanek.[25]

Gerber zufolge verbesserte sich die Situation der „175er" ab 1944, als einige vor allem in den Außenanlagern als „reichsdeutsche" Häftlinge in erträglichere Positionen im System der Funktionshäftlinge aufrücken konnten: „Die Herrenmenschen hackten nicht mehr auf die Invertierten ein wie die Krähen auf das ihnen vorgeworfene Aas."[26] Auch den Nummernbüchern ist zu entnehmen, daß die Zahl der Todesopfer unter den homosexuellen Häftlingen – im Vergleich zum Jahr 1942 – ab 1943 deutlich abnahm: So wurden 1943 und 1944 jeweils sechs Todesfälle registriert sowie ein weiterer Todesfall bis Mitte April 1945.

Eine Demütigung der besonderen Art: Die „Prüfung der zur Abkehr Willigen"

Rudolf Höss, langjähriger Kommandant des KZ Auschwitz und ab November 1943 Amtschef bei der Inspektion der Konzentrationslager, widmete in seinen autobiographischen Aufzeichnungen auch den homosexuellen Häftlingen einen ausführlichen Abschnitt, der, wie Martin Broszat als Herausgeber zu Recht anmerkt, „eher ein Licht auf die Haltung des Schreibers"[27] wirft, als daß er die Lage der Homosexuellen in den Konzentrationslagern erhellt. Höss berichtet unter anderem, daß auf Anordnung des Reichsführers-SS Heinrich Himmler 1944 in Ravensbrück „Abkehr"-Prüfungen durchgeführt wurden. Ausgehend von dem „sexualwissenschaftlichen Aberglauben"[28], daß es sich zumindest bei einem – laut Höss dem größten – Teil der Homosexuellen um eine heilbare Neigung handele, die durch schwere Arbeit „aberzogen" werden könne, sollte nun in Ravensbrück offensichtlich „geprüft" werden, inwieweit diese „Methode" den angestrebten „Erfolg" gezeitigt hatte.[29] Dazu wurden – so Höss – über einen Zeitraum von 14 Tagen homosexuelle Häftlinge aus dem Männerlager mit Prostituierten aus dem Frauenlager[30], welche den Auftrag bekommen hatten, „sich den Homosexuellen unauffällig zu nähern und sie geschlechtlich zu reizen" in einer Arbeitsbaracke zusammengebracht und beobachtet. Auch Finkelmeier und Gerber berichten davon, schildern den Verlauf, das Ergebnis und die Konsequenzen dieser „Prüfungen" allerdings in wesentlichen Punkten erheblich anders.

Zuerst die Version von Höss: „Die Gebesserten nahmen diese Gelegenheit sofort wahr, sie brauchten kaum dazu aufgefordert werden. Die Unheilbaren beachteten die Frauen gar nicht. Näherten sich ihnen diese allzu deutlich, so wandten sie sich vor Ekel und Abscheu geschüttelt ab. – Nach der Prozedur wurde den zur Entlassung vorgesehenen nochmals Gelegenheit gegeben, mit Gleich-Geschlechtlichen zu verkehren. Fast alle verschmähten diese Möglichkeit und lehnten Annäherungsversuche wirklicher Homosexueller strikt ab. Doch gab es auch Grenzfälle, die beide Gelegenheiten wahrnahmen."[31]

Für die Berichte Finkelmeiers und Gerbers ist festzuhalten, daß sie sich den eigentlichen Zweck des „sonderlichen Experiments"[32] nicht erklären konnten. Was den Verlauf der „Prüfungen" angeht, berichten Finkelmeier und Gerber übereinstimmend, daß diese in einer abgesperrten Baracke stattfanden und von einem SS-Oberscharführer beaufsichtigt wurden, der die „so ungleichen Pärchen im SS-Jargon zu Paarungsszenen (ermunterte)" und dem Kommandanten täglich Bericht über die „Annäherungsversuche" zu erstatten hatte; ein Verlauf, der beim besten Willen nicht als „unauffällig" bezeichnet werden kann, sondern vielmehr das Ausmaß der Demütigung und Erniedrigung für die betroffenen männlichen und weiblichen Häftlinge offenbart. Auch der zweite Teil der „Prüfungen" – die Gelegenheit des gleichgeschlechtlichen Verkehrs – wird in den beiden Häftlingsberichten nicht erwähnt, ebenso wie das „Ergebnis" der „Prüfungen" dort weitaus weniger „positiv" dargestellt wird als bei Höss. Folgt man Höss, so hatten sich ein großer Teil der Homosexuellen als „geheilt" erwiesen und wäre damit zur Entlassung vorgesehen gewesen. Dem Bericht von Karl Gerber ist allerdings zu entnehmen, daß diese vergeblich auf die ihnen zugesagte Entlassung warteten. Auch in den Nummernbüchern sind für 1944 und 1945 keine Entlassungen von Homosexuellen verzeichnet.

Bilanz

Zusammenfassend läßt sich für die homosexuellen Häftlinge im Männerlager des KZ Ravensbrück folgendes festhalten: Von insgesamt 168 wurden drei entlassen, wobei nicht geklärt werden konnte, ob es sich um Entlassungen in die „Freiheit" oder aber Einberufungen zur Wehrmacht bzw. Eingliederung in eine der Sonder- und Bewährungseinheiten der Wehrmacht handelte.[33] Für zwei Homosexuelle, die in Ravensbrück den grünen Winkel der „Befristeten Vorbeugehäftlinge" trugen, konnte festgestellt werden, daß der Grund für deren Überstellung nach Sachsenhausen im Juni 1943 die anschließende Eingliederung in die „Sonderformation Dirlewanger" war.[34] Insgesamt kamen in Ravensbrück und seinen Außenlagern 45 Homosexuelle ums Leben oder wurden dort für eine sich direkt anschließende Vernichtung selektiert. Das entspricht einer Todesrate von 26 %, womit die Homosexuellen in Ravensbrück nach den „reichsdeutschen" Juden (63 %) und den Italienern (32 %) die Verfolgtengruppe mit der dritthöchsten Todesrate darstellten. Zum Vergleich die Todesraten weiterer Verfolgtengruppen: „reichsdeutsche" Politische (13 %), Bibelforscher (3,2 %) und „Asoziale" (17 %). Der Vergleich mit der Zwischenbilanz von Ende 1942 zeigt allerdings – besonders deutlich das Beispiel der Bibelforscher – wie sehr die Entwicklung der Todesrate schwanken konnte.[35] Trotzdem läßt sich festhalten, daß das Jahr 1942, einschließlich der Mordaktion „14 f 13", die meisten Todesopfer im Männerlager des KZ Ravensbrück forderte und die Homosexuellen nach den jüdischen Häftlingen mit überdurchschnittlicher Härte traf. Die sich deutlich voneinander unterscheidenden Todesraten beider Verfolgtengruppen machen allerdings auch deutlich, daß sich deren Lagerschicksale im unteren Bereich der „Lagergesellschaft" – im Hinblick auf besondere Schikanierungen und Mißhandlungen durch die Lager-SS – zwar berührten[36], eine weitergehende Gleichsetzung jedoch unangebracht ist. Zumindest für Ravensbrück läßt die nach 1942 deutlich sinkende Zahl der Todesfälle unter den homosexuellen Häftlinge den Schluß zu, daß sich ihre Situation ab 1943 merklich verbesserte. Ein Vergleich mit dem weiteren Schicksal der jüdischen Häftlinge ist nicht mehr möglich, da sich ab Ende 1942 kaum noch „reichsdeutsche" jüdische Häftlinge im Männerlager befanden.

Zu den nachweislich in Ravensbrück zu Tode gebrachten und für die Vernichtung Selektierten kommen insgesamt 26 weitere homosexuelle Häftlinge hinzu, die – offensichtlich schwerkrank oder am Ende ihrer Kräfte – im Rahmen von „Krankentransporten" nach Dachau und Bergen-Belsen gebracht wurden, wobei in zwölf Fällen festgestellt werden konnte, daß sie dort wenige Wochen später starben bzw. als „Invaliden" ermordet wurden. Neben Eintragungen von Überstellungen in andere Lager (Buchenwald, Natzweiler, Sachsenhausen) findet sich hinter den Namen von 33 homosexuellen Häftlingen kein weiterer Eintrag, was lediglich bedeutet, daß die Betreffenden sich bis zum 15. April 1945 – dem Datum, bis zu dem die Nummernbücher geführt wurden – in Ravensbrück oder einem seiner Außenlager befanden. Wieviele von ihnen tatsächlich die Befreiung erlebten, muß offen bleiben. So lassen sich zum Beispiel keine genauen Angaben zum Schicksal der insgesamt mehr als 6000 Häftlinge machen, die Mitte April 1945 aus Watenstedt und Mittelbau-Dora nach Ravensbrück „evakuiert" wurden (darunter fünf „Rosa-Winkel-Häftlinge"), ebenso wenig wie zu denjenigen Häftlingen, die in der letzten Woche des April 1945 in das „Evakuierungslager" Wöbbelin bei Ludwigslust gebracht wurden, wo die Bedingungen ähnlich katastrophal waren wie in Bergen-Belsen in den letzten Monaten und Wochen vor der Befreiung.[37]

Zusätzlich zu den bereits erwähnten vier in Dachau bzw. Bergen-Belsen befreiten homosexuellen Häftlingen konnte lediglich in fünf weiteren Fällen anhand von Berichten oder Zeugenaussagen in Ermittlungsverfahren ein definitiver Beleg für ein Überleben gefunden werden.[38] In besonderem Maße tragisch gestaltete sich das Schicksal von Gallus S., der mit dem Transport vom Juli 1942 aus Flossenburg gekommen war und nach eigenen

Angaben in Ravensbrück von Januar 1944 bis Januar 1945 im „Krematoriumskommando" arbeiten mußte. Er geriet wenige Tage nach der Befreiung in sowjetische Gefangenschaft, wo er angab, aus politischen Gründen inhaftiert gewesen zu sein. Im August 1948 verurteilte ihn ein sowjetisches Militärtribunal in Orel wegen „Beteiligung an der Verbrennung ermordeter und erschossener Frauen und Kinder" zu 25 Jahren „Arbeits- und Besserungslager".[39]

Auch die in der BRD gegen Angehörige des SS-Bewachungspersonals geführten Ermittlungsverfahren enthalten keine Informationen zur Situation der homosexuellen Häftlinge im Männerlager des KZ Ravensbrück, was mit Sicherheit zu einem großen Teil darauf zurückzuführen ist, daß der § 175 in der von den Nationalsozialisten verschärften Form bis Ende der 60er Jahre in Kraft blieb und deshalb die Angst vor erneuten Repressalien und Verfolgungen groß war. Lediglich in der Aussage von Horst S. aus dem Jahre 1968 kommt der Grund seiner Verhaftung zur Sprache. Der zu diesem Zeitpunkt 80jährige Rentner verlieh darüber hinaus seiner Empörung über seine Nicht-Anerkennung als Verfolgter des NS-Regimes Ausdruck, welche für das Leben fast aller Homosexueller nach dem Überleben des Infernos der Konzentrationslager prägend war: „Ich weise ausdrücklich noch einmal darauf hin, daß ich keine Wiedergutmachungsleistungen beziehe."[40]

Anmerkungen

1 Ausführlicher zur Geschichte des Männerlagers: Das Männerlager im KZ Ravensbrück 1941–1945, in: Dachauer Hefte 14 (1998), S. 141–174. Dort auch weitergehende Quellenangaben.
2 Archiv des Bundesbeauftragten für die Unterlagen des Staatssicherheitsdienstes der ehemaligen DDR (BStU), ZA RHE-West 485/4, Bl. 270, Aussage Józef Kwietniewski vom 19. 1. 1969
3 Sie befinden sich auf Mikrofilm im Archiv der Hauptkommission zur Untersuchung der Verbrechen am polnischen Volk in Warschau, KL Ravensbrück 49–52. Soweit nicht anders vermerkt, basieren sämtliche statistischen Angaben sowie jene zu einzelnen Personen auf diesem Quellenbestand.
4 Rüdiger Lautmann, Winfried Grikschat, Egbert Schmidt: Der rosa Winkel in den nationalsozialistischen Konzentrationslagern, in: Rüdiger Lautmann (Hg.): Seminar: Gesellschaft und Homosexualität, Frankfurt/M. 1977, S. 325–365; Rüdiger Lautmann: Categorization in Concentration Camps as a Collective Fate: A Comparison of Homosexuals, Jehovah's Witnesses and Political Prisoners, in: Journal of Homosexuality, Vol. 19 (1) 1990, S. 67–88.
5 Conrad Finkelmeier: Die braune Apokalypse. Erlebnisbericht eines ehemaligen Redakteurs der Arbeiterpresse aus der Zeit der Nazityrannei, Weimar 1947; Karl Gerber: KZ Lagerbuch. Welzheim – Dachau – Ravensbrück, unveröffentl. Manuskript. Nürtingen 1949. Für die Einsichtnahme in den Nachlaß ihres Mannes danke ich Lieselotte Gerber.
6 Letzte erhaltene Übersicht über die Zahl der Wachmannschaften und der KZ-Häftlinge aus der Amtsgruppe D des WVHA vom 15. 1. 1945, Faksimile in: Johannes Tuchel: Die Inspektion der Konzentrationslager 1938–1945. Das System des Terrors, Berlin 1994, S. 212.
7 Gerber (Anm. 5), S. 5; Włodzimierz Kuliński: Kurze Information über das Männerkonzentrationslager Ravensbrück, Warszawa 1984 (dt. Übers. durch Georgia Peet), in: Archiv der Mahn- und Gedenkstätte Ravensbrück (ARa), Nr. II/10, S. 13–16.
8 Eugen Kogon, Hermann Langbein, Adalbert Rückerl (Hg.): Nationalsozialistische Massentötungen durch Giftgas. Eine Dokumentation, Frankfurt/M. 1986, S. 65–80 und 257–263; bezüglich des Männerlagers Ravensbrück vgl. Strebel (Anm. 1), S. 162f., 167f.
9 Für die entsprechenden Hinweise danke ich Rainer Hoffschildt.
10 Zumindest in zwei Fällen ist dies belegbar, in: Bundesarchiv (BA), NS 31/257. In einem Fall kamen Vorstrafen wegen Eigentumsdelikten hinzu.

11 Public Record Office (Kew) WO 309/1699, Aussage Willi T., 7.9.45. Angesichts der anhaltenden Diskriminierung von Homosexuellen wurde hier und im folgenden zur Wahrung der Anonymität auf eine Nennung des vollen Namens verzichtet, um die betreffenden Personen nicht nachträglich zu „outen".
12 Rainer Hoffschildt: Statistik über die § 175-Häftlinge im KZ Ravensbrück (1941–45), Hannover, Stand 9.1.1998, unveröffentlichtes Manuskript.
13 Finkelmeier (Anm. 5), S. 141.
14 Zur Haltung von SPD und KPD: Hans-Georg Stümke: Homosexuelle in Deutschland. Eine politische Geschichte, München 1989, S. 96–102, Zitat: S. 98.
15 Vgl. Richard Plant: Rosa Winkel. Der Krieg der Nazis gegen die Homosexuellen, Frankfurt/M. 1991, S. 35–40.
16 Gerber (Anm. 5), S. 35.
17 Ebd., S. 34 f.
18 Ebd., S. 58.
19 Ebd., S. 102 f.
20 Finkelmeier (Anm. 5), S. 141.
21 Gerber (Anm. 5), S. 34.
22 Justiz und NS-Verbrechen. Sammlung deutscher Strafurteile wegen nationalsozialistischer Tötungsverbrechen 1945–1966. Hg.: Adelheid Rüter-Ehlermann/H. H. Fuchs/Christian Frederic Rüter, Amsterdam 1971, Bd. VI, S. 669 f.
23 Strebel (Anm. 1), S. 160.
24 Unter welchen Bedingungen die Entlassung erfolgte und ob es sich um eine in die „Freiheit" handelte oder vielmehr mit einer Einberufung zur Wehrmacht verbunden war, ließ sich nicht klären.
25 Schriftliche Mitteilung Albert Knoll (KZ-Gedenkstätte Dachau), 25.2.1998; ergänzende Hinweise bei Hoffschildt (Anm. 12).
26 Gerber (Anm. 5), S. 297 f.
27 Kommandant in Auschwitz. Autobiographische Aufzeichnungen des Rudolf Höss, hg. von Martin Broszat, München 1989, zu den homosexuellen Häftlingen: S. 79–82, Zitat: S. 80, Fußnote 2.
28 So Burkhard Jellonek: Homosexuelle unter dem Hakenkreuz. Die Verfolgung von Homosexuellen im Dritten Reich, Paderborn 1990, S. 22.
29 Zur nationalsozialistischen Typisierung des Homosexuellen sowie der Zielrichtung der Homosexuellenverfolgung in der NS-Zeit vgl. Jellonek (Anm. 28), S. 23–36; zum „Homosexuellen-Bild" Himmlers vgl. Plant (Anm. 15), S. 58–91.
30 Ob es sich tatsächlich – und wenn dann, zu welchem Teil – um weibliche Häftlinge handelte, die vor ihrer KZ-Haft als Prostituierte gearbeitet hatten, ließ sich nicht feststellen. Unabhängig davon ist anzunehmen, daß es sich ähnlich wie bei den „Anwerbungen" weiblicher Häftlinge für die Häftlingsbordelle in Männerlagern um eine Form der Zwangsprostitution handelte. Vgl. Christa Paul: Zwangsprostitution. Staatlich errichtete Bordelle im Nationalsozialismus, Berlin 1994.
31 Kommandant in Auschwitz, S. 81 f.
32 Die Zitate hier und im folgenden sind Gerber (Anm. 5), S. 297 f., und Finkelmeier (Anm. 5), S. 141, entnommen.
33 Der militärische Einsatz von Männern, die wegen homosexueller Betätigung verurteilt worden waren, ist bislang wenig erforscht, siehe dazu: Hans-Peter Klausch: Die Bewährungstruppe 500. Stellung und Funktion der Bewährungstruppe 500 im System von NS-Wehrrecht, NS-Militärjustiz und Wehrmachtsvollzug, Bremen 1995, S. 24 (insb. Fußnote 61); Günter Grau (Hg.): Homosexualität in der NS-Zeit. Dokumente einer Diskriminierung und Verfolgung, Frankfurt/M. 1993, S. 209–241.
34 BA, NS 31/257; vgl. Hans-Peter Klausch: Antifaschisten in Uniform. Schicksal und Widerstand der deutschen politischen KZ-Häftlinge, Zuchthaus- und Wehrmachtsgefangenen in der SS-Sonderformation Dirlewanger, Bremen 1993, S. 75–85.
35 Zu den Gründen für den auch in anderen Konzentrationslagern feststellbaren Rückgang der Todesstrafe bei den Bibelforscher-Häftlingen und die sich erheblich verbessernde Lage dieser Gruppe ab 1942/43 vgl. Detlef Garbe: Zwischen Widerstand und Martyrium. Die Zeugen Jehovas im Dritten Reich, München 1999, S. 451 ff. und S. 484 f.
36 Lautmann (Anm. 4): Categorization (Anm. 4), S. 83; Lautmann u. a.: Der rosa Winkel, S. 327.
37 Vgl. Strebel (Anm. 1), S. 168 ff. und 172 f.; Eberhard Kolb: Bergen-Belsen. Vom „Aufenthaltslager" zum Konzentrationslager 1943–1945, Göttingen 1996, S. 42–50; Hermann Kaienburg: Das Konzentrationslager Neuengamme 1938–1945, hg. von der KZ-Gedenkstätte Neuengamme, Bonn 1997, S. 272 f.

38 Zentralstelle der Landesjustizverwaltungen, Ludwigsburg, 409 AR-Z 94/71, Aussage Horst S., 4. 5. 1968; Ebd., 409 AR-Z 108/70, Aussage Anton K., 12. 4. 69; Bundesarchiv (Zwischenarchiv Dahlwitz-Hoppegarten), ZM 1640, A 2; Bericht Horst N., o. J.; ARa, Bd. 43, Nr. 940, Bericht Willi K., Feb. 1946.
39 BStU, ZA RHE 14/73, Bl. 13–18, Auszug aus der Strafsache Nr. W-1179. 1955 wurde Gallus S. an die Bundesrepublik Deutschland übergeben. Sein weiteres Schicksal ist unbekannt.
40 Aussage Horst S. (Anm. 38); vgl. Jellonek (Anm. 28), S. 11 ff.

Jörg Hutter,
Dr. rer. pol., geb. 1958, selbständig arbeitender Soziologe, gegenwärtig ist folgende Veröffentlichung im Westdeutschen Verlag in Vorbereitung: Ausgrenzung macht krank – Homosexuellenfeindlichkeit und HIV-Infektionen, geplanter Erscheinungstermin Ende 1999.

Konzentrationslager Auschwitz: Die Häftlinge mit dem rosa Winkel

„Das ‚Kalendarium' kann nicht gelesen werden wie ein anderes Buch", schreibt Walter Laqueur in seinem Vorwort zu Danuta Czechs Chronologie der Ereignisse im Konzentrationslager Auschwitz.[1] In der Tat fällt es schwer, sich ständig der Bedeutung dessen zu vergewissern, was in den Mitteilungen der nationalsozialistischen Bürokratie aseptisch und neutral daherkommt. Die sich wiederholenden Eintragungen eines jeden Tages klingen monoton und eindimensional: „Den mit einem Sammeltransport eingelieferten Häftlingen sind die Nummern soundso bis soundso vergeben worden"; „Auf der Versuchsstation von Prof. Dr. Carl Clauberg im Block 10 des Stammlagers verringert oder vergrößert sich die Belegstärke um soundsoviele Häftlinge"; oder: „Mit einem Transport des Reichssicherheitshauptamtes sind etwa 3000 jüdische Männer, Frauen und Kinder aus dem Ghetto in Sosnowitz", „2000 aus dem Lager Westerbork in Holland" usw. eingetroffen, „nach der Selektion erhielten die Häftlinge die Nummern von X bis Y, die übrigen Deportierten werden in den Gaskammern getötet" usw. usf.

Auschwitz steht heute als Symbol für eine bislang beispiellose Vernichtung von Menschen, für eine Todesfabrik deutscher Perfektion, der weit über eine Million Menschen zum Opfer fielen. Allerdings mordet die SS die Menschen nicht nur nach der ökonomisch effizientesten Methode, etwa durch das Vergasen mit Zyklon B oder dem „Abspritzen" mit Phenol.[2] Die Menschen werden zuvor ausgeraubt, ihre Arbeitskraft ausgebeutet, ihre Haut und Haare, ja selbst ihre Fäkalien noch industriell verwertet. Die Körper der Lebenden müssen für qualvolle Menschenversuche herhalten, etwa für „Forschungen" zur Seuchenbekämpfung und Massensterilisierung, zu „wissenschaftlichen" Untersuchungen über die Auswirkungen von elektrischen Schockbehandlungen oder zu gentechnischen Experimenten. Die Art und Weise, wie das Hygiene-Institut seine Bakterienzucht mit totem Menschengewebe betreibt, entsetzt sogar SS-Oberscharführer[3] Erich Mußfeld. Häftlingsärzte schneiden aus den Oberschenkeln der gerade Hingerichteten Muskelteile heraus, um sie in Eimern zu sammeln. „Die Muskeln der gerade Erschossenen bewegten sich noch und konvulsierten, rüttelten in den Eimern und versetzten diese in ruckartige Bewegungen."[4] Auschwitz, so resümiert Ernst Klee in seiner beklemmenden Monographie über die Verbrechen der Deutschen Ärzteschaft, garantierte den absoluten Zugriff auf lebende und werdende Menschen. Auschwitz war die Hölle für die Häftlinge und der Himmel für die Forschung, die sich hemmungslos des „Menschenmaterials" bediente.[5]

Ich möchte hier jedoch nicht intensiver auf diese Massenhinrichtungen eingehen, auf das Schrecklichste der Schrecken oder das Ende der Welt, das Angehörige der SS als den Anus mundi[6] charakterisierten. Denn die Menschenvernichtung großen Stils traf insbesondere die Juden, gefolgt von den Sinti und Roma, den sowjetischen Kriegsgefangenen sowie den Polen, die allesamt zu den rassisch definierten Feindgruppen der Nationalsozialisten zählten. Von diesen Massenmorden blieben die sogenannten „reichsdeutschen" Häftlinge verschont. Ihre Internierung lief nicht zwangsläufig auf Vernichtung hinaus. Als besserungsfähige „Erziehungshäftlinge" sollten sie in erster Linie durch harte Arbeit umerzogen werden. Sie konnten sogar darauf hoffen, Auschwitz auf legalem Wege wieder zu verlassen, nämlich dann, wenn die Lagerleitung glaubte, ihr Erziehungsziel erreicht zu haben. Für diese These sprechen u. a. die vereinzelt mitgeteilten Entlassungen von Häftlingen.[7]

Wenn ich mich in diesem Beitrag dem Schicksal der Rosa-Winkel-Häftlinge widme, dann erscheint obige Differenzierung gerade im Hinblick auf die in Auschwitz dokumentierten Massentötungen unabdingbar. Gerade weil die Bilder von über Hunderttausenden von Homosexuellen, denen es schlimmer erging als allen anderen und die systematisch vernichtet worden seien, nicht stimmen, bedarf es eines Tertium comparationis, gewissermaßen einer Sinnverwandtschaft der Internierungsgründe, die es uns erst erlaubt, Häftlingsgruppen miteinander zu vergleichen. Die Umerziehungspläne für die „Reichsdeutschen" lassen sich mit der „Endlösung der Judenfrage" nicht in Beziehung setzen. Denn Homosexuelle sind weder systematisch erfaßt noch allumfassend deportiert worden. Sie hatten – zwar nur sehr geringe, aber dennoch belegbare – Überlebenschancen und konnten sogar entlassen werden. Einer der wenigen Wege in die Freiheit ebneten die „freiwilligen" Kastrationen, ein Eingriff allerdings, der für die Betroffenen erhebliche gesundheitsschädigende Folgen hatte.[8] Diese oder ähnliche Möglichkeiten blieb den Juden, Sinti und Roma sowie den sowjetischen Kriegsgefangenen grundsätzlich verwehrt.

Struktur des Konzentrationslagers Auschwitz

Die Zugehörigkeit zu einer bestimmten Feindgruppe der Nationalsozialisten bestimmte somit das Schicksal des einzelnen wesentlich. Diesen Zusammenhang verdeutlicht bereits die Struktur des Konzentrationslagers Auschwitz. Um sie besser verstehen zu können, sei hier der Aufbau des Lagers in der gebotenen Kürze rekonstruiert.[9]

Das Konzentrationslager Auschwitz verdankt seinen Namen der polnischen Stadt Oswiecim, ein Eisenbahnknotenpunkt etwa 30 km von Kattowitz und 60 km von Krakau entfernt am Rand des Oberschlesischen Industriegebietes gelegen. Die strategisch günstige Lage des Gebietes sowie seine verhältnismäßig dünne Besiedlung geben den Ausschlag dafür, daß sich eine Kommission unter Führung von Rudolf Höß, nachdem sie das entsprechende Kasernengelände außerhalb der Stadt am 18./19. April 1940 besichtigt hat, für die Errichtung eines Lagers an diesem Ort ausspricht. Am 27. April befiehlt der Reichsführer der SS und Chef der Deutschen Polizei Heinrich Himmler die Errichtung des Lagers, der Inspekteur der Konzentrationslager Richard Glücks ernennt Rudolf Höß am 29. April zum Kommandanten.

Von Mai bis Dezember 1940 errichten die ersten dreißig „reichsdeutschen" und 727 polnischen Häftlinge auf dem Kasernengelände das Lager. Nach einer Inspektion befiehlt Himmler am 1. März 1941, das Stammlager für 30 000 Häftlinge auszubauen, in dem drei Kilometer entfernten Birkenau ein Lager für 100 000 Kriegsgefangene zu errichten und dem IG-Farbenkonzern 10 000 Häftlinge für den Aufbau der sogenannten „Buna-Werke" in Dwory zur Verfügung zu stellen. Nach dem deutschen Angriff auf die Sowjetunion am 22. Juni 1941 beginnen die Vorbereitungen zur „Endlösung der Judenfrage". Am 8. Juli d. J. beauftragt Hermann Göring den Chef der Sicherheitspolizei Reinhard Heydrich[10] mit der Vorbereitung der Massenmorde, am 29. Juli klärt Adolf Hitler mit

Rudolf Höß die technische Seite dieser euphemistisch als „Gesamtlösung" bezeichneten Vernichtung ganzer Bevölkerungsgruppen. Heydrich ist es auch, unter dessen Leitung eine geheime Konferenz am 20. Januar 1942 in Berlin-Wannsee beschließt, die Juden zur Hinrichtung in die Ostgebiete zu deportieren.

Die ersten Massenmorde, die heute nachgewiesen werden können, finden am 3. September 1941 im Stammlager von Auschwitz statt. Ihr fallen etwa 600 sowjetische Soldaten und ca. 250 kranke polnische Häftlinge zum Opfer. 13 000 sowjetische Kriegsgefangene, von denen im Herbst 1942 noch 92 leben, haben im Winter 1941/42 den Lagerkomplex Birkenau erbaut. Holzbaracken vom Typ „Pferdestall" sollen als Unterkunft dienen.

Während am 15. Februar 1942 die ersten Transporte von Juden eintreffen, die anfänglich noch in der Leichenhalle des Krematoriums im Stammlager mit Zyklon B vergast werden, überführt man die überlebenden sowjetischen Kriegsgefangenen nach Birkenau, wo die SS am 1. März 1942 offiziell das Kriegsgefangenenlager als vom Stammlager getrennten Bereich in Betrieb nimmt. Bereits am 20. März beginnt die SS mit dem Vergasen von Menschen in zwei Bauernhäusern in Birkenau. Mitte 1942 starten die Bauarbeiten für das Vernichtungszentrum in Birkenau. Parallel dazu werden mehrere Außenlager errichtet. Dort läßt man die Häftlinge in der Rüstungsproduktion und anderen Branchen arbeiten. Am 30. Oktober 1942 verlegt die Lagerleitung die ersten Gefangenen nach Dwory in das neue Lager Monowitz bei den Buna-Werken.

1943 nimmt die Größe von Auschwitz-Birkenau Ausmaße einer großen Industrieanlage an. Zwischen dem 22. März und 25. Juni 1943 beendet die Zentralbauleitung die Errichtung von vier Krematorien und Gaskammern. Im Stammlager kann sich während dessen Häftlingswiderstand formieren.[11] Die Widerstandsbewegung organisiert die Informationssammlung über SS-Verbrechen und schmuggelt Berichte, die sogenannten Kassiber, aus dem Lager heraus. „Da das englische Radio so viel von der Vernichtung von Häftlingen in Auschwitz berichte(t)"[12], entbindet Himmler Höß von seiner Funktion als Lagerkommandant. Am 11. November 1943 löst ihn Arthur Liebehenschel ab. Unter seiner Leitung wird Auschwitz in drei Lagerbereiche aufgegliedert: Auschwitz I, das Stammlager, Auschwitz II, das Vernichtungslager in Birkenau und Auschwitz III, die Arbeitslager an den umliegenden Industriestandorten.

Der konspirative Lagerwiderstand kann weitere Erfolge verbuchen. Ihm gelingt es, den Kommandanten Liebehenschel von der unseligen Tätigkeit der Lagerspitzel zu überzeugen. Anhand einer von der Widerstandsgruppe angefertigten Liste werden die Spitzel überführt und am 2. Februar 1944 in einem Straftransport in das Konzentrationslager Flossenbürg überstellt. Die Demontage des Spitzelsystems und Begünstigung der Widerstandsbewegung wird Liebehenschel zum Verhängnis. Am 8. Mai 1944 wird Höß zurückversetzt und von Heinrich Himmler zum Beauftragten für die Vernichtung der ungarischen Juden ernannt.[13] Unter seiner Regie gelingt die Verwirklichung der letzten Etappe des Mordprogrammes. Bedrängt durch das Vorrücken der alliierten Truppen und dem schnellen Vormarsch der Roten Armee läßt man die Juden in aller Eile aus den besetzten Gebieten in das einzige noch verbliebene Vernichtungszentrum deportieren.

Richard Bär löst am 29. Juli Rudolf Höß als Kommandanten ab. Das Vergasen von Menschen wird am 2. November 1944 eingestellt. Ende November gibt Himmler den Befehl, die Krematorien zu zerstören. Am 17. Januar 1945 treten die verbliebenen etwa 67 000 Häftlinge zum letzten Abendappell an. Am nächsten Tag treibt sie die SS zu Sammelpunkten, von denen die Gefangenen in offenen Güterwaggons ins Reichsinnere transportiert werden. Die SS ist nicht mehr in der Lage, die zurückgebliebenen Häftlinge allesamt zu liquidieren. Am 27. Januar befreit die Rote Armee die im Konzentrationslager Auschwitz zurückgebliebenen und überwiegend kranken ca. 7000 Häftlinge.

Die Lagerstruktur – dies sollte der obige Abriß verdeutlichen – offenbart einen zweispurigen Zugriff des nationalsozialistischen Terrorsystems. Laut Heinrich Himmler, Reichsführer der SS, waren die Konzentrationslager nach Repressionsstufen einzuteilen. Die erste Kategorie bildeten Lager wie Dachau oder Sachsenhausen, in die nur besserungsfähige Häftlinge einzuweisen waren. Auschwitz und Neuengamme diente der Internierung von schwerbelasteten, aber dennoch erziehungsfähigen Häftlingen. Konzentrationslager wie Mauthausen und Groß-Rosen schließlich waren für die schwerbelasteten und zur Erziehung unfähigen Häftlinge bestimmt.[14] Trotz der im Lagersystem verankerten indirekten Vernichtung durch Hunger und Arbeit sollten die Zwangsmittel dosiert zur Anwendung kommen. Selbst Himmler hat den Gedanken an eine Besserung im Sinne der nationalsozialistischen Ideologie nie ganz aufgegeben. In Auschwitz-Birkenau sowie den anderen Vernichtungszentren wie Lublin-Maidanek, Belzec, Treblinka, Sobibor, Jungfernhof bei Riga oder Maly Trostinec bei Minsk selektierten die SS-Ärzte nur zur Tötung hin. Die Arbeitskraft der arbeitsfähigen Häftlinge sollte zuvor noch ausgenutzt werden.[15] Todgeweiht waren die Deportierten aber allesamt.

Zeugnisse von Rosa-Winkel-Häftlingen im Konzentrationslager Auschwitz

Wer denkt, in der gängigen Auschwitz-Literatur auch über die Rosa-Winkel-Häftlinge informiert zu werden, wird schnell eines Besseren belehrt. So berichtet etwa Hermann Langbein in seinem Kapitel „Sexualität" über homosexuelles Verhalten unter den Lagerinsassen, erwähnt hingegen die Häftlingsgruppe mit den rosa Winkeln mit keinem Wort. Langbein spricht von sexuellem Mißbrauch, hervorgerufen durch sexuelle Not: „Kapos[16] hielten sich ‚Pipel', junge Burschen, die ihnen persönliche Dienste zu leisten hatten, dafür von schwerer Arbeit befreit und begünstigt waren. Nicht wenige Kapos mißbrauchten ihre Jungen sexuell."[17] Platzte jedoch einmal eine solche homosexuelle Affäre, dann sperrte die SS den Kapo sowie den Pipel, meist junge Polen oder Juden, in den Bunker.[18] „Der Deutsche mußte eine Erklärung unterschreiben, daß er sich kastrieren lasse. Nach dem Eingriff wurde er (in das Lager) freigelassen und erhielt seine Funktion wieder. Der junge Bursch, der ihm zu Willen gewesen war, um sein Leben zu sichern, wurde an der schwarzen Wand erschossen."[19]

Nicht ganz so drastisch fiel die Bestrafung des jungen Gärtners Günther Weinberg aus, auf dessen Fall wir – eine Gruppe schwuler Männer – im Sommer 1989 im Archiv des Museums Auschwitz gestoßen sind.[20] Die Dokumente zeugen einerseits von dem Überlebenskampf innerhalb der damaligen Arbeitskommandos, andererseits geben sie ein bedrückendes Bild von der peniblen Gründlichkeit, mit der die SS derartige „Vergehen" ermittelt und geahndet hat. Der knapp 21jährige jüdische „Schutzhäftling" Günther Weinberg gibt am 18. Januar 1944 im Verhör zu Protokoll, im Lager Buna (Auschwitz III) von dem älteren, „sicherheitsverwahrten und reichsdeutschen" Häftling Michael Unger angesprochen worden zu sein. Für einen halben Liter Essen sollte er diesem die Schuhe putzen und die Kleider reinigen. Nach Einwilligung erhält Günther Weinberg auch noch einen Pullover. Am selben Tag gelingt es dem Älteren, den Jugendlichen in einen abseits gelegenen Raum zu führen. „Hier forderte er mich auf, meine Hose herunter zu lassen, nachdem er mich vorher schon wiederholt geküßt hatte. Nachdem ich meine Hose herunter ließ, führte er sein Glied in meinen After ein, wodurch ich sehr große Schmerzen hatte. Dann verließ er mit mir gemeinsam diesen Raum und sagte mir noch, daß ich niemandem von diesem Vorfall erzählen soll."[21]

Wahrscheinlich teilt Günther Weinberg das Geschehene mit, ohne sich der Tragweite seiner Aussage bewußt zu sein. Nach dem Verhör „erbittet" der zuständige Schutzhaftlagerführer, der SS-Obersturmführer[22] Schütte, für „W." eine Strafe von 25 Stockhieben, da dieser einer Aufforderung, „im Lager widernatürliche Unzucht zu treiben, nachkam". Obwohl die peniblen Durchführungsbestimmungen zur Strafvollstreckung ein ordnungsgemäßes Vorgehen vortäuschen, dokumentiert das entsprechende Schriftstück eine grausame „körperliche Züchtigung" für den verzweifelten Versuch, die Zwangsarbeit im Lager zu überleben. Der Lagerarzt stellt fest, daß nach ärztlicher Untersuchung „vom ärztlichen Standpunkt keine Bedenken" gegen den Vollzug der Prügelstrafe an Günther Weinberg bestünden. Sodann „genehmigt" der Amtsgruppenchef des Berliner Wirtschafts- und Verwaltungshauptamtes „gestützt auf das vorliegende ärztliche Gutachten" die Strafe. Den Vollzug bestätigt der die Stockhiebe verabreichende Häftling mit seiner Unterschrift. Schließlich zeichnen noch die beim Strafvollzug anwesend SS-Mitglieder, zu denen der Lagerarzt genauso zählte wie der Lagerkommandant, der SS-Hauptsturmführer[23] Heinrich Schwarz.

Ob sich der Häftling Michael Unger einer Kastration unterziehen mußte, konnten wir nicht ermitteln. Entmannungen deutscher Häftlinge waren dem Reichsführer der SS Heinrich Himmler mitzuteilen. „Da die deutschen Gefangenen die einzigen waren, mit deren Freilassung gerechnet wurde, und Unfruchtbarkeit vieler aus dem Lager Entlassener die erwünschte schnelle Vermehrung der ‚Herrenrasse' hemmen könnte, ordnete Himmler die Errichtung von Bordellen in den Konzentrationslagern an. Damit sollte die Homosexualität bekämpft werden."[24] Der Weisung entsprechend eröffnet die SS am 30. Juni 1943 ein Bordell auf Block 24 im Stammlager, später auch eines im Nebenlager Buna.

Alle diese Schilderungen erwähnen die Häftlingskategorie der rosa Winkel nicht. Das Museum Auschwitz, also die dortige KZ-Gedenkstätte, verzichtet selbst noch in den von ihr 1995 publizierten Sterbebüchern von Auschwitz, bei den Listen der Verstorbenen den Grund der Internierung zu vermerken.[25] In dem dort abgedruckten Beitrag von Kazimierz Smolen formuliert dieser lapidar unter der Überschrift „Polen im KZ Auschwitz", daß „polnische Häftlingen (...) so gut wie nie in den Kategorien „Berufsverbrecher", „ Vorbeugungshaft-Asozialer und der Kategorie, die für Homosexuelle (§ 175 des Deutschen Strafgesetzbuches) galt, vertreten"[26] waren.

Die große Zurückhaltung bei der Behandlung dieses Themas läßt vermuten, daß es im heutigen katholischen Polen noch immer schwerfällt, sich unbefangen einem (homo-)sexuellen Thema zu widmen. In der Tat erwähnen Autoren – und es sind ausschließlich Männer – die Rosa-Winkel-Häftlinge nur mit stark negativen Konnotationen: Von ehemaligen Häftlingen über Mitarbeiter der KZ-Gedenkstätte bis zum ehemaligen Kommandanten Rudolf Höß.

Die ehemaligen Häftlinge Ota Kraus und Erich Kulka erwähnen die Kategorie der Rosa-Winkel-Häftlinge mit folgenden Worten: „Den rosa Winkel trugen die ‚schwulen Brüder', Menschen, die wegen Homosexualität gefangengehalten wurden. Im Lager bot sich ihnen eine günstige Gelegenheit, so viele junge Burschen wie nur möglich zu mißbrauchen."[27] In der dritten Auflage und offiziellen Publikation der KZ-Gedenkstätte Auschwitz formuliert Tadeusz Iwasko in seinem Beitrag „Kennzeichnung der Häftlinge": „Eine ebenfalls kleine Gruppe bildeten im Lager mit einem rosa Dreieck gekennzeichnete Häftlinge, die wegen Homosexualität verhaftet worden waren. In Wahrheit war die Gruppe im Lager viel zahlreicher, da unter den langjährigen Häftlingen, insbesondere den Berufsverbrechern deutscher Nationalität, Homosexualität oft angetroffen wurde, wobei die Berufsverbrecher, die verschiedene Funktionen ausübten, sich andere Häftlinge mit Gewalt oder Versprechungen gefügig machten."[28] Auch die Memoiren des ehemaligen Lagerkommandanten Rudolf Höß belegen, daß die Kategorie des rosa Winkels in Auschwitz eindeutig mit einem Negativprestige umgeben war: „Wo sie nur eine Gelegenheit fanden, lagen sie sich in den Armen. Auch wenn sie körperlich noch so sehr herunter waren, frönten sie ihrem Laster weiter."[29] Auffällig ist, mit welchem Beharrungsvermögen alle Autoren an einer Negativsicht festhalten. Zudem differenzieren sie nicht zwischen Lagerhomosexualität unter den privilegierteren Häftlingen und einer Verurteilung nach § 175 RStGB, welche die Polizeieinheiten Heinrich Himmlers durch Einweisung in das Konzentrationslager eigenmächtig „korrigierten."[30]

Mögliche Zeugnisse von homosexuellen Frauen

Die Suche nach Spuren lesbischer Frauen, die in die Konzentrationslager verschleppt worden sind, steht noch ganz am Anfang. Immerhin liegt seit einigen Jahren eine Monographie von Claudia Schoppmann vor, in der die Situation der Rosa-Winkel-Frauen im „Frauen-KZ Ravensbrück" beschrieben wird. In vielen Fällen ist lesbisch mit asozial gleichgesetzt worden, und die Frauen sind als Sozialverfolgte interniert gewesen. Zudem waren viele homosexuelle Frauen gezwungen, im Lagerbordell zu arbeiten.[31] Claudia Schoppmann berichtet auch von der Einrichtung einer Frauenabteilung im Stammlager von Auschwitz, deren Insassen sich aus einem Transport weiblicher Häftlinge vom KZ Ravensbrück zusammensetzten. Dieser Bereich blieb zunächst der Kommandantur des Frauen-KZ Ravensbrück unterstellt.

Auffällig ist, daß der ehemalige Kommandant Rudolf Höß die asozialen und kriminellen weiblichen Häftlinge aus Ravensbrück ähnlich negativ beurteilt wie die Männer mit dem rosa Winkel. Beide Häftlingsgruppen hatten einen schlechten Ruf: eine immerhin bemerkenswerte Gemeinsamkeit. Rudolf Höß über die Frauen: „Ich glaube, daß damals Ravensbrück das wirklich ‚Beste' für Auschwitz rausgesucht hatte. Sie übertrafen ihre männlichen Pendants bei weitem, in Unverwüstlichkeit, Niederträchtigkeit, Gemeinheit und Verworfenheit. Es waren meist Dirnen mit erheblichen Vorstrafen. Oft widerliche Weiber."[32]

Die ersten, am 26. März 1942 eingelieferten Frauen erhalten die Nummern von 1 bis 999. Die Liste der Frauentransporte ins KZ Auschwitz umfaßt Namen mit anderen Angaben von insgesamt 75 697 Frauen, die bis zum 26. Februar 1944 dort registriert und eingewiesen worden sind. Zukünftiger Forschung wird es vorbehalten bleiben, aus dieser Menge die wenigen Frauen herauszufiltern, die vielleicht als homosexuell oder lesbisch gekennzeichnet sind.[33]

Personenbezogene Daten über die Männer mit dem rosa Winkel

Über die männlichen Rosa-Winkel-Häftlinge liegen indessen detailliertere Kenntnisse vor. Wir verdanken sie der Recherche einer Gruppe schwuler Männer, die zusammen mit dem Auschwitz überlebten Häftling Karl B. die dortige Gedenkstätte besucht hat und sich 1989 im Archiv des dortigen Museums auf Spurensuche begeben hat. Immerhin haben etwa 400 000 Karteikarten und etliche Namenslisten die Vernichtungsaktionen der SS, die kurz vor der Evakuierung des Lagers die Spuren ihrer Verbrechen beseitigen wollte, überlebt, da die Häftlinge etliche Dokumente verstecken konnten oder den Befehlen zum Verbrennen von Akten nicht nachkamen. Aus diesem Grund existieren heute noch neben den Karteikarten Einlieferungs-, Transport- und Totenlisten von verstorbenen Häftlingen. Nach ihrer Ankunft und Registrierung erhielten die Häftlinge Nummern und wurden fotografiert. Die Aufnahmen zeigen die Gesichter der Internierten in drei Stellungen. Viele dieser Fotos sind ebenfalls noch erhalten geblieben.[34]

Informationen über die Anzahl der Männer mit dem rosa Winkel finden sich des weiteren in sogenannten Kassibern, den von der Widerstandsbewegung aus dem Lager geschmuggelten Berichten, die meist über Krakau nach London geschleust wurden. Einer dieser herausgeschmuggelten Berichte gibt z. B. Auskunft über die Gesamtzahl der am 20. Januar 1944 in Auschwitz internierten Gefangenen und listet zudem die genaue Stärke der einzelnen Gruppen auf.

Von den an diesem Tag gezählten 80 829 Häftlingen sind 27 053 Frauen. Der Frauenanteil beläuft sich somit auf 33 Prozent. Die in der rechten Spalte durch das Kürzel „§ 175" ausgewiesenen 22 Rosa-Winkel-Häftlinge sind allesamt im Stammlager Auschwitz I interniert. Ihr Anteil von noch nicht einmal annähernd einem Promille verdeutlicht, daß es sich um eine sehr kleine Häftlingsgruppe handelt. Selbst wenn ihre Zahl nur mit den Häftlingen im Stammlager, dem typischen Konzentrationslager, in Beziehung gesetzt wird, kommt man über eine Größenordnung von etwas mehr als einem Promille nicht hinaus. Die geringe Zahl der Rosa-Winkel-Träger hat mit hoher Wahrscheinlichkeit dazu beigetragen, daß sich die betreffenden Männer nur schwer organisieren konnten und tendenziell alleine blieben. Das den rosa Winkel umgebende Negativprestige dürfte die Tendenz zur Vereinzelung und damit die Gefahr, in das lebensgefährliche Abseits des Lagers abzugleiten, weiter verstärkt haben.

Etlichen Schikanen begleiten bereits die Ankunft im Lager, wobei die Beleidigungen und brutalen Mißhandlungen als Degradierungszeremonie fungieren.[35] In Listen registrierte die SS die Neuankömmlinge detailliert und genau. So wurde z. B. in einer von der Politischen Abteilung des Lagers zusammengestellten und von SS-Unterscharführer[36] Hans Stark gezeichneten Zugangsliste vier mit dem Vermerk „V.H./§ 175-D." versehene „Zugänge" dokumentiert. Die Versalien V. und H. sowie die zuleitenden Polizeidienststellen belegen kriminalpolizeiliche Aktivität bei der Homosexuellenverfolgung. Denn die Kriminalpolizei war dazu ermächtigt, im Rahmen der „Vorbeugenden Verbrechensbekämpfung" Verdächtige in zeitlich unbegrenzte Vorbeugungshaft (entsprechend die Buchstaben V.H.) zu nehmen. Somit entsprach diese Zwangsmaßnahme der von der Politischen Polizei, der Geheimen Staatspolizei bzw. Gestapo verhängten Schutzhaft. Nach einer Weisung von Heinrich Himmler vom 12. Juli 1940 waren „alle Homosexuellen, die mehr als einen Partner verführt haben, nach ihrer Entlassung (aus der Justizhaft) in Vorbeugungshaft zu nehmen".[37] Das Kürzel D. verweist schließlich darauf, daß es sich um einen „reichsdeutschen" Häftling handelt.

In Totenlisten, welche im Lagerjargon beschönigend Stärkeliste genannt wurden und die genaue Anzahl der zum Appell anwesenden Häftlinge sowie die in der Zwischenzeit verstorbenen Häftlinge festhielten, dokumentierten die verdeckte Vernichtung durch Arbeit, Hunger und Folter. Der hier unter den Toten registrierte und mit dem Kainsmal „§ 175. R.D." (homosexuell und reichsdeutsch) stigmatisierte 27jährige Arbeiter Emil Sliwiok aus Hindenburg in Oberschlesien kam nach nur 104 Tagen Lagerhaft am 21. Januar 1942 ums Leben. Welches tragische Schicksal sich hinter diesen Angaben verbirgt, läßt sich heute nur noch erahnen.

Insgesamt haben wir 48 Rosa-Winkel-Häftlinge aus den Quellen der KZ-Gedenkstätte Auschwitz ermitteln können, von denen fast alle nach relativ kurzer Zeit umgekommen sind. Da wir mangels Zeit keine Vergleiche zu anderen Häftlingsgruppen, etwa den Politischen oder Zeugen Jehovas ziehen konnten, läßt sich die These, nach der die Männer mit dem rosa Winkel beim Kampf ums Überleben eher auf der Verliererseite standen, mit diesen Daten weder bestätigen noch widerlegen. Angesichts ihrer kleinen Zahl sowie der dargestellten Negativurteile ist jedoch zu vermuten, daß sich ihre Isolierung hier negativ ausgewirkt hat. Die individuelle Fähigkeit, sich gegen andere Mithäftlinge durchzusetzen und in der Lagerhierarchie bis zur Prominenz aufzusteigen, ist nur wenigen Häftlingen mit dem rosa Winkel vorbehalten geblieben. Unser damaliger Reisebegleiter, Karl B., war einer von ihnen. Er berichtet, daß es ihm gelungen sei, den rosa Winkel gegen einen roten auszutauschen. Dies war ihm aber nur deshalb möglich, da er schon im KZ-Neuengamme als Häftlingspfleger eingesetzt wurde. Somit zählte er von Anbeginn der Lagerhaft in Auschwitz zu den sogenannten Funktionshäftlingen, eine Häftlingsgruppe, die innerhalb der KZ-Hierarchie dem „Mittelstand" zuzurechnen ist.[38] Der entsprechende Sammeltransport vom KZ-Neuengamme erreicht das Lager am 11. Juni 1943.[39]

Karls Karriere zum Blockältesten im Stammlager Auschwitz I stellt sicherlich eine Ausnahme dar. Mit diesem Sonderstatus verbunden waren nicht nur überlebenswichtige Vergünstigungen (kein Arbeitseinsatz und ausreichende Ernährung), sondern auch das seltene Privileg, mit anderen Häftlingen intime Beziehungen eingehen zu können. Auch Karl berichtet von seinem Pipel, einem jungen Polen. Von solchen Verhältnissen konnten die zur Masse zählenden Rosa-Winkel-Männer nur träumen. Denn bereits jeder Kontakt untereinander oder mit anderen Häftlingen mußte einschlägigen Verdacht wekken. Die Kommunikation mit anderen beschränkte sich schon aufgrund der Diskreditierbarkeit solcher Kontakte auf das Notwendigste. Zudem waren sexuelle Gedanken – wie Hermann Langbein schreibt – unter den extremen Lagerverhältnissen generell „ausgeschaltet".[40] Dazu trug nicht nur die chronische Unterernährung der Häftlinge bei, sondern vor allem ihre ständig präsente Lebensangst. Übereinstimmend schildern die Eingewiesenen ihre Ankunft im Lager als einen tiefen Schock. In diesem traumatisierten Zustand erlosch abrupt jede sexuelle Erregbarkeit. Langbein berichtet, daß bei Frauen die Regelblutungen ausfielen und sich bei Männern weder Erektionen, geschweige denn Pollutionen einstellten.[41] Sexuelle Kontakte pflegen zu können, zählte somit zum Privileg der meist deutschen Funktionshäftlinge, die die Gaskammer nicht fürchten mußten. Die übrigen Menschen kämpften in Todesangst um das nackte Überleben. Diese Angst ist ihnen ins Gesicht geschrieben.

Literaturverzeichnis

Czech, Danuta: Kalendarium der Ereignisse im Konzentrationslager Auschwitz-Birkenau 1939–1945, Reinbek bei Hamburg 1989.
Grau, Günter: Berichte von Augenzeugen. Die Situation der Homosexuellen im Konzentrationslager Buchenwald, in: Zeitschrift für Sexualforschung, 2. Jg. 1989, Heft 3, S. 243–253.
Grau, Günter: Homosexualität in der NS-Zeit, Frankfurt/M. 1993.
Höß, Rudolf: Kommandant in Auschwitz (Hg. M. Broszat), Stuttgart 1958.
Hutter, Jörg: Die Rolle der Polizei bei der Schwulen- und Lesbenverfolgung im Nationalsozialismus, in: Dobler, Jens (Hg.), Schwule, Lesben, Polizei – Vom Zwangsverhältnis zur Zweck-Ehe?, Berlin 1996, S. 61–78.
Iwasko, Tadeusz: Kennzeichnung der Häftlinge, in: Staatliches Museum Auschwitz-Birkenau: Sterbebücher von Auschwitz – Fragmente, Bd. 1, S. 39–114.
Jarosz, Barbara: Widerstandsbewegung im Lager und in der Umgebung, in: Auschwitz – faschistisches Vernichtungslager, 3. Aufl., Warszawa 1988, S. 115–134.

Jellonnek, Burkhard: Homosexuelle unterm Hakenkreuz, – Die Verfolgung von Homosexuellen im Dritten Reich, Paderborn 1990.
Kielar, Wieslaw: Anus Mundi – Fünf Jahre Auschwitz, Frankfurt/M. 1979.
Klee, Ernst: Auschwitz, die NS-Medizin und ihre Opfer, Frankfurt/M. 1997.
Kraus, Ota und Erich Kulka: Die Todesfabrik Auschwitz, (1. Aufl. 1957), Berlin 1991.
Langbein, Hermann: Menschen in Auschwitz, Frankfurt/M./Berlin/Wien 1980.
Langbein, Hermann: Die Stärkeren – Ein Bericht aus Auschwitz und anderen Konzentrationslagern, 2. überarb. Aufl., Wien 1982.
Lautmann, Rüdiger, Grikschat, Winfried und Egbert Schmidt: Der rosa Winkel in den nationalsozialistischen Konzentrationslagern, in: Lautmann, Rüdiger (Hg.), Seminar: Gesellschaft und Homosexualität, Frankfurt/M. 1977.
Lautmann, Rüdiger: Die Kategorisierung im Konzentrationslager als kollektives Schicksal – Ein Vergleich zwischen Homosexuellen, Bibelforschern und Politischen, in: Niedersächsische Landeszentrale für politische Bildung, Hannover 199?, S. 56–79.
Rat und Tat Zentrum für Homosexuelle Bremen e.V. (Hg.): Schwule in Auschwitz – Dokumentation einer Reise, Bremen 1990.
Schwarz, Gudrun: Die nationalsozialistischen Lager, Frankfurt/M./New York 1990.
Smolen, Kazimierz: Polen im KL Auschwitz, in: Staatliches Museum Auschwitz-Birkenau: Sterbebücher von Auschwitz – Fragmente, Bd. 1, S. 89–125.
Staatliches Museum Auschwitz-Birkenau: Sterbebücher von Auschwitz – Fragmente, Bd. 1–3, München/New Providence/London/Paris u.a. 1995.
Weinmann, Martin: Das nationalsozialistische Lagersystem, 2. Aufl., Frankfurt/M. 1990.

Anmerkungen

1 Laqueur, Walter: Vorwort in Czech, Danuta, Kalendarium der Ereignisse im Konzentrationslager Auschwitz-Birkenau 1939–1945, Reinbek bei Hamburg 1989, S. 22.
2 Zu nennen sind hier insbesondere die Erfurter Firma Topf und Söhne, welche die Krematorien lieferte, die Hoch- und Tiefbau AG, welche sich für den Bau der Gaskammern verantwortlich zeichnet, die Deutsche Gesellschaft für Schädlingsbekämpfung (DEGUSCH), welche tonnenweise das Zyklon B (in Kieselgur gebundene Blausäure) zum Vergasen der Menschen lieferte (Tochterfirma der Degussa, der deutschen Gold und Silber Scheideanstalt) und die IG-Farben, die in großem Stil deportierte Häftlinge ausbeutete, um in Auschwitz-Monowitz einen industriellen Komplex zur synthetischen Herstellung von Gummi und Benzin in Betrieb nehmen zu können (Rechtsnachfolger die Farbenfabriken Bayer Werke, die Farbwerke Hoechst, die Badische Anilin- und Soda Fabriken u. a.). Nachweise hierzu insbesondere bei Czech, Danuta: Kalendarium, a.a.O., S. 35, 46 f., 53, 102, 124, 152, 163, 194, 240, 280, 325 f., 457, 516.
3 Beim Oberscharführer handelt es sich um einen Dienstgrad vergleichbar dem eines Feldwebels. Die SS bzw. Sturmstaffel stellte die parteiinterne Polizeitruppe der NSDAP, der Nationalsozialistischen Deutschen Arbeiterpartei, dar.
4 Klee, Ernst: Auschwitz, die NS-Medizin und ihre Opfer, Frankfurt/M. 1997, S. 404 f. Die aktuelle und lesenswerte Monographie von Ernst Klee verlangt starke Nerven. Sie nennt zudem alle ermittelbaren Täter beim Namen – dokumentiert werden über 1000 Mediziner – und zeichnet ihre berufliche Karrieren nach. Der Mißbrauch von Kriegsgefangenen und KZ-Häftlingen verhalf vielen Ärzten in der späteren Bundesrepublik Deutschland zu Ruhm und Ehre. Die Menschenversuche in Auschwitz belegt Klee auf den Seiten 433 ff.
5 Klee, Ernst: A.a.O., S. 491.
6 Diese Worte hielt der SS-Arzt Johann Paul Kremer unter Bezug auf Hauptsturmführer Thilo in seinen Aufzeichnungen fest, nachdem er am 5. September 1942 an einer Selektion im Frauenkonzentrationslager Auswitz-Birkenau teilgenommen hatte, der 800 Frauen zum Opfer fielen. Nachweise bei Czech, Danuta: A.a.O., S. 295. Nach anderenorts geäußerter und überzeugender Meinung könne diese Begrifflichkeit (wörtlich After der Welt) nicht nur Abscheu und Entsetzen zum Ausdruck bringen, sondern auch die Notwendigkeit einer Weltreinigung, einer Säuberung der „germanischen Rasse" von allen Fremdkörpern symbolisieren. Siehe hierzu Kielar, Wieslaw: Anus Mundi – Fünf Jahre Auschwitz, Frankfurt/M. 1979, S. 12.

7 Czech, Danuta: A.a.O., S: 173, 182, 189, 201, 205, 207, 214 f., 518. Ähnlich argumentieren hinsichtlich der Rosa-Winkel-Häftlinge Lautmann, Rüdiger: Die Kategorisierung im Konzentrationslager als kollektives Schicksal – Ein Vergleich zwischen Homosexuellen, Bibelforschern und Politischen, in: Niedersächsische Landeszentrale für politische Bildung, S. 58–65; Jellonnek, Burkhard: Homosexuelle unterm Hakenkreuz, – Die Verfolgung von Homosexuellen im Dritten Reich, Paderborn 1990, S. 31–36 sowie Grau, Günter: Homosexualität in der NS-Zeit, Frankfurt/M. 1993, S. 29–34.

8 Zu diesem Aspekt siehe insbesondere Jellonnek, Burkhard: A.a.O., S. 155–157. Jellonnek resümiert, daß sich die Anzahl der im Rahmen des „Gesetzes zur Verhütung erbkranken Nachwuchses" entmannten Männer aufgrund der schlechten Quellenlage nicht mehr ermitteln lasse. Es dürfte sich seiner Meinung nach größtenteils um homosexuelle Männer gehandelt haben, die sich in Konzentrationslagern entmannen ließen. Gleiche Hoffnungen mögen die Männer gehegt haben, denen der dänischen Hormonforscher Dr. med. Carl Peter Jensen (nennt sich später Dr. med. Carl Vaernet) im KZ Buchenwald eine „künstliche männliche Sexualdrüse" implantiert hat. Vgl. hierzu Grau, Günter: Berichte von Augenzeugen. Die Situation der Homosexuellen im Konzentrationslager Buchenwald, in: Zeitschrift für Sexualforschung, 2. Jg. 1989, Heft 3, S. 243–253; sowie Klee, Ernst: Auschwitz, die NS-Medizin und ihre Opfer, Frankfurt/M. 1997, S. 163–167. Über den privilegierten Status der „reichsdeutschen" Häftlinge äußert sich in gleichem Sinne Langbein, Hermann: Menschen in Auschwitz, Frankfurt/M./Berlin 1989, S. 84 und 95.

9 Die Angaben beruhen allesamt auf den Ausführungen von Czech, Danuta: A.a.O. sowie auf eine zusammenfassende Chronologie in den Sterbebüchern von Auschwitz. Vgl. Staatliches Museum Auschwitz-Birkenau: Sterbebücher von Auschwitz – Fragmente, 1. Bd., München u. a. 1995, S. 257–266.

10 Zur Struktur des nationalsozialistischen Verfolgungsapparates siehe Organogramm nebst Ausführungen bei Hutter, Jörg: Die Rolle der Polizei bei der Schwulen- und Lesbenverfolgung im Nationalsozialismus, in: Dobler, Jens (Hg.), Schwule, Lesben, Polizei – Vom Zwangsverhältnis zur Zweck-Ehe?, Berlin 1996, S. 63–69.

11 Zum Lagerwiderstand siehe Jarosz, Barbara: Widerstandsbewegung im Lager und in der Umgebung, in: Auschwitz – faschistisches Vernichtungslager, 3. Aufl., Warszawa 1988, S. 115–134; Langbein, Hermann: Menschen in Auschwitz, Frankfurt/M./Berlin 1980, S. 290–307; sowie Langbein, Hermann: Die Stärkeren – Ein Bericht aus Auschwitz und anderen Konzentrationslagern, 2. überarb. Aufl., Wien 1982, S. 291 f.

12 Zeugenaussage des ehemaligen Häftlings Stanislaw Dubiel, der bei Höß als Gärtner gearbeitet hat, über ein mitgehörtes Gespräch zwischen Himmler und Höß, protokolliert im Rahmen des Ermittlungsverfahrens gegen Höß am 7. August 1946. Das Protokoll findet sich im Auszug abgedruckt bei Czech, Danuta: A.a.O., S. 375.

13 Zusammenfassung anhand der Ausführungen bei Czech, Danuta: A.a.O., S. 679.

14 Czech, Danuta: A.a.O., S. 52 zum Befehl vom 28. August 1940, S. 71 zur wiederholten Einstufung am 2. Januar 1941.

15 Vgl. hierzu: Stichwort Vernichtungslager, in: Weinmann, Martin: Das nationalsozialistische Lagersystem, 2. Aufl., Frankfurt/M. 1990, S. 79 f. Siehe auch bei Schwarz, Gudrun: Die nationalsozialistischen Lager, Frankfurt/M./New York 1990 unter der Rubrik Todeslager, S. 210 – 220, über Auschwitz Birkenau S. 217 f.

16 Obwohl Langbein fälschlicherweise Capo schreibt, bezieht sich diese Wortschöpfung nicht auf das italienische „il capo" (das Haupt), sondern bildete in bösartiger Ironie die Kurzform von Kameradschaftspolizei. Es handelte sich um Häftlinge, die die SS zu Verantwortlichen von Arbeitskommandos oder bestimmten Lagerdiensten ernannte. Vgl. hierzu Stichwort Kapos, in: Weinmann, Martin: Das nationalsozialistische Lagersystem, 2. Aufl., Frankfurt/M. 1990, S. 40.

17 Langbein, Hermann: Menschen in Auschwitz, Frankfurt/M./Berlin/Wien 1980, S. 453.

18 Es handelt sich um meist fensterlose Strafzellen, die sich im Stammlager in den Kellern des Blocks 11 befanden. In diesen Bunkern vergaste die SS im August/September 1941 die ersten kranken polnischen Häftlinge und sowjetischen Kriegsgefangene.

19 Ders.: Menschen in Auschwitz, Frankfurt/M./Berlin 1980, S. 454. Die schwarze Wand benennt die im Hof des Blockes 11 erbaute Hinrichtungswand, an der die SS etwa 20 000 Häftlinge liquidierte.

20 Über die Fahrt der Gruppe siehe: Rat und Tat Zentrum für Homosexuelle Bremen e.V. (Hg.): Schwule in Auschwitz – Dokumentation einer Reise, Bremen 1990. Auch die später dokumentierten Quellen zählen allesamt zu den Funden, die während eines einwöchigen Aufenthaltes in der Gedenkstätte ausgegraben werden konnten.

21 Museum Auschwitz: Sygn. D-AU I-II-III-2/3, Nr. inw. 106629.
22 Der SS-Obersturmführer ist mit dem Rang eines Oberleutnants zu vergleichen.
23 Der Dienstgrad des SS-Hauptsturmführer gleicht dem des Hauptmannes innerhalb der Wehrmacht.
24 Langbein, Hermann: A.a.O, S. 454. Langbeins Vermutung, daß dieser Grund der ausschlaggebende gewesen sei, klingt im Vergleich zur Argumentation von Czech plausibler. Czech vertritt hingegen die Annahme, daß mit der Einrichtung von Lagerbordellen beabsichtigt gewesen sei, die Häftlinge zu höheren Leistungen anzuspornen. Vgl. hierzu: Czech, Danuta: Kalendarium der Ereignisse im Konzentrationslager Auschwitz-Birkenau 1939–1945, Reinbek bei Hamburg 1989, Anmerkung S. 535.
25 Staatliches Museum Auschwitz-Birkenau: Sterbebücher von Auschwitz – Fragmente, Bd. 1–2.
26 Smolen, Kazimierz: Polen im KL Auschwitz, in: Staatliches Museum Auschwitz-Birkenau: Sterbebücher von Auschwitz – Fragmente, Bd. 1, S. 105.
27 Kraus, Ota und Erich Kraus: Die Todesfabrik Auschwitz, (1. Aufl. 1957), Berlin 1991, S. 53.
28 Iwasko, Tadeusz: Kennzeichnung der Häftlinge, in: Staatliches Museum Auschwitz-Birkenau: Sterbebücher von Auschwitz – Fragmente, Bd. 1, S. 51.
29 Höß, Rudolf: Kommandant in Auschwitz (Hg. M. Broszat), Stuttgart 1958, S. 78.
30 Zur Aufhebung jeglicher Gesetzesbindung und Entstaatlichung der Polizeigewalt siehe Hutter, Jörg: Schwulen- und Lesbenverfolgung im Nationalsozialismus, in: Dobler, Jens (Hg.), Schwule, Lesben, Polizei, Berlin 1996, S. 70–76.
31 Schoppmann, Claudia: Nationalsozialistische Sexualpolitik und weibliche Homosexualität, Pfaffenweiler 1991, S. 228–244. Die Quellen zum Frauenlager in Auschwitz werden von Claudia Schoppmann allerdings nicht eingesehen und ausgewertet.
32 Höß, Rudolf: Kommandant in Auschwitz (Hg. M. Broszat), Stuttgart 1958, S. 116.
33 Diese Angaben finden sich bei Czech, Danuta: Kalendarium der Ereignisse im Konzentrationslager Auschwitz-Birkenau 1939–1945, Reinbek bei Hamburg 1989, S. 189. Es handelt sich um eine auf der Basis der Zugangslisten erstellte und 1944 heimlich aus dem Lager geschmuggelte Liste, ein Dokument, das unter der Nummer NO KW-2824 in den Materialien der Nachfolgeprozesse vor dem Internationalen Militärgerichtshof in Nürnberg zu finden ist.
34 Vgl. die Broschüre: Schwule in Auschwitz – Dokumentation einer Reise, Bremen 1990.
35 Lautmann, Rüdiger, Grikschat, Winfried und Egbert Schmidt: Der rosa Winkel in den nationalsozialistischen Konzentrationslagern, in: Lautmann, Rüdiger (Hg.), Seminar: Gesellschaft und Homosexualität, Frankfurt/M. 1977, S. 334.
36 Der Rang eines SS-Unterscharführer gleicht dem eines Unteroffiziers.
37 Zitat aus Schoppmann, Claudia: Nationalsozialistische Sexualpolitik und weibliche Homosexualität, Pfaffenweiler 1991, S. 196.
38 Zur Schichtungspyramide eines Konzentrationslagers siehe Lautmann, Rüdiger, Grikschat, Winfried und Egbert Schmidt: Der rosa Winkel in den nationalsozialistischen Konzentrationslagern, in: Lautmann, Rüdiger (Hg.), Seminar: Gesellschaft und Homosexualität, Frankfurt/M. 1977, S. 345 f.
39 Nachweis bei Czech, Danuta: Kalendarium der Ereignisse im Konzentrationslager Auschwitz-Birkenau 1939–1945, Reinbek bei Hamburg 1989, S. 517. Zur umfangreicheren Darstellung dieses Einzelschicksals siehe: Hutter, Jörg: „Rosa-Winkel"-Häftlinge in Auschwitz, in: Rat und Tat Zentrum für Homosexuelle e.V., Schwule in Auschwitz – Dokumentation einer Reise, Bremen 1990, S. 28 f.
40 Langbein, Hermann: Menschen in Auschwitz, Frankfurt/M./Berlin/Wien 1980, S. 452.
41 Ders.: A.a.O., S. 450 f.

Jens Michelsen,
> *geb. 1952, lebt als freier Publizist und Kulturpädagoge in Hamburg, Arbeitsschwerpunkte: Oral History (Forschungsstelle für Zeitgeschichte in Hamburg), Biographieforschung, Juden in Hamburg, Geschichte der Homosexuellen.*

Homosexuelle im Konzentrationslager Neuengamme

Das Konzentrationslager Neuengamme wurde 1938 zunächst als Außenstelle des Konzentrationslagers Sachsenhausen errichtet. Mit mehr als achtzig Außenlagern, die seit 1942 vom Stammlager vor den Toren Hamburgs verwaltet wurden, wurde es in den folgenden Jahren zum größten Konzentrationslager in Norddeutschland. Insgesamt waren es über 100 000 Menschen, die als Häftlinge in diesen Lagern untergebracht waren und schwerste Leiden ertragen mußten. Mehr als die Hälfte von ihnen überlebte die Lager nicht. Diese hohe Todesrate begründet, daß man von einer „Vernichtung durch Arbeit" sprechen kann.

Die in diesen Lagern inhaftierten und gequälten Menschen kamen aus vielen europäischen Ländern, v. a. aus den Gebieten, die von deutschen Truppen okkupiert worden waren, z. B. aus der Sowjetunion, Polen und Frankreich. Meist waren sie von dort verschleppt worden, weil man ihnen Widerstand gegen die deutsche Besatzungsmacht oder gegen die angeordnete Zwangsarbeit vorwarf. Aber auch über 13 000 rassisch Verfolgte wurden nach Neuengamme oder in seine Außenlager deportiert.

Trotz seiner großen Bedeutung im System der nationalsozialistischen Konzentrationslager gehörte Neuengamme bis zu den 70er Jahren zu den „vergessenen Lagern". Mit der systematischen Aufarbeitung der Lagergeschichte wurde also sehr spät begonnen. Erst seit 1981 gibt es auf dem Gelände des ehemaligen Lagers ein Dokumentenhaus, in dem zunächst Archiv und Ausstellung untergebracht waren. Zum 50. Jahrestag der Befreiung 1995 wurden dieses Haus in eine „Halle des Gedenkens" umgewandelt, das Archiv erweitert und ausgelagert und eine neue ständige Ausstellung in einem ehemaligen Werksgebäude installiert.

Der sehr späte Beginn der Aufarbeitung der Lagergeschichte hat zur Folge, daß die Erforschung der Schicksale verschiedener Häftlingsgruppen oft noch in den Anfängen steckt. Das gilt vor allem für die Gruppe der homosexuellen Häftlinge. So formuliert eine im Sommer 1996 zur Erinnerung an die homosexuellen Opfer auf dem Gelände der Gedenkstätte aufgestellte Informationstafel recht allgemein: „Im Konzentrationslager Neuengamme befanden sich einige hundert Häftlinge, die wegen ihrer Homosexualität verfolgt wurden. Nachweisbar sind hier mindestens 33 homosexuelle Männer umgekommen. Die genaue Zahl der Todesopfer ist unbekannt, wird aber vermutlich bedeutend höher liegen."

Insgesamt wird die Forschungsarbeit zu Neuengamme dadurch erschwert, daß die SS den allergrößten Teil der Häftlingsakten vor Räumung des Lagers im Frühjahr 1945 vernichten ließ. Der Bestand an Originalakten ist also sehr klein. Neuere schriftliche Quellen lassen sich weitgehend nur durch die Zusammenarbeit mit anderen Archiven und Forschungseinrichtungen auffinden und erschließen. Bevor im letzten Teil darauf genauer eingegangen wird, soll zunächst über die schriftliche und mündliche Überlieferung der Lagergeschichte durch Häftlingsberichte berichtet werden. Gerade aufgrund des Mangels an anderen schriftlichen Quellen kommt ihr eine große Bedeutung zu.

Häftlingsberichte

Spätestens seit Eröffnung des Dokumentenhauses 1981 wurden große Anstrengungen unternommen, um in engem Kontakt mit den Organisationen der ehemaligen Häftlinge Betroffenenberichte in schriftlicher oder audio-visueller Form zu sammeln. In den Jahren 1992/93 wurde dann eine umfangreiche Oral-History-Befragung mit Tonbandaufnahmen von etwa einhundert ehemaligen Häftlingen durchgeführt. Erste Ergebnisse dieser Befragung sind publiziert[1] und in der 1995 neu eröffneten ständigen Ausstellung dokumentiert. Eine erste wissenschaftliche Auswertung dieser Befragung wurde vor kurzem veröffentlicht.[2]

Von dieser Oral-History-Befragung versprach man sich auch weitere Aufschlüsse über die Lage der Homosexuellen im Konzentrationslager Neuengamme und seinen Außenlagern. Doch leider konnte in der Planung des Oral-History-Projektes kein ehemaliger Häftling gefunden werden, der aufgrund seiner Homosexualität inhaftiert war. Auch unter den bis dahin gesammelten sonstigen Erinnerungsberichten befindet sich kein Bericht eines Homosexuellen. Andererseits sind aus den Aussagen von heterosexuellen Häftlingen über ihre homosexuellen Mithäftlinge nur in geringem Maße Rückschlüsse auf die tatsächliche Lage der Homosexuellen in Neuengamme zu ziehen, denn in deren Erinnerungen kommen Homosexuelle kaum oder nur in abwertender Weise vor. So berichtete mir z. B. ein engagierter Vertreter der Organisation der ehemaligen Häftlinge noch 1995: „Die Homosexuellen – das waren nur einzelne und Transvestiten. Insgesamt eine sehr kleine Zahl, nur etwa fünfzig Häftlinge. Das waren keine feinen Leute. Ausnahmen waren Teddy Ahrens und Heinrich Roth, der Fotograf."

Erst seit 1994 liegt mit der Publikation von Andreas Sternweiler „‚Und alles wegen der Jungs.' Pfadfinderführer und KZ-Häftling: Heinz Dörmer"[3] zum ersten Mal ein genauer und authentischer Erinnerungsbericht über das Konzentrationslager Neuengamme aus der Sicht eines Homosexuellen und Rosa-Winkel-Häftlings vor, in dem etwa 80 Stunden Tonband-Interview verarbeitet sind.

Heinz Dörmer wurde im Oktober 1940 vom Konzentrationslager Sachsenhausen nach Neuengamme „überstellt". Er mußte zunächst im Kommando Elbe arbeiten, das als eines der härtesten Arbeitskommandos in Neuengamme galt. Aufgabe der Häftlinge war es, die Dove-Elbe zu begradigen und ihre Ufer zu befestigen. Die anstrengende körperliche Arbeit wurde dadurch erschwert, daß die Häftlinge oft mit den Beinen im feuchten Marschboden standen, was Erkältungen, Fiebergrippen und andere Infektionskrankheiten zur Folge hatte. Kapo dieses Kommandos war Hans Boyken, der nach Aussage von Dörmer homosexuell war, obwohl er den roten Winkel der politischen Häftlinge trug. Diese Erinnerung Dörmers verweist auf die aus der Literatur bekannte Tatsache, daß nicht alle aufgrund ihrer Homosexualität inhaftierten Häftlinge einen rosa Winkel trugen. Wie wenig die Kennzeichnung mit bestimmten Winkeln tatsächlich über die sexuelle Orientierung der Häftlinge aussagte, dokumentiert auch eine weitere Erinnerung Dörmers, die in der Dauerausstellung der Gedenkstätte Neuengamme wiedergegeben ist:

„Ich hatte damals (im KZ Sachsenhausen) den rosa Winkel. (...) In meiner Baracke in Sachsenhausen war der rosa Winkel vorherrschend. (...) Zum Glück war ich in Sachsenhausen nur wenige Wochen, und dann kam die Erlösung, mein Transport nach Neuengamme. (...) Das Annähen der Winkel (im KZ Neuengamme) machten Kameraden, die schon Routine darin hatten. Das war bei mir zuerst ein rosaner. Damit hat es angefangen, es wurde aber so oft und häufig gewechselt. Gegen andere oder zwei Farben, Spitze nach oben, andere Spitze nach unten. Dadurch kam bei mir diese Fragwürdigkeit zustande.

Unter den „Politischen" gab es ja auch Homosexuelle. Und so war es. Da wurde der rote Winkel nach oben gedreht, und der BV nach unten. Die waren sich nicht einig auf der Häftlingsverwaltung. „Du hast den falschen Winkel! Mach mal den richtigen an! – Welcher ist der richtige?" In Neuengamme hatte ich die ganze Zeit zu Anfang einen roten Winkel. Der wurde dann ersetzt durch einen roten mit schwarzer Zahl 175, auf der Spitze. Dann wurde der politische ganz weggenommen, und der grüne wurde aufgerichtet. Also das Spiel mit den Winkel, das war eine Komödie."

Tatsächlich konnte das, was Dörmer hier lapidar als „Komödie" bezeichnet, über Leben und Tod entscheiden. Um als Homosexueller die Konzentrationslager überleben zu können, bedurfte es besonderer Bedingungen. Zu diesen Bedingungen konnten neben der Kennzeichnung mit dem „richtigen" Winkel die Erträglichkeit der Arbeitsbedingungen sowie privilegierte Positionen in der Häftlingsverwaltung und im informellen Häftlingszusammenhang gehören. Heinz Dörmer gelang es, die Lagerbedingungen für sich zu gestalten und dadurch sein Überleben zu sichern. Er konnte sich in eine privilegierte Position bringen, was vielen anderen homosexuellen Häftlingen nicht gelang, wie auch der Text der erwähnten Informationstafel auf dem Gelände des ehemaligen Konzentrationslagers Neuengamme zu verdeutlichen versucht:

„Viele Homosexuelle überlebten die Zeit im Konzentrationslager nicht, da die SS sie häufig in schlechte Arbeitskommandos einwies und besonders schikanierte. In der Regel standen sie in der Lagerhierarchie weit unten. Im Konzentrationslager Neuengamme, wo die Häftlinge mit dem rosa Winkel eine vergleichsweise kleine Gruppe bildeten, gelang es einigen von ihnen jedoch, in der Lagerverwaltung eingesetzt zu werden (Vorarbeiter in der Kartoffelschälküche, Schreiber im Arbeitseinsatzbüro, Krankenpfleger)."

Heinz Dörmer konnte zu einigen Häftlingen in der Lagerverwaltung Beziehungen aufbauen, so zu Teddy Ahrens, dem Vorarbeiter in der Kartoffelschälküche, und zu Karl Heinz Kitta, dem Schreiber im Arbeitseinsatzbüro. Dabei half ihm, daß er aufgrund seiner Teilnahme an kulturellen Veranstaltungen als Sänger und Schauspieler im Lager ziemlich bekannt war:

„Ich habe versucht, durch meine Darbietung, ob ernst oder heiter, die Zuhörer bei Stimmung zu halten und abzulenken. Und diese eine Zeile aus dem Lied, die kam immer wieder als Echo aus dem Publikum. ‚Und dann die kleinen Mädchen...' Von jetzt an nahm dieses Lied seinen Lauf. (...) Als ich Teddy Ahrens getroffen habe, war er Kapo in der Kartoffelschälküche. Er war in einer anderen Baracke als ich. Die von der Küche mußten ja früher aufstehen, lange vor uns. Er kam öfters zu den Aufführungen auf unserem Block vorbei. Er gehörte zu den Chargierten und trug den roten Winkel, aber mit der Zahl 175 drin. Er durfte als Kapo überall rumlaufen, also kam er in allen Baracken, wo musiziert wurde, mal vorbei. Es kannte ihn jeder. (...) Der Teddy hatte den Karl Heinz Kitta auf mich aufmerksam gemacht. Da ist einer! Kitta war die rechte Hand vom Dingeldeyn. Bei den Blockältesten und bei den Kapos hat er Einfluß gehabt."[4]

Dr. Theodor „Teddy" Ahrens war wohl der prominenteste unter den homosexuellen Häftlingen im Stammlager Neuengamme. Im Berlin der Weimarer Republik war er ein anerkannter Rechtsanwalt gewesen, der auch als Mitstreiter in der Homosexuellenbewegung für die Abschaffung des § 175 allgemein bekannt war. Auch im Konzentrationslager Neuengamme, in das er von Sachsenhausen „überstellt" worden war, trat er offen homosexuell auf. Aufgrund seines politischen Engagements galt er in Neuengamme als Respektsperson.

Karl-Heinz Kitta, ebenfalls homosexuell, nutzte seine Stellung als Arbeitseinsatzschreiber unter dem Arbeitsdienstkapo Ernst Dingeldeyn, um Heinz Dörmer zunächst in ein Rohrlegerkommando und dann im Frühsommer 1942 in das Arbeitskommando in den Messap-Werken zu vermitteln, einer Feinmechanikerwerkstatt für die Rüstungsproduktion auf dem Lagergebiet. Dort arbeitete Dörmer unter vergleichsweise erträglichen Bedingungen bis zum April 1945, als er als einer der letzten Häftlinge des Lagers Neuengamme nach Flensburg evakuiert wurde. Auf dem Schiff „Rheinfels" erlebte er im Flensburger Hafen die Befreiung durch die Engländer, was Teddy Ahrens dagegen nicht vergönnt war. Der ehemalige Rechtsanwalt gehörte zu den etwa 7000 Häftlingen, die kurz vor der Befreiung in der Lübecker Bucht ertranken, nachdem drei mit evakuierten Häftlingen beladene Schiffe bombardiert worden waren.

Erinnerungsliteratur

Aufgrund des Mangels an Lagerakten kommt der Erinnerungsliteratur zum Konzentrationslager Neuengamme eine große Bedeutung zu. Der literarischen Produktivität des Hamburger Schriftstellers Heinrich Christian Meier verdanken wir einige der wichtigsten Zeugnisse über den Lageralltag in Neuengamme. Auch Meier gehörte zu denjenigen, die im Konzentrationslager Neuengamme kulturelle Veranstaltungen organisierten. Er hat mehrere Häftlingsberichte verfaßt, in denen er u.a. auch auf die Kulturveranstaltungen zu sprechen kommt.[5] Unmittelbar nach der Befreiung schrieb er einen ersten Erfahrungsbericht, der sich durch große Authentizität auszeichnet und unter dem Titel „So war es" schon 1946 als Buch erschien. Darin geht er u.a. auch darauf ein, daß homosexuelles Verhalten im Lager nicht nur von Homosexuellen praktiziert wurde:

„Die größte Verlockung sind die jungen Männer zwischen sechzehn und einundzwanzig Jahren, die bei aller Schönheit und Männlichkeit doch noch etwas von jungen Frauen im Wesen haben. Der Mensch ist durch die Natur gezwungen zu lieben, und wenn er nicht das richtige, das geeignete Objekt findet, dann nimmt er behelfsweise auch das ungeeignete. Außerdem verwirren sich im Lager sehr schnell die Begriffe über das Erlaubte und Unerlaubte, und da es Hunderte von jungen Männern gibt, die mit älteren Kameraden in einem leise erotischen Verhältnis leben, so liegt die gleichgeschlechtliche Liebe gerade für jeden gesunden Mann überall greifbar auf der Lagerstraße.

Unter diesen Umständen werden solche Verhältnisse unvermeidlich, und im Lagerleben spielen sie eine erhebliche Rolle. Auch die SS-Verwaltung konnte sich dieser Wirklichkeit auf die Dauer nicht verschließen. Sie mußte die Existenz solcher Verhältnisse hinnehmen, um nicht zu sagen anerkennen. Allmählich entwickelte sich dann eine ganze Schicht von sogenannten Bubis, die häufig ihre Freunde wechselten und die sogar teilweise einen Nebenerwerb aus solchen Verhältnissen schöpften. Die Bubis wurden im allgemeinen gut gehalten, was Nahrung und Kleidung betraf."[6]

Man sollte Textpassagen wie diese nicht vorschnell als homophob oder homosexuellenfeindlich werten. Vielmehr formuliert schon diese Erinnerung von 1946 die für Meier zentrale Problematik seiner Lagererfahrungen. Immer wieder kreisen seine Zeugnisse um folgende Fragen: Wie reagieren Menschen, wenn sie in die Extremsituation eines Konzentrationslagers geraten? Wie gehen sie dort mit ihren menschlichen Bedürfnissen um? Welche Verhaltensmöglichkeiten haben sie, wenn die äußeren Bedingungen den harten Überlebenskampf „jeder gegen jeden" erfordern?

Die menschliche Tragik dieser Fragen hat Meier vor allem in seinem 1949 erstmals veröffentlichten Roman „Im Frühwind der Freiheit" literarisch bearbeitet. Da er die elementare Bedeutung der Sexualität als Grundbedürfnis des Menschen erkannt hat, setzt er sich in dem Roman wiederholt auch mit dem sexuellen Verhalten im Lager auseinander. Dabei spielt für ihn gerade das Verhalten der homosexuellen Häftlinge eine große Rolle, das ihn zu einer Haltung herausfordert, die in sich widersprüchlich ist. So schwankt er zwischen der intellektuellen Einsicht in das Recht auf sexuelle Handlungen, seiner persönlichen Attraktion zu einzelnen Homosexuellen und einer Abwehrhaltung gegen andere Homosexuelle. Diese Abwehr wird z. B. in der klischeehaften Darstellung der Figur des Spitta deutlich, in der unschwer der Arbeitseinsatzschreiber Karl Heinz Kitta zu erkennen ist:

„Einmal kam auch Spitta auf Besuch. Mit seinem süßlichen Lächeln trippelte der kleine Mann herein in sauberem, tadellos sitzendem Anzug mit Bügelfalten. Er fühlte sich als der Ästhet des Lagers und als Drahtzieher ersten Ranges. Er war wirklich ein leidlicher Klavierspieler und hatte die hübsche Idee, durch musikalische Darbietungen und vielleicht durch Aufführungen den Abenden im Lager ein wenig lockeres Leben einzuhauchen. Gern zeigte sich Spitta überall, wo von Kultur oder von Musik die Rede war, als berufener Fachmann. Und auch heute trat er in die Krankenstube, um für einen Musikabend Mitarbeiter zu werben. ‚Ich habe jetzt von Nardes die Genehmigung‘, wandte er sich mit einer flötenden Stimme an Bingel."[7]

Weniger klischeehaft wird dagegen die Figur des homosexuellen Häftlings Bingel gezeichnet. Mit ihr porträtiert Meier einen selbstbewußten Homosexuellen, für den unzweifelhaft Teddy Ahrens das Vorbild abgab:

„Als Rechtsanwalt war er früher – wie er bereitwillig erzählte – in Diensten der türkischen und persischen Gesandtschaft tätig gewesen. Wohl weniger wegen seiner eigenen Verstöße gegen § 175, als vielmehr wegen seiner berühmt gewordenen Verteidigung bekannter Homosexueller vor Gericht hatte die Gestapo ihn festgesetzt. Bingel machte nie einen Hehl aus seiner Veranlagung und legte, wenn man ihm moralische Einwände machte, Wert darauf, wie jeder Mensch, ein Laster zu besitzen. Er habe ein Recht darauf, pflegte er zu sagen. Man solle ihm erst einmal beweisen, daß er kein Recht darauf habe, da er ein Mensch sei, auch seine Sünde zu besitzen."[8]

Hier spiegelt sich der Respekt wieder, der Teddy Ahrens nach Aussage verschiedener Häftlinge entgegengebracht wurde. Gleichzeitig belegt diese Textpassage, daß man Meier keine grundsätzlich homosexuellenfeindliche Haltung unterstellen kann, wie sein erster Erinnerungsbericht von 1946 noch vermuten ließ. Sein Ziel als Schriftsteller ist vielmehr die realistische Abbildung des Umgangs der Häftlinge untereinander. Wie sehr dieser Umgang von dem Kampf ums Überleben zwischen den verschiedenen Häftlingsgruppen geprägt war, macht eine weitere Darstellung Bingels deutlich:

„Bingel machte immer unverhohlener Stimmung gegen sie (gegen Häftlinge mit rotem Winkel, also politische Häftlinge, J. M.). ‚Sie sind besser organisiert als wir!‘ sagte er. ‚Sie sind auch gar nicht pedantisch in der Auswahl ihrer Mittel – sie stehen auf dem Standpunkt, daß eben nach Lage der Dinge ein Drittel von uns noch sterben wird – und darum wollen sie bestimmen, wer zu den Überlebenden gehört. Das ist ein sehr weitreichender Gedanke. Er ist vernünftig, und ich bin gar nicht zimperlich, wenn meine Idee der Freiheit dadurch nicht berührt wird. Aber ich werde mir ebenfalls Leute aussuchen, die hier nicht krepieren dürfen. Ich werde dafür sorgen, daß sie nicht eingehen. Ich lasse mir von den Prominenten nicht dreinreden. Ich habe meine Leute, denen ich helfe.‘

Einer von diesen schien der junge Einhard zu sein. Ein hübscher blauäugiger, etwa einundzwanzigjähriger Kerl mit einem Schelmenlächeln, der sich seine Atzung regelmäßig hier bei Bingel im Revier abholte: etwas Wurst, einige Portionen Margarine, Äpfel, sogar Kuchen. Bingel erhielt diese Dinge von seiner Arbeitsstätte in der Kartoffelschälküche. Oft brachte der Koch selbst sie ihm herüber. Und wenn nicht – so hatte er die besten Verbindungen zum Proviantraum, zur SS-Kantine. Überall, wo es etwas zu essen gab, hatte er Freunde."[9]

Sicher bedarf Meiers literarisches Schaffen, vor allem sein Roman „Im Frühwind der Freiheit", einer genaueren Analyse sowie einer Textinterpretation, die Häftlingsberichte berücksichtigt, ohne den Unterschied zwischen dokumentarischem Bericht und literarischer Verarbeitung zu verwischen. Aber für das Verständnis der Lage der homosexuellen Häftlinge in Neuengamme mögen die angeführten Textpassagen einige Hinweise geben.

Lagerakten

Abschließend soll auf den Stand der Forschung zu den Lagerakten eingegangen werden, in denen es um Homosexuelle geht. Wie schon erwähnt ist die Quellenlage, was schriftliche Akten betrifft, im Falle des Konzentrationslagers Neuengamme denkbar schlecht. Trotzdem haben zunächst das Archiv der Gedenkstätte Neuengamme mit dem Gedenkstättenleiter Dr. Detlef Garbe und daran anschließend Ulf Bollmann, Mitarbeiter des Hamburger Staatsarchivs, und der Student Stefan Micheler wichtige Vorarbeiten geleistet. Quellen für diese Forschung sind vor allem die wenigen erhaltenen Totenbücher sowie Überstellungs-, Zugangs- und Transportlisten, die meist nur durch die Zusammenarbeit mit anderen Archiven und Gedenkstätten erschlossen werden können. Hierbei muß berücksichtigt werden, daß Neuengamme als Stammlager für über achtzig Außenlager diente. Die Zusammenarbeit mit Archiven und Gedenkstätten dieser Außenlager verspricht hier für die Zukunft neue Erkenntnisse. Außerdem verfügt das Staatsarchiv Hamburg über einen großen Bestand an Gefangenenkarteien, Strafjustizakten und Akten über Schutzhaftgefangene im Konzentrationslager und späteren Gestapogefängnis Fuhlsbüttel, dessen Erfassung und vor allem wissenschaftliche Erforschung gerade erst begonnen hat. Die Auswertung dieses Bestands erfolgt derzeit vor allem in biographischer Hinsicht, also vom Alltagsleben Homosexueller unter dem Nationalsozialismus über die Verhaftung bis ins Lager.

Trotz der Forschungsschwierigkeiten sind nach dem Stand vom Dezember 1997 die Namen von 72 Häftlingen nachweisbar gesichert, die als Homosexuelle in Neuengamme oder in einem seiner Außenlager inhaftiert waren. Darüber hinaus sind 31 Namen bekannt, die nachweisbar, aber noch nicht gesichert sind. Die Aussagekraft des vorhandenen Materials über die tatsächliche Lage von homosexuellen Häftlingen in Neuengamme und seinen Außenlagern ist unterschiedlich, aber eher gering. In vielen Fällen sind nur die Namen und vielleicht ein Transportweg von einem zum anderen Lager bekannt.

Anmerkungen

1 KZ-Gedenkstätte Neuengamme (Hrsg.): Lebensgeschichtliche Interviews mit Überlebenden des KZ Neuengamme. Ein Archiv-Findbuch, Hamburg 1994. Ulrike Jureit, Karin Orth, hrsg. von der KZ-Gedenkstätte Neuengamme: Überlebensgeschichten. Gespräche mit Überlebenden des KZ-Neuengamme, Hamburg 1994.
2 Ulrike Jureit: Erinnerungsmuster. Zur Methodik lebensgeschichtlicher Interviews mit Überlebenden der Konzentrations- und Vernichtungslager, Hamburg 1999. Ulrike Jureit: Authentische und konstruierte Erinnerung – Methodische Überlegungen zu biographischen Sinnkonstruktionen. In: WerkstattGeschichte 18, 6. Jg., November 1997, Hamburg 1997, S. 91 ff.

3 Andreas Sternweiler: „Und alles wegen der Jungs." Pfadfinderführer und KZ-Häftling: Heinz Dörmer, Berlin 1994.
4 Ebenda, S. 96 ff.
5 Vgl. u. a. Bericht im Hans-Schwarz-Archiv der Forschungsstelle für Zeitgeschichte in Hamburg, abgedruckt bei Andreas Sternweiler: „Und alles wegen der Jungs." Pfadfinderführer und KZ-Häftling: Heinz Dörmer, Berlin 1994, S. 115 ff.
6 Heinrich Christian Meier: So war es, Hamburg 1946, S. 48 ff.
7 Heinrich Christian Meier: Im Frühwind der Freiheit, Hamburg 1949, S. 193.
8 Ebenda, S. 191.
9 Ebenda.

Olaf Mußmann,
  Dr., geb. 1958, Lektor für Geschichte im Schroedel-Verlag; verschiedene Publikationen zur NS-Geschichte, Militärgeschichte, Geschichtstheorie, Geschichtsdidaktik und Museologie sowie zu wirtschafts- und sozialgeschichtlichen Themen.

Häftlinge mit rosa Winkel im KZ Mittelbau-Dora

Die Situation rosawinkliger Häftlinge im KZ Mittelbau-Dora war durch die spezifischen Bedingungen dieses Konzentrationslagers geprägt: Struktur und Funktion des Lagers gaben den Rahmen vor, in den sich die Lebensumstände und Überlebenschancen der KZ-Gefangenen einpassen mußten und der auch die besondere Situation der als homosexuell kategoriesierten Gefangenen bestimmte.

Das KZ Mittelbau-Dora entstand im August 1943 in der Nähe der thüringischen Stadt Nordhausen als letztes der großen, selbständigen Konzentrationslager der Nationalsozialisten. Zunächst als Außenlager „Dora" des KZ Buchenwald gegründet, wurde es im Oktober 1944 unter der Bezeichnung KZ „Mittelbau" selbständiges Stammlager, dem ca. 40 Außenlager und Arbeitskommandos angegliedert waren. Die KZ-Gefangenen mußten in einer riesigen unterirdischen Fabrik modernstes Kriegsgerät herstellen: insbesondere die sogenannten Vergeltungswaffen, kurz „V"-Waffen genannt, die Großrakete „V 2" und die Flügelbombe „V 1", aber auch eine Flugzeugabwehrrakete sowie verschiedener Strahltriebwerktypen für Kampfflugzeuge. In das KZ Mittelbau-Dora verschleppten die Nationalsozialisten 60 000 Menschen aus über 40 Nationen; 20 000, also jeder Dritte von ihnen, kam ums Leben.[1]

Mit dieser KZ-Gründung hatten die Nationalsozialisten auf eine Situation reagiert, die sich seit etwa 1942 ergeben hatte und die als Spätphase des Zweiten Weltkriegs bezeichnet werden kann: Die deutsche „Blitzkriegsstrategie" war längst gescheitert, die Wehrmacht mußte von ihrer anfänglichen Offensivstrategie zur Defensive übergehen, alliierte Flugzeuge errangen nach und nach die Luftherrschaft. In der deutschen Rüstungsindustrie setzte daraufhin ein Wandel ein, der auf quantitative und qualitative Steigerung der Rüstungsproduktion abzielte. Fertigungsabläufe wurden rationalisiert, Produktionskapazitäten ausgeweitet und auf neue Technologien gesetzt. Eine zentrale Rolle spielte dabei der propagandistisch und real geführte Einsatz sogenannter Wunderwaffen, mit denen die vergebliche Hoffnung verbunden war, die drohende Niederlage ließe sich gleichsam im letzten Moment doch noch abwenden.[2] In der Fertigungsorganisation erfolgte vielfach die Umstellung auf Fließfertigung, was nicht nur eine Steigerung des Produktionsausstoßes gestattete, sondern gleichzeitig eine Dequalifizierung der Arbeit ermöglichte. Durch das Zerlegen der Arbeit in einfache und sich wiederholende Arbeitsschritte wurde es möglich, unqualifizierte Arbeitskräfte bei kurzen Anlernzeiten, aber hohen Kontrollmöglichkeiten, einzusetzen – alles Voraussetzung für den Einsatz von Zwangsarbeitern. Auf diese Weise ließ sich aus Sicht der Nationalsozialisten auch das kriegsbedingt entstandene und sich allmählich zuspitzende Arbeitskräfteproblem lösen: Die Reichsführung setzte massenhaft Zwangsarbeiter und seit 1942 auch KZ-Häftlinge ein.[3]

Seit 1943 änderte sich auch die Raumstruktur der Rüstungsindustrie. Alliierte Luftangriffe auf das Deutsche Reich, die 1942 erheblich ausgeweitet wurden und 1943 zu beträchtlicher Zerstörung kriegswichtiger Industriebetriebe führten, zwangen die Reichsführung, Rüstungsbetriebe in bombengeschützte Räume zu verlagern.[4]

Als Modellprojekt für solche Verlagerungen entstand seit Spätsommer 1943 in den unterirdischen Hallen des Kohnstein die Raketenfabrik der Mittelwerk GmbH mit angeschlossenem KZ. Eine nach modernsten Gesichtspunkten rationeller Fertigungstechnologie organisierte Rüstungsfabrik wurde errichtet, in der auf Taktstraßen hergestellte Hochtechnologiewaffen vom Band rollten. Ihre Produktivität aber basierte auf dem vieltausendfachen Einsatz von KZ-Häftlingen. Diese riesige Anzahl von Häftlingen war innerhalb der Strukturen eines Außenlagers nicht mehr zu verwalten. Autonomisierung war die Folge, und das KZ Mittelbau wurde selbständiges KZ-Hauptlager.

Damit entstand ein neuer Typ von Konzentrationslager, für den die Rüstungsproduktion konstitutiv und die enge Verzahnung von Speer-Ministerium, Industrie und SS kennzeichnend waren. Vordringlichste Aufgabe dieses Rüstungs-KZ war die Produktion von Kriegsgerät: sogenannte „V"-Waffen und andere hochtechnisierte Waffensysteme. Haupt- und Außenlager standen in einem funktionalen Zusammenhang, der auf die Produktion von Hochtechnologiewaffen und deren infrastrukturellen Vorbereitung abzielte.

Die Häftlingsarbeit gliederte sich innerhalb dieses KZ-Komplexes in zwei Hauptbereiche: qualifizierte Arbeit im Rahmen der Rüstungsproduktion und unqualifizierte Arbeit im Rahmen der Vorbereitung von Rüstungsproduktion. Letzteres bezog sich insbesondere auf den Stollen- und Eisenbahnbau. Die Zugehörigkeit zu einem der Bereiche entschied oftmals über Leben und Tod: Hatten die in der Produktion eingesetzten Häftlinge eine vergleichsweise hohe Überlebenschance, weil ihre Qualifikationen für den NS-Staat kriegswichtig geworden waren, so waren die aus Sicht der SS jederzeit ersetzbaren Bauhäftlinge schon bald abgearbeitet und starben oftmals schon nach wenigen Wochen.[5]

Was mit dem KZ Mittelbau-Dora entstand, war die Synthese von KZ-Zwangsarbeit und modernster rationeller Fertigungstechnologie inklusive infrastrukturellem Ausbau. Es war eine neuartige „Einheit von KZ und Rüstungsbetrieb", ein neuer Typ von KZ.[6] Nicht mehr „Erziehung" wie in den Konzentrationslagern der frühen Phase[7] oder „gesellschaftliche Elimination" mißliebiger Menschen wie in den KZ der mittleren Phase, sondern „Produktivität" führte den Prioritätenkanon der Lagerfunktionen im KZ Mittelbau an. Qualifizierte, gesunde Arbeitsfähige konnten Arbeitsplätze in der Produktion mit vergleichsweise großen Überlebenschancen erhalten, unqualifizierte oder abgearbeitete Häftlinge wurden in die Baukommandos abgeschoben, dort regelrecht „verschlissen". Viele starben innerhalb kürzester Zeit.[8] Im KZ Mittelbau orientierte sich der „Wert" der Gefangenen an der Kategorie „Produktivität" und daran wurden – jenseits der ohnehin immer geübten SS-Willkür – auch rosawinklige Häftlinge klassifiziert.

Während der ersten Phase der Existenz des KZ Mittelbau-Dora – als es noch Außenlager des KZ Buchenwald war – entschied man in erster Linie im Buchenwalder Arbeitseinsatzbüro, welche Häftlinge nach „Dora" kamen. Dort hatte sich eine Praxis etabliert, die auf eine Abschiebung rosawinkliger Häftlinge in das Außenlager bei Nordhausen hinauslief[9], also an einen Ort, der damals in Buchenwald als ausgesprochenes Todeslager galt.[10] Bis zum Frühjahr des 1944 befanden sich wichtige Bereiche der Stollenanlage – insbesondere der südliche Abschnitt des A-Stollens – noch in der Ausbauphase. Ein großer Teil der Häftlinge mußte zu diesem Zeitpunkt noch im Stollenvortrieb arbeiten und schwerste Steinbrucharbeiten erledigen. Die Todesrate war immens und lag bei knapp 70% für den Zeitraum von Oktober 1943 bis März 1944.[11]

Unter den deutschen Häftlingen, die von Buchenwald nach Dora transportiert wurden, gab es überproportional viele „Homosexuelle". Ihre Zahl lag doppelt so hoch wie die der „Politischen" und fünfmal so hoch wie die der „Biebelforscher". Lautmann/Grikschat/Schmidt führen auf Basis ihrer statistischen Auswertung von Akten des ITS Arolsen für das Außenlager „Dora" alleine 839 „homosexuelle Häftlinge" an[12] – in den Unterlagen der Gedenkstätte sind immerhin 153 namentlich nachgewiesen.[13] Ein besonders großer Transport mit 77 rosawinkligen Häftlingen des Buchenwalder Blocks 30 wurde am 22. Januar 1944 nach „Dora" geschickt.[14] Diese geschlossene Umsetzung spricht für eine Veranlassung durch die SS und nicht durch Schreiber der Häftlingsschreibstube.[15] Weitere Transporte folgten.[16] So kam im März 1944 auch ein kleinerer Transport mit vier „Homosexuellen" aus Neuengamme, der aber zur fünften SS-Baubrigade – wohl in die Nähe von Osnabrück – verlegt wurde.[17] Die meisten der aus Buchenwald nach „Dora" deportierten rosawinkligen Häftlinge kamen offensichtlich in den gefürchteten Stollenbaukommandos von „Dora" zum Einsatz. Für Häftlinge des Transports vom 22. Januar begann dort schon nach wenigen Tagen das Sterben. Nahezu ein Viertel von ihnen war innerhalb von zwei Monaten tot, ein fast ebenso hoher Prozentsatz wurde im gleichen Zeitraum arbeitsunfähig und in Liquidierungstransporten abgeschoben.[18]

Dies beweist einen hohen Vernichtungsdruck, der 1943/44 auf „homosexuellen" Gefangenen des KZ-Außenlagers Dora lastete. Dieser Befund stimmt mit dem in der Literatur gezeichneten überein, der auf die allgemein furchtbare Lage rosawinkliger Häftlinge in Konzentrationslagern verweist.[19] Er korrespondiert auch mit den homophoben und vielfache Gewaltexzesse initiierenden Mentalitätsstrukturen des SS-Personals. Ein nach 1945 angeklagter SS-Angehöriger des KZ Mittelbau machte dies in seiner Verteidigungsrede ungewollt deutlich: Er führte aus, Häftlinge habe er nie geschlagen, „...außer bei Kameradendiebstahl oder bei minderwertigen Subjekten, die Homosexualität begangen hätten", und berief sich dabei auf einen entsprechenden Befehl des Lagerkommandanten.[20]

Nach Quellenlage[21] gab es mit Beginn des Sommers 1944, also nach Abschluß der Stollenausbauarbeiten und nach Produktionsaufnahme, zunächst keine Sterbefälle mehr unter rosawinkligen Häftlingen. Anfang 1945 kamen einige „Homosexuelle" aus Buchenwald, die Metallberufe gelernt hatten und anscheinend in der Produktion gebraucht wurden. Der Personalbedarf im Werk scheint in dieser Produktionsphase zumindest die Qualifizierten und Gesunden geschützt zu haben. Abschiebungen in das Baulager „Ellrich" und in das Sterbelager „Boelcke-Kaserne" sind jedoch für die zweite Hälfte des Jahres 1944 und für den Winter 1945 verzeichnet. Sterbefälle gab es wieder seit Anfang 1945 – in einem Zeitraum also, als die Sterberate im Lager wegen ankommender Evakuierungstransporte und einsetzender Überfüllung im ganzen Lager wieder in die Höhe schnellte.[22]

Der aufgezeigten Lage „homosexueller" Gefangener des KZ Mittelbau-Dora stehen allerdings Aussagen ehemaliger Häftlinge dieses Konzentrationslagers gegenüber, die davon sprechen, daß „Homosexuelle" im KZ Mittelbau-Dora vergleichsweise gute Überlebenschancen hatten, und die sogar von einem hohen Prozentsatz rosawinkliger Häftlinge als Kapos und Funktionshäftlinge berichten. In der Tat scheinen „Homosexuelle" nach dem z. Z. vorliegenden Quellenmaterial während der Stollenaufbauphase mit einer Todesrate von ca. 50 % gegenüber der Gesamtrate von ca. 70 % etwas bessere Überlebenschancen gehabt zu haben. Ein mit 19 Jahren eingelieferter Ukrainer berichtet von einer Vielzahl rosawinkliger Häftlinge, die als Vorarbeiter und Kapos eingesetzt waren[23], und in einem französischen Bericht werden sie habitual sogar der Häftlingsprominenz zugeordnet. Dort heißt es: „Oder dann noch Homosexuelle, die – man muß schon genau hinsehen – einen rosa Winkel tragen. Einige von ihnen sind liebenswürdig. Ihr Ruf ist im ganzen Lager bekannt. Reich ausgestattet leben sie ungeschoren und leichtfertig dahin."[24] Eine weitere Einschätzung zum Lager lautet: „Das Leben im Lager lag vollständig in Händen krimineller Elemente und Homosexueller. Sie nahmen führende Positionen ein im Lagerleben, waren Lagerälteste, Blockälteste, hatten führende Positionen im Häftlingskrankenbau, waren Kapos, gehörten zur Lagerpolizei usw. und hatten die Macht."[25]

Nun ist es durchaus problematisch, aus Häftlingsaussagen eine Charakterisierung der Lagerstrukturen abzuleiten. Es bleibt immer fraglich, welche Einblicke ein Häftling in die Zusammenhänge hatte und fraglich bleibt auch, inwieweit sich nachträgliche Interpretationen, Erinnerungsverschiebungen und Ressentiments in die Aussagen einschleichen. Dennoch stellen diese Berichte wertvolle Einschätzungen von Zeitzeugen dar, die – solange wir nicht über eine bessere Quellenüberlieferung verfügen und der ITS in Arolsen nicht erneut sein Archiv für die Forschung öffnet – ein wichtiges Fundament der Beurteilung darstellen.

Die gesamte Funktionshäftlingsstruktur kann aus den in der Gedenkstätte vorhandenen Archivalien nicht rekonstruiert werden; dennoch sind interessante Befunde möglich: So arbeitete beispielsweise in der für die „V 2"-Übernahme zuständige Abnahmestelle des Heeres ein rosawinkliger Häftlingsschreiber, also auf der mittleren Ebene der Funktionshäftlingshierarchie.[26] Aber auch auf höherrangigen Funktionsposten gab es Häftlinge mit dem rosa Winkel. So wurde ein „homosexueller" deutscher Häftling, der Anfang 1944 aus Buchenwald kam, zunächst Blockältester. Später gehörte er zur Lagerpolizei – zu einem Kommando also, das im übrigen ausschließlich aus Häftlingen mit dem roten Winkel bestand.[27] Die überraschendste Person stellte aber fraglos ein ebenfalls deutscher „Homosexueller" dar, der gleichfalls aus Buchenwald nach Mittelbau-Dora kam. In Buchenwald befürchtete er, daß an ihm medizinische Experimente unternommen werden könnten und nutzte nach eigener Aussage seine Beziehung zur Buchenwalder Häftlingsprominenz, um in ein Außenlager zu gelangen. In „Dora" angekommen, wurde er zunächst Oberkapo für die Stollenausbaukommandos[28], und die ihm unterstellten Kapos trugen laut einer Häftlingsaussage überwiegend grüne und rosa Winkel.[29] Nach Fertigstellung des Stollens wurde er Blockälterster im Häftlingslager, bis er kurz vor der Evakuierung des KZ Mittelbau in das Außenlager Rottleberode versetzt wurde – ein Lager mit immerhin etwa 1500 Häftlingen.[30] Dort wurde er eigens zur Evakuierung zum Lagerältesten ernannt.[31]

Dies zeichnet ein ganz anderes Bild der Lage rosawinkliger Häftlingen im KZ Mittelbau. Es drängt sich der Eindruck einer Funktionshäftlingsstruktur auf, die in hohem Maße von grün- und rosawinkligen Häftlingen dominiert war. Sollte dies stimmen – was durch weitere empirische Arbeit noch abzusichern wäre –, so müßte über die Günde für diese Sondersituation nachgedacht werden. Ein ehemaliger Häftling des KZ nimmt an, daß die überwiegend deutschen „Homosexuellen" gegenüber den nicht-deutschen Häftlingen vergleichsweise qualifizierter waren und sich natürlich in deutscher Sprache mit der SS verständigen konnten.[32] Vor diesem Hintergrund kann vermutet werden, daß die besondere Situation der sehr späten KZ-Gründung dafür ausschlaggebend gewesen sein könnte: 1943/44 überwogen in den Lagern längst die nicht-deutschen Häftlinge. Deutsche Gefangene als diejenigen, die bereits am längsten in den Lagern waren, hatten sich vielfach bereits ihre Posten erkämpfen können. Ein solches „Etablieren" gelang den Häftlingen mit rosa Winkel offensichtlich erst unter den besonderen Bedingungen einer

Lagerneugründung in der Spätphase des Zweiten Weltkrieges: Aufgrund der Buchenwalder Abschiebepraxis in der Aufbauphase des Lagers sahen sich deutsche Häftlinge mit rosa Winkel im KZ Mittelbau-Dora gleichsam „konkurrenzlos" in einer Situation, in der die SS dringend deutschsprachige Häftlinge mit Organisationsgeschick als Funktionshäftlinge benötigte. Dies führte offenbar zur Entstehung eines KZ, das in seiner Funktionshäftlingsstruktur deutlich „rosa gefärbt" war. Rosawinklige Häftlinge, denen der Aufstieg zum Funktionshäftling allerdings nicht gelang, waren aber anscheinend auch weiterhin den furchtbaren Bedingungen des KZ insbesondere in den Baukommandos ausgesetzt.

Anmerkungen:

1 Zur Geschichte des KZ Mittelbau-Dora vergl. Fiedermann, Angela / Heß, Torsten / Jaeger, Markus: Das Konzentrationslager Mittelbau-Dora. Ein historischer Abriß, Berlin/Bonn 1993; Bornemann, Manfred: Geheimprojekt Mittelbau. Die Geschichte der deutschen V-Waffen-Werke, München 1971.
2 Zur Geschichte der „V"-Waffen vergl. Neufeld, Michael J.: Die Rakete und das Reich. Wernher von Braun, Peenemünde und der Beginn des Raketenzeitalters, Berlin, 1997.
3 Zur Entwicklung des Zwangsarbeits- und KZ-Häftlingseinsatzes vergl. Herbert, Ullrich: Fremdarbeiter. Politik und Praxis des „Ausländer-Einsatzes" in der Kriegswirtschaft des Dritten Reiches, Berlin/Bonn 1985; sowie ders. (Hg.): Europa und der „Reichseinsatz". Ausländische Kriegsgefangene und KZ-Häftlinge in Deutschland 1938–1945, Essen 1991.
4 Zur Verlagerung von Rüstungsbetrieben vergl. Heß, Torsten (Hg.): Zwangsarbeit und die unterirdische Verlagerung von Rüstungsindustrie. Vorträge, Berlin/Bonn 1994; Naasner, Walter: Neue Machtzentren in der deutschen Kriegswirtschaft 1942–1945. Die Wirtschaftsorganisation der SS, das Amt des Generalbevollmächtigten für den Arbeitseinsatz und das Reichsministerium für Bewaffnung und Munition / Reichsministerium für Rüstung und Kriegsproduktion im nationalsozialistischen Herrschaftssystem, Boppard/Rhein, 1994; Das Daimler-Benz Buch. Ein Rüstungskonzern im „Tausendjährigen Reich", hrsg. v. Hamburger Stiftung für Sozialgeschichte des 20. Jahrhunderts(= Schriften der Hamburger Stiftung für Sozialgeschichte des 20. Jahrhunderts, Bd.3), Nördlingen 1987; Hamburger Stiftung zur Förderung von Wissenschaft und Kultur (Hg.): „Deutsche Wirtschaft". Zwangsarbeit von KZ-Häftlingen für Industrie und Behörden. Symposion „Wirtschaft und Konzentrationslager, Hamburg 1991.
5 Buchenwald. Mahnung und Verpflichtung. Dokumente und Berichte, hrsg. im Auftrag der Fédération Internationales des Résistants v. Internationales Buchenwald-Komitee und v. Komitee Antifaschistischer Widerstandskämpfer in der Deutschen Demokratischen Republik, Pößneck 1961, S. 251; zur Struktur der Arbeit im KZ Mittelbau-Dora vergl. Wagner, Jens: Zwangsarbeit im Konzentrationslager: Das Außenlagersystem des KZ Mittelbau-Dora, masch.-schr. Magisterarbeit, Göttingen, 1995.
6 Das KZ Mittelbau scheint wegen des baldigen Kriegsendes das einzige dieser Rüstungs-KZ diesen Typs geblieben zu sein. Andere Projekte, beispielsweise „Quarz" in Melk oder „Valentin" in Bremen, kamen über die Planungs- bzw. Bauphase nicht mehr hinaus und durchliefen den Autonomisierungsprozeß nicht mehr.
7 Zur Entwicklung des KZ-Systems vergl. bspw. Kogon, Eugen: Der SS-Staat. Das System der deutschen Konzentrationslager, München 1993 (1. Aufl. 1947); Schwarz, Gudrun: Die nationalsozialistischen Lager, Frankfurt/M./ New York 1990; Pingel, Falk: Häftlinge unter SS-Herrschaft. Widerstand, Selbstbehauptung und Vernichtung im Konzentrationslager, Hamburg, 1978; Sofsky, Wolfgang: Die Ordnung des Terrors. Das Konzentrationslager, Frankfurt/M. 1993.
8 Diese Einschätzung basiert insbesondere auf der Arbeit von Jens Wagner.
9 Von dieser Abschiebestruktur wird in der Buchenwald-Literatur vielfach gesprochen, vergl. bspw. Römhild, Ferdinand: „Die Situation der Homosexuellen im Konzentrationslager Buchenwald", in: Hackett, David A. (Hg.): Der Buchenwaldreport. Bericht über das Konzentrationslager Buchenwald bei Weimar, München 1996, S. 206–212, hier S. 207 f.
10 Kogon, Eugen: Der SS-Staat: Das System der deutschen Konzentrationslager, München, 1993 (5. Aufl.), S. 284; Günter Grau (Hg.): Homosexualität in der NS-Zeit. Dokumente einer Diskriminierung und Verfolgung, Frankfurt/M., 1993, S. 328 u. 330; Buchenwald. Mahnung und Verpflichtung, a.a.O., S. 229.

11 Tauke, Oliver: „Genesung" und „Selektion". Zur Funktion der Häftlingskrankenbauten im KZ-Komplex Mittelbau-Dora, masch.-schr. Magisterarbeit, Göttingen 1996, S. 53.
12 Lautmann, Rüdiger / Grikschat, Winfried / Schmidt, Egbert: „Der rosa Winkel in den nationalsozialistischen Konzentrationslagern", in: Lautmann, Rüdiger (Hg.), Seminar: Gesellschaft und Homosexualität, Frankfurt/M. 1977, S. 325–365, hier S. 339 f.
13 Datenbank der KZ-Gedenkstätte Mittelbau-Dora (DMD), „Homosexuelle".
14 Vergl. Datenbank DMD, „Homosexuelle".
15 Die überwiegend rotwinkligen Funktionshäftlinge im KZ Buchenwald konnten über ihren Einfluß in der Arbeitsstatistik durchaus Einfluß auf die Zusamennsetzung von Häftlingstransporten nehmen und so eine wirksame Klientelschutzpolitik betreiben, die allerdings auf Kosten derjenigen Häftlinge ging, die nicht über Kontakte zu Funktionshäftlingen verfügten. Niethammer bezeichnete diese Struktur mit dem Begriff „Opfertausch", Herrmann Langbein nannte es den „Zwang, Schicksal zu spielen", vergl. Niethammer, Lutz: Der „gesäuberte" Antifaschismus. Die SED und die roten Kapos von Buchenwald, Berlin 1994, S. 51–55, und Langbein, Herrmann: ... nicht wie die Schafe zur Schlachtbank. Widerstand in den nationalsozialistischen Konzentrationslagern, Frankfurt/M 1980, S. 210.
16 Vergl. Datenbank DMD, „Homosexuelle"; vergl. auch Röll, Wolfgang: Homosexuelle Häftlinge im Konzentraionslager Buchenwald, Buchenwald 1981, S. 20.
17 Vergl. Datenbank DMD, „Homosexuelle".
18 Vergl. Datenbank DMD, „Homosexuelle".
19 Vergl. insbesondere Lautmann, Rüdiger / Grikschat, Winfried / Schmidt, Egbert.
20 DMD FA 50.10.159.
21 Vergl. Datenbank DMD, „Homosexuelle".
22 Vergl. die Darstellung der Geschichte des KZ bei Fiedermann/Heß/Jaeger.
23 DMD EB/H UKr.4.
24 DMD EB / HF 25.
25 DMD – FG / MOS 1.
26 DMD EB /HT 79.
27 List of higher Camp Authorities in Concentration cam Nordhausen (Dora) sowie List of Block Seniors and Capos at Camp Dora and Ellrich, DMD FA NAW, 1079 j, Rolle 3. Vergl. auch Verzeichnis der Blockältesten im Lager, DMD FA NAW 50.2.3.57.
28 DMD FA NAW, 50.10.15.10.
29 DMD – EB / HN 6.
30 Neander, Joachim: Das Konzentrationslager „Mittelbau" in der Endphase der nationalsozialistischen Diktatur, masch.-schr. Diss, Clausthal-Zellerfeld, S. 381.
31 Zeugenaussage 1947 Fritz de la Cour, DMD FA NAW, 50.10.15.10.
32 DMD EB/H Ukr. 4.

Claudia Schoppmann,
Dr., geb. 1958, freie Autorin und Historikerin. Veröffentlichungen u. a.: „Nationalsozialistische Sexualpolitik und weibliche Homosexualität", Pfaffenweiler, 2. Aufl. 1997 und „Verbotene Verhältnisse. Frauenliebe 1938–1945", Berlin 1999.

Zur Situation lesbischer Frauen in den Konzentrationslagern

Bekanntlich hatte die Homosexuellenpolitik der Nazis – und dies war ein wichtiger Unterschied zur Judenverfolgung – nicht die physische Vernichtung aller Homosexuellen zum Ziel. Dies zeigt sich besonders an dem unterschiedlichen Vorgehen gegen homosexuelle Männer einerseits und Frauen andererseits. Mit Ausnahme Österreichs, wo auch nach der Annexion 1938 die Kriminalisierung von Frauen wegen „widernatürlicher Unzucht" beibehalten wurde, gab es im „Großdeutschen Reich" keine strafrechtliche Verfolgung lesbischer Frauen per se. Die generelle Unterordnung von Frauen im Männerstaat und ihr Ausschluß aus den Machtzentren des Reiches führte dazu, daß die Mehrheit der Nazis in der weiblichen Homosexualität keine Gefährdung der „Volksgemeinschaft" sah, die systematisch verfolgt werden mußte. Das Stereotyp von der allenfalls „pseudohomosexuellen" und damit „kurierbaren" lesbischen Frau bewirkte außerdem, daß das Bevölkerungswachstum dadurch nicht ernsthaft gefährdet zu sein schien. Dies hatte zur Folge, daß lesbische Frauen nicht auf ähnliche Weise verfolgt wurden wie homosexuelle Männer. Sie teilten jedoch u.a. die Erfahrung der Zerstörung der homosexuellen Subkultur und der Vereinzelung.

Was geschah aber mit denjenigen lesbischen Frauen, die bspw. bei einer Razzia oder aufgrund einer Denunziation in die Mühlen des Regimes gerieten und in ein KZ eingeliefert wurden? Läßt sich ihre Anzahl schätzen, und wie war ihre Situation im Lager? Im folgenden werde ich den Spuren einiger Frauen nachgehen, danach auf Lagerhomosexualität und zum Schluß auf die Reaktionen der SS hierauf eingehen.[1] Bei meinen Ausführungen beziehe ich mich hauptsächlich auf das 1939 errichtete Frauen-KZ Ravensbrück.

Inhaftierungsmuster

Nach meinen bisherigen Recherchen wurden mit dem rosa Winkel ausschließlich Männer gekennzeichnet, und es gab auch keine andere spezielle Häftlingskategorie für lesbische Frauen. Anzunehmen ist, daß es sich bei anderslautenden Zeugenaussagen um Erinnerungsfehler handelt, z. B. um eine Verwechslung der verschiedenen Winkelfarben (rosa mit lila oder rot), was bei den oft verwaschenen Farben leicht möglich war. Deshalb ist die Suche nach den Spuren lesbischer Frauen in den KZ extrem schwierig – abgesehen davon, daß sehr viele Lagerdokumente von der SS kurz vor Kriegsende vernichtet wurden. Dennoch konnten in den letzten zehn bis fünfzehn Jahren einige Hinweise auf Frauen dokumentiert werden, die verhaftet, aber offiziell anderer „Vergehen" beschuldigt wurden. Auf diese Weise blieb jedoch das Lesbischsein als eigentlicher Haftgrund nach außen hin unsichtbar. Deshalb ist es unmöglich, die Zahl derjenigen Frauen, die aufgrund ihres Lesbischseins inhaftiert wurden, auch nur annähernd zu schätzen. Die wenigen belegten Fälle sind auch zu spärlich, um allgemeingültige Aussagen über das Schicksal lesbischer Frauen im KZ machen zu können. Ihre Situation wurde wesentlich dadurch bestimmt, welcher Kategorie sie von der SS zugeordnet wurden und welchen Rang sie damit in der Lagerhierarchie einnahmen. Denn während die „reichsdeutschen" Politischen auf der obersten Stufe rangierten, befanden sich die jüdischen Häftlinge, ähnlich wie die sog. Zigeunerinnen, auf der untersten Stufe. Gegen sie richteten sich die Vernichtungsabsichten der SS direkter und unausweichlicher als gegen jede andere Häftlingsgruppe.

Es gibt Hinweise auf die Inhaftierung lesbischer Frauen als „Politische" oder „Asoziale". Einige Beispiele: Mit einem Schutzhaftbefehl konnte die Gestapo jede politisch mißliebige Person festnehmen und in ein KZ einweisen. So erging es auch Elsa Conrad, die sich als Leiterin eines mondänen Damenklubs in Berlin-Charlottenburg engagiert hatte. In ihrem Club „Monbijou des Westens", den sie zusammen mit Amalie Rothaug, genannt „Mali", führte und der ca. 600 Mitglieder hatte, traf sich bis zur Schließung durch die Nazis im März 1933 „die Elite der intellektuellen Welt, Filmstars, Sängerinnen, Schauspielerinnen, überhaupt die künstlerisch schaffende und die wissenschaftlich arbeitende Frau".[2] Bei Conrads Verhaftung im Herbst 1935 dürften verschiedene Gründe eine Rolle gespielt haben. Ihr wurde vorgeworfen, sich mehrfach staatsfeindlich geäußert zu haben – in ihrer eigenen Wohnung wohlgemerkt. In den Gestapounterlagen heißt es:

„U. a. hat die Conrad gesagt, wenn sie schon das Horst-Wessel-Lied höre, bekomme sie das Erbrechen. Der Führer unterhalte mit seinem Stellvertreter Hess ein Verhältnis. (...) Die Äußerungen der Jüdin Conrad zeigen, in welch gemeiner und verleumderischer Weise sie ihrer Ablehnung gegen die heutige Regierung Ausdruck verleiht."[3]

Denunziert wurde sie von ihrer Untermieterin und einer Bekannten, die sich zu der Anzeige veranlaßt fühlte, als sie von der jüdischen Herkunft und der sexuellen Orientierung Conrads erfuhr. Im Dezember 1935 wurde Elsa Conrad wegen „Beleidigung der Reichsregierung" vom Berliner Sondergericht zu 15 Monaten Gefängnis verurteilt; die Sondergerichte dienten als Unterdrückungsorgan jeglicher politischer Opposition. Vor diesen Tribunalen stand die Masse jener Deutschen, die sich gegenüber dem Regime unbeliebt gemacht hatten. Als scheinlegale Grundlage für Conrads Verurteilung diente das „Heimtückegesetz" vom Dezember 1934, das sich gegen die „Verleumdung" von Partei und Staat richtete. Da die Prozeßunterlagen jedoch nicht mehr existieren, kann über die Hintergründe dieser Denunziation nur spekuliert werden.

Bevor Elsa Conrad ihre Haftstrafe ganz verbüßt hatte, wandte sich der Generalstaatsanwalt an die Gestapo und bat um ihre Einweisung in ein KZ. Im Januar 1937 wurde dieser „Bitte" entsprochen: Elsa Conrad wurde in Moringen inhaftiert, wo sich das erste Frauen-KZ in Preußen befand. Im Schutzhaftbefehl heißt es, sie habe sich „öffentlich als Arierin ausgegeben und den Führer und andere Regierungsmitglieder in gemeiner Weise beschimpft". Ausdrücklich wurde auch darauf hingewiesen, daß Conrad „lesbisch veranlagt" sei und „Verhältnisse zu lesbisch veranlagten Frauen" unterhalten habe. Bei einer Haftüberprüfung wurde ihr mitgeteilt, daß sie nur entlassen werde, wenn sie sich zu einer Auswanderung bereit erkläre. Notgedrungen ließ sie sich schließlich darauf ein. Ihre Freundin Bertha Stenzel besorgte die erforderlichen Papiere, und im Februar 1938 wurde Elsa Conrad aus Moringen entlassen. Am 12. November 1938 mußte sie Deutschland in Richtung Ostafrika verlassen, und im März 1940 wurde sie ausgebürgert. 1961 kehrte sie in die BRD zurück, wo sie zwei Jahre später verstarb.

In den Unterlagen der Lagerverwaltung Ravensbrück, und zwar in den Listen, in denen die sog. Zugänge verzeichnet wurden, finden sich wenige eindeutige Hinweise auf lesbische Frauen. So wurden am 30. November 1940 Elli Smula und Margarete Rosenberg inhaftiert. Bei beiden war als Haftgrund „politisch" mit dem Zusatz „lesbisch" angegeben. War es Zufall, daß Rosenberg und Smula, die beide einen roten Winkel bekamen, am selben Tag inhaftiert wurden? Kannten sie sich vielleicht? Wie ihr Leben vor der Verhaftung verlief, ob und wie sie das Lager überstanden, wissen wir jedoch nicht.

Am ehesten stellte die besonders ab 1937 praktizierte „Asozialen"-Verfolgung durch die Polizei eine Möglichkeit dar, um von der Norm abweichende, nicht straffällig gewordene Personen zu inhaftieren. So wurde eine Kellnerin aus Potsdam, die dort mit ihrer Freundin zusammenlebte, offenbar wegen ihres Lesbischseins verhaftet und nach Ravensbrück eingewiesen. Von dort kam sie ins Männer-KZ Flossenbürg – und zwar ins Lagerbordell. Vermutlich war sie in Ravensbrück zur Prostitution angeworben worden. Hunderte von weiblichen Häftlingen wurden gezwungen, in den Lagerbordellen als Prostituierte zu arbeiten. Meist wurden sie mit dem falschen Versprechen geködert, daß sie nach einer gewissen Zeit freigelassen werden würden. Im Lagerbordell lernte die Kellnerin im Herbst 1943 den zehn Jahre in verschiedenen Lagern inhaftierten Erich Helbig kennen, der durch den Zwangsbesuch im Bordell von seiner Homosexualität „geheilt" werden sollte. Sie war für ihn „der einzige Mensch, mit dem ich in den zehn Jahren Freundschaft geschlossen habe. Lesbische Frauen steckten die Nazis besonders gern in Bordelle. Da würden sie schon wieder auf Vordermann gebracht werden, meinten sie."[4]

Auch das Schicksal dieser Frau kann nicht näher rekonstruiert werden. Wahrscheinlich ist, daß sie nach Auschwitz deportiert wurde und dort umkam, nachdem ihre von der SS auf ein halbes Jahr veranschlagte Zeit als Lagerprostituierte abgelaufen war.

Während eine lesbische Luftwaffenhelferin wegen angeblicher „Wehrkraftzersetzung" verurteilt wurde (diesen Fall hat Ilse Kokula dokumentiert)[5], wurde eine Razzia in einem einschlägigen Lokal einer Verkäuferin aus Hamburg zum Verhängnis; sie wurde 1940 verhaftet und ohne Gerichtsurteil, d. h. vermutlich als „Asoziale", in Ravensbrück inhaftiert. Sie hatte die Warnung einer Freundin mißachtet, die von einem Polizeibeamten gehört hatte, daß in St. Pauli Razzien in Lesben-Lokalen durchgeführt würden. Nach neun Monaten wurde sie entlassen.[6]

Fragmentarisch bleibt auch die nächste Information. Im Januar 1945, wenige Monate vor Kriegsende, wurde eine Ortsgruppenführerin des Deutschen Frauenwerks aus dem Regierungsbezirk Wiesbaden von der Gestapo ins KZ Ravensbrück eingewiesen, „weil sie lesbische Beziehungen unterhielt".[7] Walter Weyrauch, der diesen Hinweis bei Recherchen über die Gestapo fand, vermutet, „daß die Festnahme durch die Gestapo in dem genannten Fall erfolgte, weil in der betreffenden Kleinstadt ein Ärgernis erregt worden war, vielleicht auch, weil gleichgeschlechtliche (...) Beziehungen mit dem ‚Führungsprinzip' und entsprechenden Abhängigkeitsverhältnissen als unvereinbar angesehen wurden".[8]

Lesbisches Verhalten im KZ

Neben den wenigen bisher belegten Fällen, in denen Homosexualität als Verhaftungsgrund eine Rolle spielte, gibt es in der Erinnerungsliteratur ehemaliger Häftlinge etliche Beispiele, in denen andere Inhaftierte als lesbisch beschrieben werden. Auch wenn diese Frauen sich im Lager tatsächlich so verhielten, kann man daraus nicht ohne weiteres schließen, daß sie selbst eine wie auch immer geartete lesbische Identität hatten oder daß sie wegen Homosexualität inhaftiert wurden. Selbstzeugnisse lesbischer Frauen über ihre Lagerhaft existieren m. E. nicht.

Fast alle Autorinnen äußern sich abfällig über einzelne oder eine Gruppe von Frauen, die sie als lesbisch charakterisieren. Diese Frauen werden entweder eindeutig den „schwarzen Winkeln" zugeordnet oder sie werden in ihrem Verhalten als „asozial" dargestellt. Die von der SS vorgenommene Gleichsetzung lesbisch = asozial wurde von den meisten Inhaftierten geteilt. Gleichzeitig werden die Beziehungen und Freundschaften unter den „Politischen" fast immer als asexuell und „rein" dargestellt. Margarete Buber-Neumann, selbst politische Inhaftierte in Ravensbrück, schreibt in ihrem Erinnerungsbuch *Milena, Kafkas Freundin* über ihre Freundschaft zu der tschechischen Journalistin und Kafka-Übersetzerin Milena Jesenska:

„Leidenschaftliche Freundschaften waren unter den Politischen genauso häufig wie unter den Asozialen und den Kriminellen. Nur unterschieden sich die Liebesbeziehungen der Politischen von denen der Asozialen oder der Kriminellen meist dadurch, daß die einen platonisch blieben, während die anderen ganz offen lesbischen Charakter hatten. (. . .) Bei den asozialen Paaren gab sich die eine gewöhnlich männlich, die andere betont weiblich. Die männliche hieß im Jargon der Asozialen ‚kesser Vater', legte Wert auf breite Schultern, schmale Hüften und trug möglichst kurz geschnittenes Haar. Sie sprach mit rauher Stimme und imitierte die Bewegungen eines Mannes."[9]

Die Spannungen und Konflikte zwischen den Inhaftierten verliefen nicht nur zwischen den einzelnen Häftlingskategorien, sondern auch zwischen Funktionshäftlingen, die aufgrund ihrer besonderen Tätigkeit und Stellung über bestimmte Privilegien und Machtbefugnisse verfügten, und den gewöhnlichen Häftlingen. Es gehörte zum System der SS, die Häftlinge stets gegeneinander auszuspielen, um Solidarität untereinander und vor allem auch Widerstand gegen die SS zu verhindern.[10]

Das Machtgefälle zwischen den Häftlingen konnte auch dazu führen, daß Sexualität und Liebe für unprivilegierte Häftlinge zum Tauschmittel im Kampf ums Überleben wurde. Ein solches Beispiel schildert Buber-Neumann:

„Im vorletzten Lagerjahr, als Ravensbrück schon chaotisch wurde, hörte ich von einem Fall lesbischer Zuhälterei. Er, oder besser sie, hieß Gerda, nannte sich aber Gert und versorgte gleich mehrere Frauen mit Liebe. Doch tat sie es nicht etwa aus Liebe und noch viel weniger umsonst. Sie ließ sich dafür bezahlen. Jeden Samstag und Sonntag lieferten die Geliebten pflichtschuldig ihre Margarine- und Wurstrationen, die wir nur am Wochenende erhielten, an den schneidigen Gert ab."[11]

Noch wesentlich krasser war das Machtgefälle zwischen Häftlingen und SS-Aufseherinnen. Übergriffen jeder Art, also auch sexuellen, waren die Häftlinge, die den Anordnungen der Aufseherinnen unbedingt Folge leisten mußten, schutzlos ausgeliefert. Viele Inhaftierte waren besonders fassungslos darüber, daß sich Geschlechtsgenossinnen als Aufseherinnen an den Verbrechen der SS beteiligten und bei den verübten sadistischen Grausamkeiten den SS-Männern offenbar in nichts nachstanden. Die Hypothese, daß Frauen „von Natur aus" friedfertige(re) Wesen seien, wurde damit auf schmerzliche Weise ad absurdum geführt.

In manchen Berichten ehemaliger Häftlinge wird angedeutet, daß Aufseherinnen inhaftierte Frauen sexuell mißbrauchten; diesbezügliche Nachweise sind jedoch sehr selten. Es ist verständlich, daß Frauen, die stärker als Männer über ihre biologischen Funktionen definiert wurden (und werden), den gewaltsamen Zugriff auf ihren Körper als besonders verletzend und erniedrigend empfanden.[12]

Strafen bei Lagerhomosexualität

Abschließend möchte ich auf das lagerinterne Strafsystem der SS eingehen, das sich gegen die geringsten „Vergehen" richtete, zu denen – zumindest in Ravensbrück – explizit auch lesbisches Verhalten gehörte. Der Ravensbrücker Lagerordnung zufolge wurde u. a. bestraft, „wer sich in lespischer (sic) Absicht anderen Häftlingen nähert, wer lespische Schweinereien treibt oder solche nicht meldet". Darüber hinaus hieß es grundsätzlich: „Kein Häftling darf dem andern trauen können. Feste Kameradschaften unter den Häftlingen bilden eine Gefahr für die Lagersicherheit und sind unauffällig durch Verlegung der Häftlinge zu trennen."[13]

Die Strafandrohung sollte also solidarisches Verhalten und freundschaftliche Beziehungen verhindern und zur permanenten Verunsicherung und Disziplinierung der Häftlinge beitragen. Der Anlaß für die Bestrafungsaktion war oft nebensächlich. Das Strafarsenal reichte vom Nahrungsentzug für einen oder mehrere Tage, dem langen Steharrest bei Wind und Wetter über Prügelstrafen bis hin zu Bunkerhaft, wo gefoltert und verhört wurde, sowie einer Einweisung in den Strafblock oder die Strafkompanie (in Auschwitz). Bei dem schlechten Ernährungs- und Gesundheitszustand der Häftlinge konnte jede dieser Strafen den Tod bedeuten.

Was wurde von der SS als „lesbisch" definiert? Die Grenzen hierfür waren fließend und abhängig von Zeitpunkt, Belegungsstärke und anderen Faktoren. Die Kommunistin Doris Maase berichtete, daß Händegeben in Ravensbrück vor 1941 „als lesbisch verboten" war und die Übertretung eines solchen Verbots lebensgefährlich sein konnte.[14] Ähnlich äußerte sich auch Margarete Buber-Neumann:

„Auch ein Sonntagsspaziergang in Ravensbrück war von Gefahren umwittert. Plötzlich drängte sich eine Aufseherin zwischen die Häftlinge und schlug brutal auf sie ein. Was war geschehen? Zwei Frauen gingen verbotenerweise Arm in Arm. (...) Die Lagerleitung verfolgte solche (lesbischen,C.S.) Verhältnisse besonders rabiat. Liebe wurde mit Prügelstrafe geahndet."[15]

Die Einweisung in den Ravensbrücker Strafblock gehörte zu den härtesten Strafen. Dort war die Todesrate stets höher als anderswo. In diesem Block befanden sich Frauen, die von anderen Blocks wegen lesbischem Verhalten und anderer „Vergehen" eingewiesen wurden, aber auch (meist politische) Inhaftierte, die ein zweites Mal ins KZ kamen. Schon ein bloßer Verdacht war ausreichend für eine Einweisung in den Strafblock.

Anmerkungen

1 Vgl. hierzu auch den entsprechenden Abschnitt in meinem Buch *Nationalsozialistische Sexualpolitik und weibliche Homosexualität*. Pfaffenweiler 2. Aufl. 1997 sowie meinen Aufsatz: Spärliche Spuren. Zur Überlieferung der Verfolgung lesbischer Frauen im „Dritten Reich", in: *Der Frankfurter Engel. Mahnmal Homosexuellenverfolgung,* hg. von IMH e.V. Frankfurt/M. 1997, S. 98–107.
2 So beschrieb Ruth Roellig das „Monbijou" in ihrem Clubführer *Berlins lesbische Frauen* (erschien als Reprint unter dem Titel *Lila Nächte. Die Damenklubs im Berlin der zwanziger Jahre,* hg. von Adele Meyer. Berlin 1994, S. 49–52).
3 Hauptstaatsarchiv Hannover, Hann.158 Moringen, Acc.105/96 Nr. 47. Den Hinweis auf die Akte verdanke ich Hans Hesse.
4 Jürgen Lemke: *Ganz normal anders. Auskünfte schwuler Männer aus der DDR*. Frankfurt/M. 1989, S. 13–30, hier:26; Interview mit J. Lemke am 15.4.1989. Einen Beleg für die gezielte Einweisung lesbischer Frauen in die Bordelle habe ich bisher nicht gefunden.

5 S. Ina Kuckuc (d. i. Ilse Kokula): *Der Kampf gegen Unterdrückung. Materialien aus der deutschen Lesbierinnenbewegung.* München 1975, S. 127 f.
6 A. Rüter-Ehlermann u. a. (Hg.): *Justiz und Verbrechen. Sammlung deutscher Strafurteile wegen nationalsozialistischer Tötungsverbrechen 1945–1966.* Amsterdam 1973, Bd. 10, S. 163.
7 Walter Weyrauch: *Gestapo V-Leute. Tatsachen und Theorie des Geheimdienstes.* Frankfurt/M. 1992, S. 61 f.
8 Brief v. 5. 12. 1993. Aus Datenschutzgründen waren weitere Recherchen nicht möglich.
9 Margarete Buber-Neumann: *Milena, Kafkas Freundin.* München 1977, S. 50.
10 Zu den sozialen Strukturen im Lager vgl. Wolfgang Sofsky: *Die Ordnung des Terrors: Das Konzentrationslager.* Frankfurt/M. 1993, S. 115–190.
11 Buber-Neumann, S. 50.
12 Die SS beraubte die Frauen systematisch ihrer Weiblichkeit und Individualität, um sie psychisch zu brechen. Fast in jedem Lagerbericht von Frauen findet man einen Hinweis auf den psychischen Schmerz, den das erzwungene Haarescheren für sie bedeutete. Bei vielen Frauen blieb auch aufgrund der Unterernährung die Menstruation aus, und viele befürchteten, unfruchtbar geworden zu sein.
13 BA Abt. Potsdam, Microfilm Nr. 41304, Bl. 41, 16. Ich danke Kai Krüger für den Hinweis auf die Lagerordnung.
14 Mitteilung von Klaus Maase in einem Brief v. 28. 7. 1987: Bei einem sonntäglichen Gang über die Lagerstraße habe seine verstorbene Ehefrau eine Kameradin mit Handschlag begrüßt und sei sich plötzlich bewußt geworden, „daß dies als Anzeichen einer lesbischen Sympathie strikt verboten war. Wenn also solche Verbindungen zwischen Frauen bestanden, so waren sie verboten und eine Übertretung derartiger Verbote konnte lebensgefährlich sein." Zu D. Maase s. a. Hanna Elling (Hg.): *Frauen im deutschen Widerstand.* Frankfurt/M. 1979, S. 208–212.
15 Buber-Neumann, S. 48, 50. Die Prügelstrafe, die zu den sehr schmerzhaften Unterwerfungsritualen gehörte, hatte Himmler in den Frauenlagern 1940 eingeführt, während sie in den Männerlagern seit 1933 angewandt wurde.

Rainer Hoffschildt,
geb. 1948, jetzige Tätigkeit: Berater in einer Bundesbehörde; Projekte: Fortsetzung des Datenbankprojektes zur namentlichen Erfassung homosexueller Verfolgter in der NS-Zeit (mittlerweile liegen rund 6000 Namen vor, darunter etwa 2500 KZ-Häftlinge und fast 800 Emslandlager-Häftlinge); vertiefende Forschung zu einzelnen Lagern und zur Region Norddeutschland.

Projekt: Namentliche Erfassung der Rosa-Winkel-Häftlinge

Seit 1987 werte ich Quellen aus, die Belege über Rosa-Winkel-Häftlinge enthalten. Mittlerweile sind es fast 20 Archive bzw. Sammlungen. Ich möchte nur die wichtigsten als Beispiel erwähnen: Archiv der Gedenkstätte Yad Vashem in Jerusalem, Gedenkstätte Buchenwald (Wolfgang Röll), Universität Bremen (Rüdiger Lautmann), Gedenkstätte Sachsenhausen (Fred Brade/ Joachim Müller). Mit der Kombination der Quellen verdichtet sich langsam das Bild der Schicksale der Rosa-Winkel-Häftlinge. Meine Forschung steht jedoch noch am Anfang, ist nur ein erster Schritt, denn ich habe bisher nur 2321 Häftlinge gefunden. Sicherlich waren viel mehr im KZ. Etliche KZ-Gedenkstätten haben mittlerweile begonnen, die Namen und biographischen Daten der Häftlinge der jeweiligen KZ per Computer zu erfassen, und ich habe die Hoffnung, daß in nicht allzu ferner Zeit durch Abgleich der Daten ein verbesserter Überblick vorliegen wird.

Ziel meiner Arbeit ist es, einerseits einen möglichst umfassenden (statistischen) Überblick über die Rosa-Winkel-Häftlinge insgesamt zu erhalten und andererseits der regionalen Gedenkstättenarbeit zuzuarbeiten und das Schicksal der Häftlinge in oder aus einzelnen KZ zu beschreiben. Letztlich wird das zusammengetragene Material auch die Beschreibung von Einzelschicksalen fördern.

Dazu erfasse ich, soweit möglich, über 20 Kriterien pro Häftling. Diese Kriterien lassen sich in drei Gruppen zusammenfassen:

A Zeitlicher Ablauf: Wann kamen sie ins KZ bzw. lassen sich erstmals im KZ nachweisen (Erstnachweis); wann starben sie, wann wurden sie entlassen? Der Begriff „Erstnachweis" soll noch erläutert werden: I. d. R. ist es das KZ-Zugangsdatum, in einigen Fällen aber auch – wenn nur dies bekannt ist – das erste Transportdatum zwischen zwei KZs und in seltenen Fällen auch ein Enddatum (z. B. Tod).

B Regionale Angaben: In welche KZ kamen sie, wo wurden sie entlassen oder hintransportiert oder starben, oder wo wurden sie befreit? (So hart es auch klingt, es ist eine Input-Output-Analyse.)

C Soziologische Angaben: Altersstruktur der Zugänge, Todesfälle, Entlassungen, Überlebenden und Angaben über das Durchschnittsalter zu diesen Ereignissen. Außerdem: Berufe, Religionen, Familienstand, Nationalität. Der regionalen Geschichtsforschung kann es helfen, daß ich auch die Geburtsorte und letzten Wohnorte erfasse.

Übersichten, wie hier am Beispiel des KZ Buchenwald dargestellt, über das ich dank Wolfgang Röll besonders gut informiert bin, habe ich für dreizehn weitere KZ erstellt.

Nun zur Übersicht „KZ-ALLE", die aus inhaltlichen Gründen leicht von den Übersichten einzelner KZ abweichen muß, da jetzt alle KZ gemeinsam als ein Gesamtsystem angesehen werden. Hier ist keine örtliche Input-Output-Analyse möglich. Stattdessen habe ich für die einzelnen KZ die Zahlen der Anwesenden / Abtransportierten / Todesfälle / Entlassungen / Überlebenden der namentlich bekannten Häftlinge angegeben. Als Differenz ergibt sich jetzt die Spalte Rest / Unbekannt, die andeutet, daß mir das Schicksal der Mehrzahl der Rosa-Winkel-Häftlinge bisher unbekannt geblieben ist. Außerdem wird deutlich, in welchen KZ eine weitere Forschung am schnellsten das Bild vervollständigen könnte (Sachsenhausen und Dachau).

Auf eine weitere Analyse der Daten möchte ich hier noch verzichten, obschon für viele Daten bereits Vergleichsgrößen vorliegen (z. B. Emslandlager [774 Häftlinge], Zuchthaus Hameln [203 Häftlinge], Zuchthaus Celle [162 Häftlinge], Verurteilungen insgesamt, Daten zur Gesamtbevölkerung) und obwohl die vorhandene Datenmenge schon jetzt als recht aussagekräftig gelten kann.

Anlage: Reader
1. Projektbeschreibung: Tabellenerklärung, Auswertungsleitfaden, Quellen.
2. § 175 – Häftlinge, KZ Buchenwald (als Beispiel).
3. § 175 – Häftlinge, KZ ALLE.
4. Grafik: 1. Nachweis/Tod/Entlassungen 1934–1945.
5. Berufe, Religion, Familienstand, Nation der § 175 – Häftlinge.

Thomas Rahe,
Dr. phil., geb. 1957, Dr. phil., Historiker, wissenschaftlicher Leiter der Gedenkstätte Bergen-Belsen; zahlreiche Veröffentlichungen zur jüdischen Geschichte des 19. und 20. Jahrhunderts sowie zur Sozialgeschichte der nationalsozialistischen Konzentrationslager.

Formen des Gedenkens an die Verfolgung Homosexueller in den deutschen KZ-Gedenkstätten

Nimmt man die Dauerausstellungen der deutschen KZ-Gedenkstätten als Indikator, dann wird man nach wie vor feststellen müssen, daß die im Nationalsozialismus verfolgten Homosexuellen eine kaum beachtete Opfergruppe darstellen.[1] Die erste der großen KZ-Gedenkstätten, in der explizit das Verfolgungsschicksal der Homosexuellen dargestellt wurde – wenn auch nur kursorisch in Form einer einzigen Ausstellungstafel –, war die Gedenkstätte Bergen-Belsen, deren neue Dauerausstellung im April 1990 eröffnet wurde. Ausführlicher wird auf homosexuelle Häftlinge in den zum 50. Jahrestag der Befreiung 1995 eröffneten neuen Dauerausstellungen in den Gedenkstätten Neuengamme und Buchenwald eingegangen. Auch in der Gedenkstätte Fuhlsbüttel in Hamburg – wo im Herbst 1933 erstmals die Kategorie „Homosexuell" für KZ-Häftlinge eingeführt wurde – wird auf homosexuelle Häftlinge hingewiesen, und in der 1993 eröffneten Dauerausstellung des Dokumentations- und Informationszentrums Emslandlager in Papenburg wird im Rahmen von sechs exemplarischen Biographien von Häftlingen in den Emslandlagern auch die Biographie eines schwulen Häftlings dargestellt.

Doch damit ist die positive Bilanz auch bereits beendet: Abgesehen vom rosa Winkel auf den in vielen KZ-Gedenkstätten gezeigten Tafeln mit den Häftlingskennzeichen und der – nicht unproblematischen – Darstellung der fiktiven Biographie eines lesbischen Häftlings in der Gedenkstätte Ravensbrück tauchen Homosexuelle und ihre Verfolgung in den Dauerausstellungen der KZ-Gedenkstätten nicht auf, auch wenn bekannt ist, daß es in den betreffenden Lagern eine größere Zahl von homosexuellen Häftlingen gegeben hat, so in Sachsenhausen, in Ravensbrück im dortigen Männerlager, in Dachau oder in Dora. Dies gilt auch für Gedenkstätten am Ort kleinerer ehemaliger Konzentrationslager, selbst wenn dort Homosexuelle zeitweilig einen erheblichen Anteil unter den Häftlingen ausmachten wie im KZ Lichtenburg, wo im Juni 1935 46 % der Häftlinge Homosexuelle waren.[2]

Diese Defizite suchen manche KZ-Gedenkstätten mit Hilfe anderer Vermittlungsformen und Informationsebenen auszugleichen. So wurden etwa in der Gedenkstätte Breitenau Vortrags- und Diskussionsveranstaltungen zur Verfolgung Homosexueller in der NS-Zeit angeboten, entsprechende Dokumentarfilme gezeigt und auch in Führungen auf diese Thematik eingegangen. In Dachau fand auf Initiative der Evangelischen Versöhnungskirche und gegen den Protest Dachauer Lokalpolitiker vor einigen Jahren auf dem Gelände der Gedenkstätte eine Ausstellung über die Verfolgung von Homosexuellen mit einer Reihe von Begleitveranstaltungen statt. Auch die Gedenkstätten, die in ihren Dauerausstellungen über die nationalsozialistische Homosexuellenverfolgung berichten, ergänzten dies durch weitere Aktivitäten. So fand z. B. 1992 erstmals ein von einer staatlichen Einrichtung politischer Bildung veranstaltetes Symposium zur Geschichte der nationalsozialistischen Homosexuellenverfolgung in der Gedenkstätte

Bergen-Belsen statt, wo in der Folgezeit auch die von R. Hoffschildt erarbeitete Ausstellung über die „Geschichte des Tabus Homosexualität und der Verfolgung der Homosexuellen in Hannover" gezeigt wurde. 1993 veröffentlichte Wolfgang Röll, Mitarbeiter der Gedenkstätte Buchenwald, mit seiner Untersuchung „Homosexuelle Häftlinge im Konzentrationslager Buchenwald" die erste Monographie über homosexuelle Häftlinge eines einzelnen Konzentrationslagers. In Neuengamme wurde unter anderem eine Sonderausstellung des Schwulen Museums Berlin gezeigt, die der Biographie von Heinz Dörmer gewidmet ist, der unter anderem im KZ Neuengamme inhaftiert war. Darüber hinaus wurden und werden auch spezielle Rundgänge über das Gelände des ehemaligen KZ Neuengamme zum Thema „Rosa-Winkel-Häftlinge" sowie Busfahrten zu Verfolgungsstätten in der Hamburger Innenstadt angeboten, die sich ebenfalls auf die Verfolgung Homosexueller im Nationalsozialismus konzentrieren.

Doch insgesamt bleibt – auch wenn man über die Dauerausstellungen hinaus andere Veranstaltungsformen und Informationsebenen mit einbezieht – der Eindruck bestehen, daß die Geschichte der nationalsozialistischen Homosexuellenverfolgung in den KZ-Gedenkstätten insgesamt in viel zu geringem Maß vermittelt wird. Doch es nützt wenig, diesen Zustand nur zu beklagen oder Änderungen einzufordern; es gilt vielmehr, nach den Ursachen dieser Defizite und den Bedingungsfaktoren für die Repräsentation dieses Themas in den KZ-Gedenkstätten zu fragen.

Dabei ist es ähnlich wie bei der halb vollen und der halb leeren Flasche: Den offenkundigen, noch immer bestehenden Defiziten steht die Tatsache gegenüber, daß mittlerweile ein weitgehender Konsens über die Notwendigkeit einer Einbeziehung der nationalsozialistischen Verfolgung der Homosexuellen insbesondere in die Dauerausstellungen der KZ-Gedenkstätten besteht. Dementsprechend läßt sich feststellen, daß dieses Thema um so eher und um so ausführlicher in den Dauerausstellungen dargestellt wird, je neuer – und das heißt in der Regel auch umfangreicher – diese Dauerausstellungen sind. So ist für die sich in der Planung befindenden neuen Dauerausstellungen in Sachsenhausen, Dachau und Dora jeweils eine Berücksichtigung des Schicksals der homosexuellen Häftlinge vorgesehen. Die Sensibilität für diese Häftlingsgruppe und ihre spezifische Verfolgungsgeschichte ist zweifellos gestiegen und dies nicht nur bei den Gedenkstättenleitern und ihren Mitarbeitern, sondern – und das ist mindestens genauso wichtig – auch in den wissenschaftlichen Beiräten, den Kuratorien und den Ministerien, die über konzeptionelle Fragen der Gedenkstättenarbeit zu entscheiden bzw. mitzuentscheiden haben.

Doch auch gewachsene Sensibilität vermag objektive Hindernisse, die einer angemessenen Einbeziehung der Verfolgungsgeschichte der Homosexuellen in den KZ-Gedenkstätten entgegenstehen, nicht einfach aufzulösen. Das größte Problem war und ist dabei die defizitäre historische Forschungslage. Zur Mehrzahl der nationalsozialistischen Konzentrationslager gibt es noch keine detaillierten historischen Untersuchungen über die homosexuellen Häftlinge in dem betreffenden Lager. Darin dokumentiert sich zunächst einmal ein weitgehendes Desinteresse der deutschen akademischen Geschichtswissenschaft an dieser Thematik. Die ersten grundlegenden Studien dazu – von Rüdiger Lautmann – stammen bezeichnenderweise nicht von einem Historiker und auch in der Folgezeit sind es eher Sozial- und Sexualwissenschaftler als Historiker gewesen, die sich der Erforschung dieses Themas gewidmet haben. Aufsätze zur Geschichte von Homosexualität und Homosexuellenverfolgung wird man in etablierten Zeitschriften der Geschichtswissenschaft wie der Historischen Zeitschrift oder den Vierteljahresheften für Zeitgeschichte vergeblich suchen. Für die etablierte akademische Geschichtswissenschaft jedenfalls in Deutschland ist diese Thematik nach wie vor nur eingeschränkt wissenschaftswürdig.

So gewinnbringend der interdisziplinäre Zugang durch die Forschungsaktivitäten von Sexual- und Sozialwissenschaftlern bei diesem Thema auch ist, so ist die zu geringe Beteiligung der Geschichtswissenschaft an diesem Forschungsprozeß doch auch sehr problematisch, da es so eine zu geringe Verknüpfung der Forschung zur Homosexuellenverfolgung mit anderen Forschungsprojekten zur Geschichte der Konzentrationslager und der Verfolgung im Nationalsozialismus insgesamt gibt.

Zum zweiten haben diese Defizite auch etwas mit der Quellenlage zu tun. Zu kaum einer anderen Gruppe von KZ-Häftlingen gibt es – insbesondere im Hinblick auf die Selbstzeugnisse der Verfolgten – eine ähnlich schwierige Quellenlage wie bei den homosexuellen KZ-Häftlingen. Eine der Ursachen hierfür ist die Tatsache, daß die homosexuellen Häftlinge in den Lagern unter allen nicht-rassisch Verfolgten die höchste Todesrate aufwiesen. Nach den Forschungen von Rüdiger Lautmann lag sie bei den politischen Häftlingen und bei den Zeugen Jehovas bei 40,5 bzw. 34,7 %, bei den Homosexuellen dagegen bei 53 %.[3] Vor allem aber hat die Kontinuität nicht nur sozialer, sondern auch juristischer Diskriminierung und Verfolgung Homosexueller in Deutschland nach 1945 durch die unveränderte Beibehaltung des Paragraphen 175 bzw. 175a StGB in seiner 1935 verschärften nationalsozialistischen Fassung weitestgehend verhindert, daß solche Selbstzeugnisse homosexueller Überlebender der nationalsozialistischen Konzentrationslager entstanden.

Hans-Georg Stümke hat darauf hingewiesen, daß es allein von 1950 bis 1965 in der Bundesrepublik Deutschland über 44 000 rechtskräftige Verurteilungen wegen Vergehens gegen den Paragraphen 175 gab, das heißt, mehr als viermal so viel wie in der Weimarer Republik und annähernd so viel wie im „Dritten Reich".[4] Selbst Homosexuelle, die das KZ überlebt hatten, wurden nach 1945 erneut verurteilt und mußten nun in bundesdeutschen Gefängnissen und Zuchthäusern einsitzen.

Vor diesem Hintergrund kann es nicht überraschen, daß es kaum veröffentlichte Erinnerungen ehemaliger homosexueller Häftlinge gibt und daß auch nur sehr wenige – angesichts einer von ihnen über mehrere Jahrzehnte traumatisch erlebten Diskriminierung, die oft genug ihre berufliche und soziale Existenz zerstörte oder zu zerstören drohte – bereit waren und sind, in einem Interview über ihre Erinnerungen an die Konzentrationslager zu sprechen. Von dieser sehr geringen Zahl von Interviews mit homosexuellen KZ-Überlebenden sind zudem nicht alle der historischen Forschung zugänglich, da sie oft nur unter der Zusage zustande kamen, daß sie nicht an Dritte weitergegeben werden. So muß die Situation von homosexuellen Häftlingen in den Konzentrationslagern ganz überwiegend aus den Zeugenberichten anderer Häftlingsgruppen rekonstruiert werden. Diese defizitäre Quellenlage ist bezüglich der Selbstzeugnisse also alles andere als ein Überlieferungszufall; vielmehr spiegelt sich in ihr die Spezifik der nationalsozialistischen Homosexuellenverfolgung ebenso wider wie das erschreckende Ausmaß der Kontinuität von Diskriminierung und Verfolgung Homosexueller in Deutschland auch nach 1945.

Was dies für die historische Dokumentation und Forschung bedeutet, läßt sich vielleicht am ehesten dann ermessen, wenn man diese Quellenlage in einem Gedankenspiel analog auf den Holocaust an den europäischen Juden überträgt und sich vorstellt, wir wären über den Holocaust kaum durch jüdische Selbstzeugnisse, sondern fast ausschließlich durch mehr oder weniger beiläufige Beobachtungen bzw. Erwähnungen in den Berichten aus anderen Häftlingsgruppen wie den politisch Verfolgten oder Sinti und Roma informiert!

Selbst die statistischen Daten zu den homosexuellen KZ-Häftlingen können, sowohl aufgrund der schwierigen Quellenlage als auch wegen fehlender historischer Forschungen gerade zu einzelnen Konzentrationslagern nicht als historiographisch gesichert gelten. Die bisherige Forschung gibt die Zahl der homosexuellen KZ-Häftlinge mit etwa 5000 bis 15 000 an.[5] Man stelle sich auch hier die Reaktion der Öffentlichkeit vor, müßte die Frage nach der Zahl der jüdischen Opfer des Holocaust von der Geschichtswissenschaft analog mit der Schätzung beantwortet werden, deren Zahl liege vermutlich zwischen drei und neun Millionen.

Für eine Dokumentation dieses Aspektes der nationalsozialistischen Verfolgungsgeschichte in den KZ-Gedenkstätten fehlt es also noch immer an wichtigen Voraussetzungen. Dies gilt für die nationalsozialistische Verfolgung der Homosexuellen (insbesondere in den Konzentrationslagern) im allgemeinen, vor allem aber für entsprechende Fragen nach Homosexuellen in den einzelnen Konzentrationslagern. Zu vielen Lagern wissen wir noch immer nur sehr wenig über Zahl und Lebenssituation der homosexuellen Häftlinge. Hier bedarf es noch umfangreicher Forschungen, die in Kooperation mit den KZ-Gedenkstätten erfolgen sollten, von diesen allein aber nicht geleistet werden können. Gerade weil die Quellenlage hier so schwierig ist, müssen die vorhandenen Forschungspotentiale intensiv genutzt werden.

Um dies zu konkretisieren, sei beispielhaft kurz die Forschungs- und Materiallage zum KZ Bergen-Belsen skizziert, wo im April 1945 ca. 60 000 Häftlinge, davon etwa zwei Drittel Frauen, befreit wurden. Die Gesamtzahl der Häftlinge Bergen-Belsens wird auf 110 000 bis 120 000 geschätzt. Über ihre Zugehörigkeit zu den einzelnen Verfolgtengruppen, Nationalitäten usw. sind jedoch nur bruchstückhaft Quellen überliefert, da die SS kurz vor der Befreiung die Häftlingspersonalkartei komplett vernichtet hat. Trotz intensiver Recherchen ließen sich bislang lediglich 24 homosexuelle Häftlinge Bergen-Belsens namentlich identifizieren. Zu ihren Biographien liegen jedoch – von zwei Ausnahmen abgesehen – nur sehr bruchstückhafte Informationen vor, die über Alter, Nationalität, Haftkategorie und die Benennung des Lagers, von dem aus sie nach Bergen-Belsen deportiert wurden, nicht hinausgehen. Bildmaterial liegt zu keinem dieser Häftlinge vor, ebensowenig Erinnerungsberichte oder irgendwelche persönlichen Aufzeichnungen. Da aus Lagern wie Sachsenhausen oder Dora-Mittelbau, in denen es eine größere Zahl homosexueller Häftlinge gab, Tausende in den letzten Wochen vor der Befreiung nach Bergen-Belsen „evakuiert" wurden, ist davon auszugehen, daß sich in diesen Transporten auch eine größere Zahl von homosexuellen Häftlingen befunden hat. Da jedoch die entsprechenden Namenslisten verloren oder vernichtet sind, fehlen uns die Quellen, um dazu Konkretes erfahren zu können. Wenn es bei anderen Verfolgtengruppen möglich war und ist, durch Kontakte mit Überlebenden oder Angehörigen ehemaliger KZ-Häftlinge zusätzliche Informationen und Bildmaterialien zu erhalten, ist dieser Weg in bezug auf die homosexuellen Häftlinge nicht nur in Bergen-Belsen praktisch kaum gangbar.

Angesichts dieser Voraussetzungen kommt lokal- und regionalgeschichtlichen Forschungsinitiativen eine wichtige Bedeutung zu, waren doch die homosexuellen Häftlinge in aller Regel Deutsche. Durch solche lokal- und regionalorientierte Erforschung schwuler Geschichte lassen sich im Einzelfall zumindest zur jeweiligen Biographie vor dem Beginn der nationalsozialistischen Verfolgung zusätzliche Informationen und auch visuell nutzbare Materialien finden, die dann auch Eingang in die Ausstellungen der KZ-Gedenkstätten finden können. Auch hier gilt wieder, daß die Gedenkstätten ganz wesentlich auf die Kooperation mit anderen Einrichtungen und Initiativen angewiesen sind.

Wenn die Berechtigung, in den Dokumentationen der KZ-Gedenkstätten auch über das Schicksal Homosexueller zu informieren, heute kaum noch bestritten wird, ist die symbolische Erinnerung an die schwulen Opfer in den KZ-Gedenkstätten schon sehr viel eher ein Anlaß zu Kontroversen. So wurde 1987 vom seinerzeit zuständigen Niedersächsischen Ministerium für Bundes- und Europaangelegenheiten die Anregung, an der Inschriftenwand auf dem Gelände des ehemaligen Konzentrationslagers Bergen-Belsen auch eine den homosexuellen Opfern gewidmete Inschrift anzubringen, mit dem Argument abgelehnt, diese Inschriften könnten nur für Nationalitäten, nicht aber für Verfolgtengruppen zugestanden werden. De facto bedeutete dies jedoch den Ausschluß einer sichtbaren symbolischen Erinnerung an die homosexuellen Opfer auf dem ehemaligen KZ-Gelände.

In Dachau kam erst im März 1995 eine seit 1987 andauernde Kontroverse um die Aufstellung eines Gedenksteins für die homosexuellen Opfer zu einem Ende. Bis dahin hatten die im Internationalen Dachau-Komitee organisierten ehemaligen Häftlinge die Aufstellung des Gedenksteins auf dem offiziellen Gedenkstättengelände verhindert, der daraufhin ein „Gastrecht" in der evangelischen Versöhnungskirche erhielt. Erst im Juni 1995 konnte der Stein dann im offiziellen Gedenkraum der Gedenkstätte Dachau aufgestellt werden.

Demgegenüber erfolgte die Aufstellung von Gedenksteinen für die homosexuellen Opfer in Neuengamme (1985) und Sachsenhausen (1992) ohne vergleichbare Kontroversen, und im April 1995 wurde in Sachsenhausen zum ersten Mal seit 1945 in einer KZ-Gedenkstätte mit einer Rede von Günther Grau als Vertreter der Homosexuellen in einer staatlichen Gedenkveranstaltung auch offiziell der homosexuellen Opfer gedacht.[6]

Daß sich Kontroversen der skizzierten Art eher an der Aufstellung von Gedenksteinen als an den Ausstellungen entzünden, ist sicher nicht zufällig, geht es doch in den Ausstellungen um eine sicher nicht wertneutrale, aber doch in erster Linie dokumentarische Information. Die symbolische Erinnerung außerhalb der Ausstellungsgebäude auf dem ehemaligen Lagergelände repräsentiert demgegenüber vor allem eine ethisch-politische Bewertung und fordert die öffentliche Anerkennung des Opferstatus der durch den Nationalsozialismus verfolgten Homosexuellen in gleichberechtigter Analogie mit anderen Verfolgtengruppen ein und wendet sich damit auch gegen jede Form der Hierarchisierung des Gedenkens. Dies kann im Einzelfall nicht nur zu Konflikten zwischen staatlichen Institutionen und den um eine symbolische Erinnerung an die homosexuellen Opfer des Nationalsozialismus bemühten Homosexuellenorganisationen führen, sondern auch zu Konflikten mit den anderen vom Nationalsozialismus verfolgten Gruppen.

Waren es im Fall Dachau vor allem ehemalige politische Häftlinge, die lange Zeit eine symbolische Ehrung ihrer einstigen homosexuellen Mithäftlinge verhinderten, so gibt es nicht zuletzt auch massive innerjüdische Kontroversen um eine Anerkennung der verfolgten Homosexuellen als gleichwertige Opfer des Nationalsozialismus. Auch wenn diese Auseinandersetzungen vor allem in Israel und den USA stattfinden, so stellen sie doch einen auch für die Arbeit der deutschen KZ-Gedenkstätten – die in erheblichem Maße in ein Geflecht internationaler Rezeption und Kooperation eingebunden sind – relevanten Kontext dar, den sie nicht ignorieren können, wollen sie ihre Glaubwürdigkeit nicht verlieren – so sensibel dieser Aspekt gerade aus deutscher Perspektive auch ist.

Als 1994 von einer etwa 150 Teilnehmer aus zwölf Ländern umfassenden Gruppe erstmals in Yad Vashem der homosexuellen Opfer des Holocaust gedacht wurde, wurde diese Zeremonie nicht nur von anderen Besuchern gestört, sondern führte auch zu politischen Kontroversen bis hin zur Forderung der national-religiösen Partei nach dem Rücktritt des Vorsitzenden des Internationalen Rates von Yad Vashem, Josef Burg, da er eine solche Veranstaltung zugelassen habe. Die Reaktion von Yad Vashem war eher hilflos, äußerte die Leitung doch „Bedauern über die Provokation", für die sie dann aber die Homosexuellen wie auch die Protestierer gleichermaßen verantwortlich machte.[7]

Auch aus diesem Kontext heraus muß es wahrgenommen und bewertet werden, wenn der amtierende israelische Staatspräsident (!) Ezer Weizman im Dezember 1996 vor Schülern in Haifa abschätzig erklärte, seiner Ansicht nach sei Homosexualität „eine abnormale Erscheinung, die eine besondere Gesetzgebung erfordert" und er sei „angeekelt von so etwas"[8].

Von konservativen jüdischen Gruppen wird in den USA gezielt gegen die Darstellung der nationalsozialistischen Homosexuellenverfolgung wie etwa im Holocaust Memorial Museum in Washington polemisiert. So drohte jüngst eine Gruppe orthodoxer Rabbiner den religiösen Bann gegenüber jüdischen Besuchern dieses Museums an, solange dort noch die nationalsozialistische Homosexuellenverfolgung dargestellt werde.[9]

Als Reaktion auf den Vorschlag Daniel Goldhagens, in Berlin solle nicht nur ein Holocaust-Denkmal, sondern auch ein Denkmal zur Erinnerung an die verfolgten Homosexuellen errichtet werden, schrieb jüngst Alfred Lipson, jüdischer Überlebender des KZ Dachau und Historiker der City University of New York, in der angesehenen jüdischen Zeitschrift „Midstream" – deren Titel durchaus programmatisch gemeint ist –: „Die in den Konzentrationslagern inhaftierten Homosexuellen waren Deutsche, oft Mitglieder der Nazi-Partei. Viele von ihnen dienten in Wehrmacht und SS. Sie bekleideten das ganze Dritte Reich über überproportional viele hohe Positionen in der Nähe Hitlers, selbst nach der Ermordung des berüchtigten homosexuellen SA-Führers Ernst Röhm [...]. Die Schwulen wurden nicht in die Lager gebracht, um dort getötet zu werden, sondern für eine begrenzte Zeit zur Rehabilitierung. Viele wurden entlassen, wenn ihr Verhalten sich offensichtlich geändert hatte. Einige starben wegen der insgesamt harten Bedingungen. [...] Verbunden durch eine gemeinsame Sprache und oft aus den gleichen Städten stammend, nahmen sich die SS-Wachen der Homosexuellen an und verschafften ihnen oft einfache Jobs und zusätzliche Essensrationen. [...] Herr Goldhagen fragt: ‚Gibt es eine Hierarchie der Opfer?' Sicher gibt es die!"[10]

Die Rezeption der Geschichte nationalsozialistischer Homosexuellenverfolgung in der öffentlichen Wahrnehmung und auch ihre Einbeziehung in die Dokumentationen der KZ-Gedenkstätten und deren pädagogische Arbeit in den letzten Jahren weist manche Parallelen zur Rezeption der Verfolgung der Sinti und Roma auf. Dies gilt nicht nur für die chronologische Parallelität, sondern auch im Blick auf die Tatsache, daß die entscheidenden Anstöße dazu aus den betroffenen Gruppen selbst kamen und kommen. Auch und gerade die KZ-Gedenkstätten agieren nicht in einem politikfreien Raum und ihre Konzeptionen und Projekte sind mitbestimmt auch durch Einflüsse politischer und gesellschaftlicher Gruppierungen. Dies gilt in erster Linie für die Verbände der ehemaligen Häftlinge, aber auch die Organisationen, die ihnen nahestehen. Für die homosexuellen KZ-Überlebenden gab es über Jahrzehnte hinweg eine solche Organisationsstruktur nicht. Angesichts der Fortdauer von Diskriminierung und Verfolgung nach 1945 konnte es de facto keine Verbände ehemaliger homosexueller KZ-Häftlinge geben, weder auf formeller noch auf informeller Ebene. Solange der vom Bundesverfassungsgericht 1957 ausdrücklich als rechtmäßig bewertete Paragraph 175 StGB in seiner nationalsozialistischen Fassung seine Gültigkeit behielt und – reflektiert durch die fehlende Wiedergutmachung für im Nationalsozialismus verfolgte Homosexuelle – kein breites öffentliches Bewußtsein für den Unrechtscharakter der nationalsozialisitischen Homosexuellenverfolgung bestand, fehlte es auch an Voraussetzungen für ein Engagement zur Einbeziehung dieses Aspekts in die öffentliche historische Erinnerung an die Verbrechen des Nationalsozialismus. Die jeweils aktuelle Einstellung der Gesellschaft – in juristischer wie sozialer Hinsicht – zur Homosexualität prägte notwendigerweise auch die Rezeption und Bewertung der nationalsozialistischen Homosexuellenverfolgung. In diesem durchaus wechselseitigen Prozeß spielten und spielen die verschiedenen Homosexuellenorganisationen eine wichtige Rolle. Ohne ihr Engagement gäbe es z. B. keine symbolische Erinnerung an die homosexuellen Opfer auf dem Gelände ehemaliger Konzentrationslager. Wenn Homosexuellengruppen heute bei der Neukonzeption von Gedenkstätten in Form öffentlicher Anhörungen oder durch Einbeziehung in Beiräte und Kuratorien mitwirken, dann ist dies ein Ergebnis eines öffentlichen Bewußtseinswandels, zu dem diese Organisationen wesentlich selbst beigetragen haben.

Gleichwohl sind ihre Möglichkeiten, als „Lobby" zu wirken im Vergleich zu den anderen im Nationalsozialismus verfolgten Gruppen begrenzt. Die relative Zersplitterung der Homosexuellenorganisationen und ihre geringe Mitgliederzahl steht den Landesverbänden und Zentralräten etwa der Juden oder der Sinti und Roma entgegen, die beanspruchen können, ihre Gruppen als Ganze zu repräsentieren. Und zum zweiten sind die Homosexuellenorganisationen keine unmittelbaren Vertreter der Verfolgten selbst, so daß sie auch nicht in gleichem Maße über deren persönliche moralische Autorität verfügen, was auch ihren politischen Einfluß begrenzt. Zugleich fehlt es hier eben auch an den Nachkommen, an der „second generation", die gerade auf seiten der jüdischen Verfolgten und der Sinti und Roma mit einer spezifischen Autorität den Umgang mit der nationalsozialistischen Verfolgungsgeschichte in den KZ-Gedenkstätten kritisch beobachten und beeinflussen können. Freilich erklärt dies nur die Tatsache, daß der politische Einfluß der Homosexuellenverbände in dieser Frage geringer ist als der der anderen Opfergruppen. Es bedeutet nicht, daß sie nicht sehr wohl legitime Sprecher der verfolgten Homosexuellen sind. Dies sind sie nicht nur deshalb, weil den verfolgten Homosexuellen nach 1945 der Aufbau eigener Organisationen faktisch unmöglich gemacht wurde und es ihnen in der Regel an Nachkommen fehlt, die ihre Interessen vertreten könnten. Sie sind es auch deshalb, weil die nachfolgenden Generationen der Homosexuellen die Erben ihrer Ängste sind, wenn auch nicht familiengeschichtlich vermittelt, wie bei Juden oder Sinti und Roma. Aber so wie jüdische Identität heute zwangsläufig mitgeprägt ist von der kollektiven Erfahrung des Holocaust, so ist auch die Identität heutiger Homosexueller (in Deutschland) durch das Trauma der nationalsozialistischen Verfolgung mitbestimmt.

Warum nun kommt den KZ-Gedenkstätten ein wichtiger, ein spezifischer Stellenwert bei der Vermittlung der Geschichte der nationalsozialistischen Homosexuellenverfolgung zu? Mir scheint dies vor allem aus den folgenden vier Gründen der Fall zu sein:

1. Die KZ-Gedenkstätten haben eine außerordentlich hohe Besucherresonanz. Allein die beiden in den vergangenen Jahren in Deutschland am stärksten besuchten Gedenkstätten, Dachau und Bergen-Belsen, haben zusammen pro Jahr über eine Million Besucher – weitaus mehr als die meisten historischen Museen oder Einrichtungen politischer Bildung. Ihre Breitenwirkung kann daher am ehesten mit den Mas-

senmedien verglichen werden. Dies gilt nicht nur im Blick auf die Zahl der Gedenkstätten- bzw. Ausstellungsbesucher, sondern auch hinsichtlich der weiterführenden Informationsangebote. So ist z. B. der Begleitkatalog, der alle Texte und Bilder der Dauerausstellung in Bergen-Belsen enthält, seit deren Eröffnung im April 1990 insgesamt fast einhunderttausendmal verkauft bzw. abgegeben worden – eine Auflage, die keine der einschlägigen wissenschaftlichen Publikationen je erreichen kann.

2. Angesichts der Tatsache, daß in historischen Museen, in Bildungseinrichtungen, Schulbüchern usw. diese Thematik in der Regel überhaupt nicht vorkommt, sind die KZ-Gedenkstätten für die große Mehrzahl ihrer Besucher die einzigen Institutionen, in denen sie mit diesem Aspekt der nationalsozialistischen Verfolgungsgeschichte konfrontiert werden.

3. In den KZ-Gedenkstätten wird – sofern auf diese Thematik in ihnen eingegangen wird – die Verfolgung der Homosexuellen unter dem Nationalsozialismus als integraler Teil nationalsozialistischen Unrechts und deren verbrecherischer Charakter dargestellt und hervorgehoben.
Dem kommt gerade angesichts der partiellen retrospektiven Rechtfertigung der nationalsozialistischen Homosexuellenverfolgung durch die fortdauernde Gültigkeit des Paragraphen 175 StGB in seiner nationalsozialistischen Fassung nach 1945 sowie deren juristischer Legitimierung durch das Bundesverfassungsgericht in den 50er Jahren eine ganz erhebliche Bedeutung zu, waren doch die rechtsförmigen Verfahren gegen Homosexuelle auf der Basis des Paragraphen 175 und deren nicht mehr juristisch kaschierte spätere Einweisung in Konzentrationslager eng miteinander verknüpft. Die Einbeziehung der nationalsozialistischen Homosexuellenverfolgung in den Verbrechenskomplex „Konzentrationslager" in den Gedenkstätten tritt damit explizit der durch Politik und Justiz nach 1945 vorgenommenen Rechtfertigung und Relativierung der nationalsozialistischen Homosexuellenverfolgung entgegen, indem sie diese parallel zur Verfolgung anderer Gruppen wie Juden, Sinti und Roma, politisch Verfolgten etc. darstellt, und somit historisch und ethisch eindeutig als das kategorisiert, was sie war: ein Verbrechen.

4. Ein erheblicher Teil der Besucher in den KZ-Gedenkstätten kommt aus dem Ausland. In Bergen-Belsen liegt dieser Anteil z. B. bei etwa einem Drittel. Ob beabsichtigt oder nicht: die KZ-Gedenkstätten sind de facto auch ein Teil der auswärtigen Kulturpolitik Deutschlands, sie dokumentieren gegenüber dem Ausland – von Staatsgästen bis hin zu Touristengruppen – den Umgang Deutschlands mit seiner nationalsozialistischen Vergangenheit und ihren Verbrechen, und diese Funktion kommt den KZ-Gedenkstätten in Deutschland auch deshalb in besonderem Maße zu, weil es sich bei ihnen – dies gilt zumindest für die großen Gedenkstätten – entweder um rein staatliche Einrichtungen handelt (wie Dachau, Bergen-Belsen und Neuengamme in den westlichen Bundesländern) oder um Stiftungen, in denen der Staat vor allem im Blick auf die finanzielle Trägerschaft eine entscheidende Rolle spielt (so z. B. in Buchenwald, Sachsenhausen und Ravensbrück in den östlichen Bundesländern). Die Art und Weise, in der in den Gedenkstätten die nationalsozialistische Verfolgungsgeschichte dargestellt und gedeutet wird, hat in diesem Sinne also durchaus auch den Charakter eines offiziellen, jedenfalls weitgehend auf einem öffentlichen Konsens beruhenden Geschichtsbildes. Die hier vorgenommene Darstellung der nationalsozialistischen Verfolgungsgeschichte und ihre eindeutige Qualifizierung als Verbrechen kann jedoch auch nach innen politisch nicht gänzlich folgenlos bleiben.

doch historische Orientierungsmarken und ethisch-politische Maßstäbe, die politisches Handeln nicht einfach außer acht lassen kann, will es nicht unglaubwürdig werden.

Auch wenn den KZ-Gedenkstätten für die Vermittlung der Geschichte der nationalsozialistischen Homosexuellenverfolgung also ein hoher Stellenwert zukommt, so können sie diese Aufgabe doch nur partiell erfüllen. Das liegt – neben den beschriebenen Defiziten in bezug auf historische Forschung und Quellenlage – vor allem an der dürftigen Finanz- und Personalausstattung der KZ-Gedenkstätten insbesondere in den westlichen Bundesländern, die deutlich unter den Kapazitäten und Etats z. B. vergleichbarer historischer und kulturgeschichtlicher Museen liegen, gemessen nicht nur an den Besucherzahlen, sondern auch im Blick auf die Tatsache, daß gerade die in den westlichen Bundesländern erst in den 80er Jahren entstandenen Gedenkstätten (im Sinn aktiver Dokumentationseinrichtungen) wie Neuengamme oder Bergen-Belsen nicht auf einer bestehenden Sammlung aufbauen konnten, sondern sich diesen Fundus an Quellen und historischen Kenntnissen erst noch aufbauen mußten und müssen. Ganz konkret heißt dies etwa, daß Gedenkstätten wie Bergen-Belsen oder Dachau mit 400 000 bzw. 630 000 Besuchern pro Jahr (1995) nicht einmal ein Zehntel der Finanzmittel zur Verfügung haben, die etwa dem Deutschen Historischen Museum in Berlin zur Verfügung stehen (Besucherzahl 1995: 460 000). Allein im Oktober 1996 wurden – um ein weiteres Beispiel zu nennen – im Rheinland drei neue Museen eröffnet, darunter das Neanderthal-Museum in Mettmann bei Düsseldorf, für dessen Aufbau mit 17,5 Millionen DM etwa viermal so viel Finanzmittel zur Verfügung standen wie für das 1990 eröffnete Dokumentenhaus der Gedenkstätte Bergen-Belsen.[11]

Ein weiteres Problem stellen die in den KZ-Gedenkstätten zum Teil sehr begrenzten Ausstellungsflächen dar. Die Dauerausstellungen am Ort ehemaliger Konzentrationslager sollen und müssen sich auf die Geschichte des jeweiligen Ortes bzw. der nationalsozialistischen Lager konzentrieren. So bleibt nur relativ wenig Raum für die Darstellung der nationalsozialistischen Verfolgungsgeschichte, die sich außerhalb des Systems der Konzentrations- und Vernichtungslager ereignet hat. Darin dürfte im übrigen auch der Hauptgrund für die Tatsache liegen, daß die Diskriminierung und Verfolgung lesbischer Frauen unter dem Nationalsozialismus – abgesehen von dem erwähnten Fall in der Gedenkstätte Ravensbrück – für die Dauerausstellungen in den KZ-Gedenkstätten bislang praktisch kein Thema gewesen ist. Keine verantwortbare Ausstellungskonzeption kann in den KZ-Gedenkstätten zudem die Frage nach historisch vorgegebenen Proportionen außer acht lassen. So unangemessen, ja zynisch es wäre, eine unmittelbare Relation zwischen der Zahl der Häftlinge bzw. Opfer einer Verfolgtengruppe in den Konzentrationslagern und der Zahl der dieser Verfolgtengruppe gewidmeten Ausstellungstafeln oder Vitrinen in einer Dauerausstellung herzustellen, so verzerrend wäre es doch auch, den jeweils sehr unterschiedlichen Umfang, in dem einzelne Gruppen Opfer der nationalsozialistischen Verfolgung geworden sind, zu ignorieren, schon deshalb weil nahezu jeder Besucher einer solchen historisch-dokumentarischen Ausstellung in den Proportionen der Darstellung einen Indikator des Umfangs und historischen Stellenwerts des jeweils Dargestellten sehen wird. Auch dies schränkt die Möglichkeiten einer Darstellung der Homosexuellenverfolgung in den KZ-Gedenkstätten ein. Auch eine wesentliche Ausweitung der Ausstellungsflächen und damit des Informationsangebotes würde vor diesem Hintergrund das Problem nur zum Teil lösen, steigt doch mit dem wachsenden Informationsangebot nicht automatisch auch die Verweildauer und Rezeptionsbereitschaft der Besucher. Will man also nicht allein die Minderheit der besonders Vorinformierten und Interessierten, sondern die große Mehrzahl der Gedenkstättenbesucher mit Informationen über die nationalsozialistische Verfolgung der Homosexuellen erreichen, so ist dies im Rahmen des Mediums Dauerausstellung offensichtlich nur um den Preis einer relativen Reduktion der Informationsmenge zu erreichen.

Aus der Tatsache, daß vielerorts die KZ-Gedenkstätten die einzigen Institutionen sind, die über die Geschichte der Diskriminierung und Verfolgung von Homosexuellen informieren, sollten keine Überforderungen der KZ-Gedenkstätten abgeleitet werden; sie sollte vielmehr zum Anlaß genommen werden, dieser Thematik auch dort Geltung zu verschaffen, wo sie ebenfalls Teil der Darstellung sein muß, nämlich in allgemeinen historischen Museen, sei es auf nationaler Ebene wie im Deutschen Historischen Museum in Berlin oder dem Haus der Geschichte der Bundesrepublik in Bonn oder auf regional- und lokalgeschichtlicher Ebene in den entsprechenden historischen Museen. Und dies ist keine Forderung im Sinne einer political correctness, die analog dem Parteienproporz in den Rundfunkräten jeder gesellschaftlichen Gruppierung ihren entsprechenden Platz in den historischen Museen sichern will. Vielmehr ist, oder genauer: müßte dies ein Anliegen einer jeden bewußt demokratisch orientierten Museumspolitik und -konzeption sein. Wenn der in Sonntagsreden von Politikerseite immer wieder gern zitierte Satz gelten soll, der demokratische oder undemokratische Charakter einer Gesellschaft zeige sich vor allem daran, wie sie mit ihren Minderheiten umgehe, dann muß er auch im Blick auf die öffentliche Darstellung und Analyse der Geschichte dieses Verhältnisses von Minderheiten und Mehrheit in der Gesellschaft gelten. Eine demokratische, eine auf Liberalität und Toleranz basierende rechtsstaatliche Ordnung ist – das zeigt keine andere Nationalgeschichte deutlicher als die deutsche – keine unumkehrbare historische Errungenschaft, sondern bedarf einer immer neuen Reproduktion und Legitimation, sie muß von jeder Generation für sich neu akzeptiert und engagiert verteidigt werden. Doch das kann nicht ohne ein im kollektiven Sinn selbstkritisches historisches Lernen geschehen, das auch um die Defizite und Gefährdungen von Demokratie und Menschenrechten weiß, und zwar nicht theoretisch und abstrakt – und damit für das eigene Handeln folgenlos –, sondern anhand der Geschichte der eigenen Stadt, der eigenen Region, des eigenen Landes.

In diesem Sinne wäre es kontraproduktiv, zu hohe Erwartungen an die KZ-Gedenkstätten zu richten. Diese Gedenkstätten können keine stellvertretende Auseinandersetzung mit der Geschichte der nationalsozialistischen Verbrechen im allgemeinen und der Verfolgung der Homosexuellen im besonderen leisten. Sie bedürfen der Vernetzung mit schulischem Unterricht, mit den Massenmedien, mit historischen Museen und anderen Formen historischer und kultureller Erinnerung. Wenn dies nicht geschieht, dann werden die KZ-Gedenkstätten zur Alibi-Einrichtung, in die Staat und Gesellschaft unter Verlust der Glaubwürdigkeit die Erinnerung an diese Verbrechen wie in ein Erinnerungsghetto abschieben, um sich ansonsten – mit gutem Gewissen – einer selbstkritischen Auseinandersetzung mit dieser – der eigenen – Geschichte, die auch Folgen für das eigene Denken und Handeln hat, zu entziehen.

In einer solchen Verknüpfung mit anderen Institutionen und Formen historischer Erinnerung scheinen mir auch die effizientesten Perspektiven für die künftige Arbeit der KZ-Gedenkstätten in bezug auf die Dokumentation und Vermittlung der Geschichte der Homosexuellenverfolgung gegeben. Denkbar wäre etwa die Erarbeitung einer Wanderausstellung zur Geschichte der nationalsozialistischen Homosexuellenverfolgung, die auch deren Kontinuität in der Bundesrepublik bis 1969 thematisiert. Notwendig wäre dazu nicht nur eine entsprechende Kooperation der KZ-Gedenkstätten untereinander, sondern auch eine Zusammenarbeit mit städtischen Gedenkstätten, Museen und Initiativen wie z. B. der Mahn- und Gedenkstätte Düsseldorf, dem Schwulen Museum Berlin, dem Verein zur Erforschung der Geschichte der Homosexuellen in Niedersachsen oder dem Arbeitskreis für schwule Geschichte Kölns sowie Einrichtungen der politischen Bildung. Denkbar wäre dabei die Beschränkung auf eine Kernausstellung, die vom jeweiligen Leihnehmer um lokal- und regionalgeschichtliche Aspekte selbst ergänzt wird, ein Verfahren, das sich bislang nicht nur bei landesgeschichtlichen Wanderausstellungen sehr bewährt hat, sondern auch Anstöße zu entsprechenden lokal- und regionalgeschichtlichen Recherchen geben könnte.

Dringend notwendig wären Initiativen, um die Diskriminierung und Verfolgung von Homosexuellen in ihrer historischen Dimension zum Gegenstand von Schulbüchern bzw. didaktischen Materialien zu machen. Hier könnten Anstöße von den Bundes- und Landeszentralen für politische Bildung, unter Einbeziehung des Georg-Eckert-Instituts für internationale Schulbuchforschung ausgehen, an denen sich die KZ-Gedenkstätten unterstützend beteiligen könnten.

Ebenfalls in Kooperation mit Bundes- und Landeszentralen für politische Bildung könnte die Erarbeitung einer Publikation erfolgen, die die Geschichte der Homosexuellenverfolgung in Deutschland (unter Einschluß der von der Forschung bislang noch weitgehend vernachlässigten Entwicklung nach 1945) dokumentiert und so strukturiert ist, daß sie über die klassische Klientel politischer Bildung hinaus auch Berufsgruppen wie z. B. Polizeiangehörige erreicht, für die – angesichts steigender Gewaltkriminalität gegenüber Homosexuellen – eine Kenntnis des historischen Hintergrunds der Diskriminierung und Verfolgung von Homosexuellen von wesentlicher Bedeutung für ihr berufliches Handeln ist.

Soweit möglich sollten die KZ-Gedenkstätten darüber hinaus Kontakte zu lokal- und regionalgeschichtlichen Initiativen zur Erforschung schwuler Geschichte, aber auch zu den Universitäten intensivieren, um die historische Forschung zur Homosexuellenverfolgung trotz schwieriger Quellenlage voranzubringen und so auch die Voraussetzungen für deren Darstellung in den Gedenkstätten zu verbessern.

Dies sind nur einige Beispiele für mögliche künftige Initiativen der KZ-Gedenkstätten in diesem Bereich, sehr viel, gemessen an den geringen Mitteln, die diesen Gedenkstätten zur Verfügung stehen und sehr wenig, gemessen an dem, was Staat und Gesellschaft in Deutschland Homosexuellen in diesem Jahrhundert angetan haben.

Anmerkungen

1 Ich danke den Kolleginnen und Kollegen in den KZ-Gedenkstätten und Forschungsinitiativen, ohne deren Auskünfte dieser Beitrag in der vorliegenden Form nicht möglich gewesen wäre. Der vorliegende Text stellt die überarbeitete und leicht erweiterte Fassung des Vortrages dar, der erstmals am 1. 10. 1996 in Saarbrücken auf der Tagung „Wider das Vergessen. Die Verfolgung von Homosexuellen im Dritten Reich – Die unterbliebene Wiedergutmachung für homosexuelle Opfer in der Bundesrepublik Deutschland" gehalten wurde.
2 Die Zahlanangabe verdanke ich Rainer Hoffschildt (Hannover).
3 Vgl. Rüdiger Lautmann, Categorization in Concentration Camps as a Collective Fate: A Comparison of Homosexuals, Jehovah's Witnesses and Political Prisoners, in: Journal of Homosexuality 19 (1990), S. 81. Diese Angabe stützt sich auf die exemplarische Auswertung biographischer Daten von 661 homosexuellen KZ-Häftlingen, für die sowohl Angaben zum Beruf bzw. zum sozialen Status wie auch zu ihrem weiteren Schicksal bzw. Haftende vorliegen. Die Auswer-

tung von Daten zu insgesamt 1136 homosexuellen KZ-Häftlingen, für die nur kursorische Angaben zur Biographie vorliegen, deren Haftende bzw. dessen Umstände jedoch bekannt sind, ergab sogar eine Todesrate von 60 %. (Vgl. Rüdiger Lautmann, Winfried Grischkat, Egbert Schmidt, Der rosa Winkel in den nationalsozialistischen Konzentrationslagern in: R. Lautmann (Hg.), Seminar: Gesellschaft und Homosexualität, Frankfurt 1977, S. 351).
4 Vgl. Hans-Georg Stümke, Homosexuelle in Deutschland. Eine politische Geschichte, München 1989, S. 127, 146 f. Zur Situation von Homosexuellen in der DDR vgl. den Beitrag von Günter Grau in diesem Band.
5 Vgl. R. Lautmann / W. Grischkat / E. Schmidt, Der rosa Winkel in den nationalsozialistischen Konzentrationslagern, S. 333; Burkhard Jellonek, Homosexuelle unter dem Hakenkreuz. Die Verfolgung von Homosexuellen im Dritten Reich, Paderborn 1990, S. 328.
6 Vgl. Günter Grau, Rede als Vertreter der Homosexuellen anläßlich der Gedenkveranstaltung im KZ Sachsenhausen, in: Zeitschrift für Sexualforschung 8 (1995), S. 259–261.
7 Vgl. Jerusalem Post, International Edition, 11. 6. 1994 („Yad Vashem condemns gays' memorial and its protesters").
8 Berliner Zeitung, 20. 6. 1997.
9 Vgl. Forward, 14. 3. 1997.
10 Alfred Lipson, A Distortion of Holocaust History, in: Midstream (June/July 1997), S. 23.
11 Vgl. inform! Museen im Rheinland (1996), Heft 2, S. 36.